生生不息

基于学科核心素养的
生物学选修课程设计

张智顺 著

上海交通大学出版社
SHANGHAI JIAO TONG UNIVERSITY PRESS

内容提要

本书从 2017 年启动的"新课程、新教材"（"双新"）改革实践出发，介绍了作者对《普通高中生物学课程标准（2017 年版 2020 年修订）》（简称"新课标"）的解读与理解，并提供了基于新课标开设生物学选修课程的案例，真实反映教师思考、学生反馈、评价反思等具体维度。

本书适合对高中生物学课程教学改革与校本课程建设感兴趣的读者阅读。

图书在版编目（CIP）数据

生生不息：基于学科核心素养的生物学选修课程设计/张智顺著. —上海：上海交通大学出版社，2024.6
ISBN 978-7-313-30837-5

Ⅰ.①生… Ⅱ.①张… Ⅲ.①生物课－课程设计－高中 Ⅳ.①G633.912

中国国家版本馆 CIP 数据核字（2024）第 107031 号

生生不息：基于学科核心素养的生物学选修课程设计
SHENGSHENGBUXI：JIYU XUEKE HEXIN SUYANG DE SHENGWUXUE XUANXIU KECHENG SHEJI

著　　者：张智顺
出版发行：上海交通大学出版社　　　　　　　　地　　址：上海市番禺路 951 号
邮政编码：200030　　　　　　　　　　　　　　电　　话：021-64071208
印　　制：江苏凤凰数码印务有限公司　　　　　经　　销：全国新华书店
开　　本：710mm×1000mm　1/16　　　　　　　印　　张：12.75
字　　数：206 千字
版　　次：2024 年 6 月第 1 版　　　　　　　　　印　　次：2024 年 6 月第 1 次印刷
书　　号：ISBN 978-7-313-30837-5
定　　价：68.00 元

序言

中学阶段的生物学课程，无论从所占有的时间，还是与考试的关系等角度看，在学生成长中并非"轰轰烈烈"的存在。但，它却常常是那么的引人注目，"从有趣到有用"，可以说是生物学学科的标签——每一节课的内容，无不与日常生活的方方面面密切关联；研究的对象是活生生的，充满着不确定性，学生总想一探究竟；教学的推进过程常常伴随着走进实验室或是走进大自然的实验实践活动，激发人的好奇心；学完每一节课的内容，总会发现自己关注的一些问题又得到了解答，从而会不断引发新的学习动机。

近几十年来，随着各方面技术的突破，随着各学科的交叉碰撞，人类对从微观到宏观世界的认识有了更多可能，生物学发展势不可当，科技突破无数。那么多新发展出来的内容，如何在有限的中学阶段传递给学生，哪些内容是必要的，哪些内容是可以选择的，这是摆在课程建设面前的重大难题。

在基础教育阶段，我们的目标并非要培养每一个学生成为生物学家，而是希望他们在走向社会的过程中能自觉运用生物学观念解释关心的话题，具有严谨的探究方法及严整科学的思维。《普通高中生物学课程标准（2017 年版 2020 年修订）》为我们指明了方向：发展学生的学科核心素养，是生物学课程的设计宗旨和实施中的基本要求。

在内容选择上，我们追求"少而精"，聚焦大概念。简而言之，高中生物学的"大概念"围绕着生命的基本属性"活着"展开。生命怎么体现"活着？必修部分，"分子与细胞"模块，从物质到结构，到代谢，一一阐述如何保障"活着"；死亡并不是生命的终结，"遗传与进化"模块，从生命世界有延续，到过程中的变异，再到进化与多样性，最终"灭绝是必然的"。分子、细胞、个体、种群，在生老病死历程中，保持着生命世界的生生不息。选择性必修部分，突出"更好地活着"，"稳态与调节"模块是身体内部怎么保障"活着"；"生物与环境"模块是生物与环境"打交道"怎么保障"活着"；"生物技术与工程"模块则突出人类利用生物和改造生物为了更好地"活着"。有了这样的概念体系，在课程设计和教学中也就知道了如何取舍，突出重点，以点带面，"削枝强干"。

学科核心素养是学科教学的终极追求。生物学学科核心素养包括生命观念、科学思维、科学探究和社会责任等方面。从海量生命现象、事实、规律中形成的"生命观念"相当于生物学学习的起点，这是认识生命的基本视角及解决实际问题的基本依据。"社会责任"相当于生物学学习的终点，也就是将生物学应用于现实生活问题的解决。归纳与概括、演绎与推理、模型与建模、批判性思维、创造性思维等"科学思维"，观察、提问、实验设计、方案实施以及对结果的交流与讨论等"科学探究"过程，相当于生物学学习从起点到终点的两个桥梁。以核心素养为目标的生物学学习将使学生在信息爆炸、充满变数的世界中依然保持应有的发展空间。

在统一设计的保障基础和后续专业学习的课程之外，是否还应该更加关注学生的差异性，设计量身定制又有实效的课程呢？选修课程就是课程标准顺应人才培养的需要而安排的板块。由于选修课程的目标要求限定较少，课程标准仅有一些原则性的意见，在实际操作中会遇到很多问题。上海中学作为现代大都市中拔尖学生集中的学校，教师是否应关注更多？比如，帮助学生拓宽视野，认识到生物学发展的更多方向；满足学生的个性化需求，使对学科中不同领域有自己独特兴趣的学生还有继续研究和深造的机会；指导学生做好职业规划等。

上海中学生物组在教研组长张智顺老师的带领下，每一位成员充分发挥各自专业特长，结合对学科课程标准的认识，开发出了一系列指向学科核心素养的选修课程。按照持续时间的长短，课程可以分为微型课程、小型课程、中型课程和大型课程；课程的目标侧重于指向核心素养中的某些方面。学生可以根据自己的爱好和需求，在一定范围内选择更适合自己的课程。

看，这些课程的名称和内容，多么有吸引力：

小型课程"诺贝尔奖背后的故事"，关注科学史上科学家的研究思路及过程；小型课程"脑科学探秘"，从构造、五感、记忆、健康、情感等方面初步理解大脑运作的基本方式；中型课程"动物学导论"和"植物学导论"，为后续普通动物学、植物学的专业学习打下基础。这些课程均指向科学思维素养的提升。

微型课程"哈利·波特的遗传学世界"，引导学生利用遗传与进化的观念及相关概念解释魔幻小说《哈利·波特》中的情境；小型课程"认识大闸蟹"，关注中华绒螯蟹的生物学研究及文化经济价值等。这些课程均指向生命观念素养的提升。

大型课程"脑科学与人工智能方向优势潜能课程"，关注脑科学与人工智能的思维与研究方法；大型课程"生物（医学）方向优势潜能课程"，关注生物学和医学领域前沿科研成果；微型课程"免疫学应用"，关注免疫学领域的研究思路和方法；小型课程"人类基因组 DNA 提取及 ACE 基因多态性检测"，让学生亲身经历生物技术相关实验过程。这些课程均指向科学探究素养的提升。

小型课程"生殖与发育"，关注生殖与发育相关议题，指向社会责任素养的提升。

我们再来看看学生的反馈：

"科学本无国界，各国科学家理应相互帮助，携手并肩，共同为科学的发展不懈奋斗。"

"一只猴子脑子里装个芯片就能直接控制电脑，着实令人振奋……人们正是在这一个个新发明上看到了脑科学未来无限的可能性。"

"魔法世界对我们而言是永存的情怀和温暖的归宿，学习遗传学知识则是我们对这个世界重要的实际认识渠道，而这门极具创新性的微型课程将两者结合于一体，实在是对我们的好奇心与求知欲的极大满足。这短暂的三节课意义非凡。"

"最有意思的，还得是那一节实验课。一只生蟹，一只熟蟹，生蟹腥，熟蟹香。我们的目的是取出内脏并抽取血淋巴……"

"在对'门'这一阶元的总特征有了一定了解后，我们可以进一步学习一些特有的或特殊的动物特征。比如眼虫的表膜条纹、草履虫一大一小核、一前一后伸缩泡等，这些小的知识点记忆起来就比较轻松。"

"世界无比广阔，自然的精妙创造人类世世代代也探索不完，它客观肯定却又变化多端，令人如此着迷，它有着永远探索不完的神秘莫测的气质，自然创造了最伟大的作品，足以超越人类文明中的全部鸿篇巨制。"

"当人体出现各种疾病时，对原本的系统进行修复或仿制自然是最有效的方法。若能不断探索我们人体自身，许多疾病，甚至是在生活中、社会上出现的各种问题，都是有可能解决的。脑科学、生命科学的意义或许就在于此。"

"用每周二、周四的大半个下午来上专门课程，在课业繁重的高中，实在是一种'奢侈'。但我想这种奢侈是绝对值得的。"

"在这节课中，我们学习到的不仅是抗原检测试纸的原理，更是一种生物学思维。利用生物的共性找出普适性较高的检测方式，再依据具体情况做出相应调整。"

"生物学以实验为基础，仅仅停留在前人经验积累出来的理论知识上是不够的，诸多新的发现都是起源于实验中的'异常情况'；除此以外，严格遵守试剂用量和添加顺序也是保证实验能够完成的必要条件，从中我感受到了生物学的严谨性。"

"课程是对平常生活中人们一以贯之思想的挑战与纠正，它从微观角度让我们从根源上探究人体的某一特定功能在特定时间条件下的具体的运作方式，体现与功能结构相适应的生命观念。"

选修课程的编制是一个极其辛苦的过程，但这恰恰是教学相长、师生双向奔赴的结果。在编制过程中教师应更认真地研读课程标准，把握教学目标与要求的真谛；更细致地查阅文献，把握教学内容的精准性；更有逻辑性地"穿针引线"，将分散的各方科学进展、知识内容按照某一主题有效组织起来；更巧妙地安排教学内容和形式，让学生从觉得有趣到感受到学习的意义。期待上海中学生物组不断继承和创新，编制出更多既有教育意义又令学生满意的生物学选修课程，使得生物学学习经历成为学生心目中抹不去的美好回忆！

周韧刚

上海市教师教育学院（上海市教育委员会教学研究室）
中学生物学教研员

前言

书名的由来

生生不息四字原意与"生长、繁殖"有关。在一个生物学教师的眼里，生长与繁殖都是基本的生命历程。生物学并不是一门学科，而是众多研究生命体生生不息现象及其背后规律的学科门类的"大集合"，包括但不限于动物学、植物学、微生物学、病毒学、生理学、药学等。普通高中生物学的教学就像是从这些"学科枝干"上摘取一些已经成熟的，甚至熟透的"智慧果实"，虽然食来甘甜却鲜有人关注其背后漫长的生长过程。此为对自己的第一层提醒：在漫漫不息的生命历程中，不必执著于某一刻的"成就"，在"生命之树"不停生长的枝丫上，未来一定会结出更大更甜的果实。

从业十载，我对高中生物学的教学也有了些许心得，但若被问及"生命是什么？从何处来？往何处去？"这类"究极"问题，依旧只得顾左右而言他，能避则避。生物学相较于物理、化学等学科，发展历史并不久远，现代生物学以 1953 年 DNA 双螺旋结构模型的发现作为里程碑。但是，在距今短短 200 年不到的时间里，生物学（包括医学）给人类带来的改变是前所未有的。很难想象，如果没有免疫学发展带来的疫苗革命、公共卫生与临床医学掌握的病毒传播知识与临床诊断策略、生物信息学与结构生物学对病毒的结构与遗传信息的精确把握，我们或许真的会迷失在惶恐、不安和全人类命运的不确定性之中。人类在这一刻既强大、又渺小。此为对自己的第二层提醒：在这棵生生不息的巨型"生命之树"面前，我们终将与各种"同宗同源"的生命体相遇，这是避不开的缘分，躲不掉的宿命。

最后让我确定使用"生生不息"这个成语作为书名的理由，听上去有点可笑，就是"生生"二字给我的想象空间。两个"生"字排排坐，像极了课堂上学生们的座位，一个"生"挨着另一个"生"，绵绵不息，颇有桃李天下的即视感。有了这一层念想，就算使用"生生生生"作为书名，对我而言也不是不行，但念及好不容易能够完成自己人生的第一部著作，怎么也得起一个"像样点"的名字，好在"不息"二字本就有无限之意，倒也恰好合了心意，对书名也就不再纠结。

写作的勇气

对自然科学史有所了解的人应该认同，自苏格拉底、德谟克利特、盖伦等先驱相继揭开自然科学的面纱，人类认识自然的进程就就是建立在一个又一个坚实的"思想阶梯"之上，螺旋式上升的。不可避免的是，任何一位时代伟人也极难突破"观测天花板"，即观察、测量的物理工具所能探查到的极限。因此，在上一个时代提出的对于"未知"的判断和臆测，往往在下一个时代的普通人眼里都会显得幼稚而滑稽，例如心脏的功能曾被一度认定为给血液加热，蛋白质也在相当长的时间内被认定为遗传物质。但不可否认，正是这种"观察—总结—预测—证伪"的反复出现，才让整部自然科学史显得有趣和精彩。

承认每一代人的思想和认识都天然带有"狭隘的基因"，让我觉得每一个想法、认识、思考都有被记录下来的价值。这些被时间定格的思想结晶也许并不坚固，后人随便用些"新工具""新认知"便可轻易击碎它。也可能在很长的时间里，因为各种原因，某些思想观点能够得到继承与发展，甚至演化出更加接近定律或法则的存在，比如从 DNA 双螺旋结构的提出到"中心法则"的建立。所有这些，都是我自己纠结：基础教育的一线教师究竟能不能写一本偏理论的著作？思想和观点只能来自"学者""专家"究竟算不算是一种偏执？最终，我决定下笔，把自己粗浅的认识、浅薄的思想、点滴的感悟一股脑儿全部记下来。假使若干年后，连我自己都羞于提及这书中的内容，想一想，也是"幸甚至哉！"

选择选修课程的原因

2013 年，国家启动了新一轮普通高中课程修订工作。那年我刚刚大学毕业来到现在的学校（上海市上海中学）任教。2017 年《普通高中生物学课程标准》公布，2020 年公布了修订版，生物学由必修课程、选择性必修课程与选修课程组成的课程结构将在未来相当长的时间保持不变。上海高中生物学必修课程与选择性必修课程的新教材也于 2021 年 9 月正式启用。作为学校生物教研组的组长，面对必修课程与选择性必修课程的教材和教学参考，首先应当做的是与全组教师们一起研究，通过各级各类的平台去学习并体悟如何将课程标准里的四大核心素养（生命观念、科学思维、科学探究、社会责任）渗透在日常教学中。而对于既无教材也无教参的选修课程，课程开发有着极高的"自由度"。但个人认为，选修课程作为完整的课程体系的有机组成部分，若无"一定之规"或者"任意生长"，则可能会有教学内容不成系统、教学质量难以评估的潜在风险。

统一标准的膳食（如学校食堂供应的午餐）一般情况下可以维持绝大多数人的健康。但随着现代生命科学的发展（尤其是基因测序技术的进步），研究者发现：由于个体基因层面的差异，每个个体对相同营养物质的需求是不同的，比如维生素 E 代谢较快的个体需要多补充维生素 E 以满足身体所需，维生素 C 转运能力低的个体同样也需要在平时多补充维生素 C。这就意味着，有的人需要多加一份水果、有的人可以多吃一点动物内脏。以此为类比，我将选修课程视作每个学生在校接受统一课程学习后的一份"营养补充剂"或基于对学生的能力和志趣进行充分评估后的一顿学科"加餐"。为此，为生物学选修课程提供一份多样化、可自由选择的"课程菜单"就是必须的。

虽然对每个学生而言，选择哪一门生物学选修课程是个性化、随机化的。但从课程建设（开发）的角度出发，一个学校能够提供的所有选修课程一定是在课程标准和学校育人理念的统一思想引导下形成的规范化、系统化的"课程群"。本书所列举的所有选修课程，在校内都有开设，我将这些课程开发的初衷、课程内容的安排与学生们的真实反馈一一记录下来。作为读者，如果您恰好也从事生物学教学工作，希望能够给您带来一些课程设计的"灵感"。若您并非从事生物学领域的工作，那我真心感动您能打开本书并阅读至此。作为"回报"，我建议您优先阅读第三章的内容，那是我和我的朋友们（同事、学生）共同为您准备的礼物。至于第一部分，仅是我个人的自言自语，若感觉无趣，跳过也无妨。

张智顺

2024 年初于上海

目录

第一章

基于"核心素养"的课程内涵思考

课程即适应时代需求的素养

一、对"课程"进行定义的主要流派

课程论是教育科学的一个独立分支学科,是探讨课程现象和课程问题的理论基础。课程开发者若要创设课程,首先需要对当下的课程理论有一定的认识。值得注意的是,课程理论并不是单纯的"操作手册",课程理论中的操作性建议如内容组织、实施与评价等都是基于对"课程"概念本身的哲学思考和概念界定,并结合实践经验后的凝练。

历史上基于对课程概念内涵的界定不同而形成的课程理论流派主要包括经验主义课程理论、要素主义课程理论、结构主义课程理论以及概念重建主义课程理论等。对于"课程"二字的定义主要集中于以下三个维度。

课程即教学科目——将人类知识划分为学科,继而被提炼为不同的教学科目,并作为学校教育目标和教学内容。例如:中国古代的礼、乐、射、御、书、数(六艺);古希腊时期的"七艺",逻辑、语法、修辞、数学、几何、天文、音乐;19世纪后期美国《十人委员会报告》提出的九大科目,拉丁语、希腊语、英语、其他语言、数学、物理科学、自然或生物科学、社会科学、地理和气象学。这种将课程等同于科目的定义方式,比较符合日常表达,也易被人们理解和接受,代表了要素主义课程理论的核心观点。要素主义课程理论认为学科课程能代表文化要素与传统价值观,教学应注重知识的系统性和顺序性,教师具有权威性并且教师的讲授非常重要。虽然20世纪初以

"儿童中心""从做中学""经验课程"等为标志的进步主义教育盛行一时，但是与此针锋相对的要素主义课程理论也在批判进步主义的过程中得以进一步发展。值得肯定的有，以美国教育家威廉·巴格莱（William Bagley）为代表的要素主义课程理论倡导者在反对进步主义过分强调"经验"的做法时，提倡课程开发应有效地将学科视角融入经验生长的过程，从而帮助学生获得技能和特定的知识。我认为，在当下的时代背景和客观现实下，这种学科视角下的素养培育理念仍保留着一定的"可操作性"和"可优化、可迭代"的前提。

课程即经验——美国著名教育家约翰·杜威（John Dewey）基于自然主义和经验主义的教育哲学提出基本命题："教育即经验的改造或改组"（continual reorganization, reconstruction and transformation of experience）。杜威在此命题之上提出了著名的"从做中学"，反对传统教育中过分主张对书本知识的记忆，强调让学生在实践过程中获取直接经验。在此定义下，金工木工、烹饪、演讲、有主题的旅行等这些着眼发展学生（儿童）经验的活动都可以被定义为课程。目前，将课程定义为"有计划的学习经验"已经成为相当一部分教育研究者普遍持有的观点。经验主义课程理论的优点在于批判了传统教育的三个中心——以书本为中心、以教师为中心和以课堂为中心，提出了"以儿童为中心"的教育主张和课程实施方式。从实际教学角度思考，经验主义的课程理论将教师定义为"组织者"，强调学生主动参与活动过程，并在动手做和亲身实践中获取经验。不过，值得警惕的是，经验主义指导下的美国进步主义教育在20世纪30年代后期逐渐出现了极端化，一定程度上导致了美国学校学术水准弱化，因而与主张强化文化知识教育的要素主义针锋相对。

课程即计划——被称为"现代课程理论之父"的拉尔夫·泰勒（Ralph Tyler）在1949年出版的《课程与教学的基本原理》中提出了"目标模式"（也称为"泰勒原理"），其中包含确定教育目标、选择教育体验（学习体验）、组织教育体验、评价教育体验四个有机部分。泰勒指出在教育目标确定之后，下一步就是要决定提供哪种学习体验，因为只有通过体验，才会产生学习，才有可能达到教育目标。泰勒认为，学习体验并不等同于一门学科所涉及的内容，也不等同于活动，而是指学生与环境中外部条件的相互作用。学习体验应有助于培养学生的思维技能，有助于学生获得信息、形成社会态度、培养学习兴趣。在"泰勒原理"的影响下,有学者将课程定义为一种"为受教育者提供一系列学习机会的计划",包含目标、内容、活动和评价等。当下我国小学教师广为采用的教学设计框架就是借鉴了这一种对课程内涵的理解。我认为,将课程等同于"学习计划"的显性表现是将课程看作一种预期实现的目标,强调对学生的学习进行事先规划(如课前设定学习目标、选择学习内容的呈现方式、选取匹配目标的评价手段等),但在实际教学过程中,常有"超预期""计划外"的情况发生,课程实施若过分强调计划和预设,也有可能会成为束缚教师和学生的"枷锁"。

二、对课程理论于实践中应用效果的个人反思

以参与一线教学活动的经历和经验为参考,我深切地感受到,在教师们的日常教学设计和实施阶段,以上三种对课程本质的理解或多或少影响着教师们的行为。例如,在针对普通高中生物学必修课程和选择性必修课程内容进行单元设计时,知识内容(次位概念)的安排必定遵循要素主义强调的系统性和顺序性。若某一个自然单元(教材的单元)是针对人体神经调节的过程和生物学意义,大部分教师肯定会优先介绍神经细胞(神经元)的结构和功能,而将条件反射等大脑参与的复杂神经活动置于其后。沿着分子、细胞、组织、器官、系统、个体的次序安排教学内容,是遵循着学科知识的顺序性,而完成从分子到个体的"全链条"学习,也符合要素主义强调的知识系统性。不可否认的是,对于绝大部分一线学科教师而言,完成系统的知识框架构建的确是教学活动中最重要的任务之一。与此同时,自我从大学毕业进入工作岗位(2013年),参加的大小培训或者讲座都强调教学设计中要包含让学生主动参与或亲身实践的环节。2017年起实行的新课标也再次强调了学生实验、课后实践、课堂活动的重要性。因此,在实际教学过程中,教师的任务也更偏向经验主义课程理论提出的"课堂的组织者"。近年来在各教研活动和交流活动中,实验课程、研究性课程和"翻转课堂"等比例大幅度提高,尤其是物理、化学、生物学等自然科学类课程,"从做中学"几乎成为公认的教学设计准则。除了要素主义和经验主义的影响外,明确教学目标以及"精准落实计划"有时也会成为评价课程或课堂好坏的金标准。在针对某一节课或者某一个单元进行设计时,教师一般都会先对标《教学基本要求》或课程标准,提出并明确教学目标,然后基于该目标进行内容组织、手段选择和活动

设计。虽然一线教师在教研和培训时期并没有系统性地学习"泰勒原理"，但是在实践操作环节，一线教师们几乎无一例外地采用了泰勒模式的教学设计方法。

基于以上的个人真实感受，反思各种课程理论对实际教学活动的影响，我认为，目前大部分一线教师对于课程的认识还不够深入，同时包含着潜在的风险，可能成为教师"自主研发"课程的障碍。

首先是理论储备不足。目前基础教育阶段和高中阶段吸纳了相当一批毕业自非师范专业的教师。以我个人为例，我的本科和研究生阶段学习均在复旦大学完成，虽然经历了相当长的学术训练（科研锻炼），也具有一定的学科视野，但是缺乏教育教学的理论指导，对学生的认知发展规律不甚了解，难免在职初阶段出现只关注知识点的解释而忽略学生能力培养；只关注学生学业成绩的提升而忽略学科核心素养的培育等问题。虽然大部分学校都会安排"师徒带教"，区、市层面也会组织开展一些针对性的师资培训，但很多时候这些培训和培养是与执业过程同步的，职初教师们"边学边教"已经成为常态。

其次是路径依赖。"泰勒原理"为绝大部分教师提供了一个可以套用的"模板"，其工具价值体现在可以帮助年轻教师快速"上手"。确定目标、选择内容、组织教学和实施与评价成为经典的教学设计"四板斧"，可操作性很强。因为内容、手段、评价都是针对选定或预设的目标，所以这类采用"计划模式"为指导的课程或教学设计也一般不会出现无法落实教学目标或教学结果"偏移"既定目标的情况。但长时间都做着"计划内"的事，往往会把个人精力和思考只放在计划的实施和执行上，而忽略了对"计划"本身的思考，很难以更高的站位思考课程的内涵和本质。

最后是重视形式多于重视内容。在"课程即计划"为众多教师提供了"操作手册"的同时，部分学科尤其是自然科学（物理、化学、生物学）学科、通用技术学科等也在"课程即经验"的思潮下做着大力的调整，尤其是针对教学形式或手段。只要学校的硬件设备支持，能够让学生自己动手操作和观察的内容部分（如必做或选做的实验、模型加工或制作等），教师们普遍倾向于让学生主动参与或自行实践，做到了"教学形式上的革新"。但不得不承认，教师对教学技能（课堂技巧）的熟练不能等同于对课程本质的探究，形式上的丰富也难以掩饰思想内容上的空洞和肤浅。若不对课程的内涵本质做出深层的反思，发现原有课程理论的矛盾点和突破口，则无法形成适应当下时代需求的指导性课程思想，教育教学的变革也无从谈起。

三、"课程即适应时代需求的素养"主要面临的矛盾

教师与学生角色地位的矛盾。我们不得不承认，随着社会的发展和科技的进步，人类积累形成的知识财富也呈指数级增长。如今普通高中的分科比周王朝的"六艺"要细致庞杂得多，且每一门学科都包含着浩如烟海的共识、理论、定律和假说。以一名研究生毕业的高中学科教师为例，他（或她）花费了约 12 年（一年级至十二年级）的时间学习各类基础知识和技能，又经历了 7 年（本科至硕士研究生）时间的专业训练。且不论其在工作岗位上积累的教学经验，这位教师的本体知识（与其教学科目相关的知识）比起学生一定更为扎实、系统和全面。但是，若只强调教师的"知识权威性"，将教师始终置于绝对的主导地位，学生始终是从属地位，则非常容易陷入"要素主义陷阱"。当下批判的教师"一言堂"，即学生与教师没有互动而只是信息的被动接受者，就是典型的情况。以杜威为代表的经验主义论者提倡教师成为组织者，推荐通过游戏、体验和与社会互动帮助学生构建知识，其本意是一种改良和突破。但是，激进的进步主义教育忽略了教师的重要地位和知识的系统性与顺序性，在一定程度上使得较高年龄段（如高中、大学）的学生学术能力下降。由此可见，在各学习阶段，教师与学生的相对地位矛盾都是课程理论需要面对的重大议题。重教师轻学生，则忽略了学生的经验学习，扼杀了学生的创造性。重学生轻教师，则忽视了学科的知识系统性，拖延了学生的学术能力的培养和发展。有没有一种课程理念，既能避免教师对学生产生"知识霸凌"，又可以在还给学生学习主动权的同时有效地引导学生，一定程度上解决"无限自由度"造成的盲目、片面和肤浅？

激发天性与志趣引导之间的矛盾。生物学科将生物体趋向于某一特定行为的内在倾向定义为"本能"，是不需要进行后天学习的，然而不同的哲学流派对于人的本能或天性的定义和阐释不尽相同。教育家杜威认为，教育的任务就是按照儿童本能生长的不同阶段提供适当的刺激和材料，以促进本能的表现与发展。这一观点也被概括为"教育即生长"。在当下的社会共识下，教育者在面对学生展现出的某些共性特质时可以将其视为"孩子的天性"，比如好奇心、求知欲、成就感、归属感等。然而对于高学龄段（高中）的学生而

言，正如杜威所阐释的"教育即生长"，学生的天性只是教育的"起点"和"土壤"，课堂教学的目标并不应该停留于激发和保留学生的天性。激进的进步主义教育造成的后果已经让教育专家们（包括杜威本人在内）深刻反思，完全释放天性的教育虽然使得学生感受到了"快乐"，但于科学的进步、生产力的发展、人类知识水平的提升等却未必是件好事。学生的天性是多样的、发散的、个性化的，但教育的目的之一是培养具有一定共性特质的公民，这就势必需要让普通教育（包括高等教育）的目标具有一定的收敛性，例如物理、化学、生物学等自然科学学科均需要培养学生的科学思维方式和科学探究能力。又如随着人类社会的发展，社会分工越来越细致，许多具体的工作需要特定的技能和知识结构。这种社会趋势需要大部分学生在求学阶段能够最终聚焦于某个特定的学科门类或某种职业技能。因此，引导学生寻找个人兴趣点、树立个人志向对学生个体的成长和发展以及社会的繁荣进步都具有积极意义。然而学校的课时有限，教师的视野和洞察也具有时代和个人认识的局限性，即教师个人的成长轨迹不可能覆盖所有的人生可能性，而教师身处的时代特征也不会与学生将来所处的时代特征完全一致。"社会在进步、个人在变化"，学校教育不能"穷举"所有的可能性，那么志趣引导是否本身就可能存在着片面性和局限性？与其冒着"学而不致用"的风险，是否干脆放弃引导志趣，对学生听之任之？有没有一种课程理念，使得学校教育既能挣脱时代局限性的枷锁，又能在保留学生天性的同时有效引导其发现个人的兴趣点并生发出与"未来社会"相匹配的志趣？

教学内容的确定性与学生能力发展的不确定性之间的矛盾。"课程即科目"与"课程即计划"的课程理念都强调了学科教学内容的系统性，而教材的编写也是在遵循学生认知发展的前提下，选取了适应不同认知发展层次的知识内容或文本素材。即使"课程即经验"强调了学生主动参与学习活动的重要性，但实际运用时大多也只是在教学形式上增加了丰富性和体验感。经验主义的课程理论虽提倡以"学生为中心"，但只要教学内容仍局限于教材中的知识点，其最终的结果也会与要素主义"殊途同归"。在实际的教学实践中，我所见的课堂相当一部分属于披着"经验主义外衣"的"要素主义躯体"，即教师制订了明确目标，教学内容收敛于明确的知识点，只是在形式上增加了学生动手环节或者学生讨论。看似"热闹"的课堂氛围背后是对教师、学生的严重束缚。人的认知能力是多元的，如文字表达能力、抽象思维能力、空间识别能力和质疑能力等。学生个体与个体之间存在着一定的认知能力差异，是否能在课程中达到"同步"状态，即从不同的认知起点提升至相同的认知水平呢？答案显然是否定的，若教师在教学设计之初就预设了学生需要达到某一"高级"认知水平，那对于处于"中级"认知水平的学生而言只是一次突破，而对于认知处于"低级"水平的学生而言可能只是无法完成的一次失败尝试。再者，学生的兴趣点各有不同，对于相同的文本或者材料，思考的角度、方式都会有所差异，所指向的能力发展维度也是不同的。比如一篇描绘家乡生活的散文，有的学生从文本阅读中发展了语言鉴赏能力，有的学生则萌生出了建设家乡的冲动，有的学生感知作者情感提升了共情能力。可见，在实际的教学过程中，学生的能力发展其实是"殊途殊归"的，具有相当的不确定性。有没有一种课程理念，能释放出教学内容的不确定性，促进学生不同能力方面的发展，实现学生"所得大于所学"？

四、"课程即适应时代需求的素养"的内涵本质

为寻求一种适应当下社会又能面向未来，既可以指导教育教学又能让师生保留足够的主动性的课程指导思想，这里提出本书的观点："课程即适应时代需求的素养"。那么，应当如何理解这一观点？在实际教学过程中又应该如何运用呢？

首先，该观点继承了"以学生为中心"的基本教学理念。学生依旧是教学的主体，教师的主要任务是教学内容的组织者。但是，教学内容的选取者和教学目标的制订者既不是教师也不是学生，而是"时代需求"。"时代需求"即基于当下社会积累面向未来社会发展的必需。我国"新课程、新教材"（即"双新"）改革（2017 年起）提出的学科核心素养，如语文课程提出的语言建构、文化传承，数学课程提出的数学抽象、数学建模、数据分析，物理、生物学课程提出的科学思维、科学探究，体育与健康课程提出的运动能力、健康行为等，都是学生适应未来社会发展所需的必备品格、关键能力和正确价值观。在此观念下，学生与教师都是时代"培养"的对象，是时代需求下的"共同客体"，地位一致。

其次，"双新"改革中提出的"培育核心素养"在理论上解决了学校分科教育的时代局限性。随着时代的发展，不同学科的知识体系会面临革新，甚至出现颠覆性的变革，如量子力学之于经典物理学、现代综合进化理论之于

达尔文学说等。根据历史经验，某一具体学科中的大量知识点是可以被推翻或修正的，如果教学的目标是知识点或者仅仅是这些知识点组织起来的知识框架，那么学生很可能获得的是一套"错误的"或者"漏洞百出"的经验总结。核心素养是基于一定知识体系之上生长出来的核心能力，能力一旦形成，便能摆脱其"土壤"对它的限制，具有发展性。例如，鉴赏能力根植于文本，但不会因为文本的更替而消失；科学探究能力根植于对科学现象的探究和解释，新的科学发现只会给科学探究能力带来提升和促进。可见，"课程即素养"的理念指向培育学生的能力素养而非知识体系本身，放弃对知识系统性和顺序性的执著使得课程的成果能更长时间地存续，并为教学对象适应社会发展提供支持。

最后，"课程即适应时代需求的素养"能够为教师"松绑"，带来高自由度的教学内容的选取，提高课堂教学的自主性。课程的终点指向培育"适应时代需求的素养"，但抵达终点的路径是"宽松且多样"的。值得注意的是，在"新课程、新教材"改革背景下，教材内容考虑到学科体系的完整性和逻辑性，大部分都进行了"扩充"。单独从内容的"量"上衡量的话，教学内容比起从前要更丰富。但若据此认为"双新"改革之后"教师要教更多内容，学生需学更多知识点"，那就明显与课程改革的方向（教育减负）背道而驰。纠正思想，本轮改革已经明确提出教学指向"素养"的培育和发展，而学习多少知识点可以形成概念、组织多少活动可以培养能力均是由教学的组织者（教师）根据学生实际进行规划和选择的。因此，教材并不是束缚，而是重要参考，新课程理念之下的教材应被视为"学材"（学习材料），其也不是教师组织课堂内容的唯一选择。在现代化、信息化教育蓬勃发展的大背景下，各种形式的资源只要能够促进素养的达成，皆可用作教学材料。

五、"课程即适应时代需求的素养"思想指导下的课程开发与设计的原则

课程是学科培养目标和学校培养目标的综合。在学科层面，高中时期的总体课程任务是在义务教育（小学、初中）的基础上，进一步提升学生综合素质，着力发展学生核心素养。依据教育部印发的《普通高中课程方案和语文等学科课程标准（2017 年版 2020 年修订）》，我国普通高中教育的任务是促进学生全面而有个性地发展，为学生适应社会生活、高等教育和职业发展

作准备，为学生的终身发展奠定基础。在此根本任务的明确指导下，高中各个学科也明确了自身的课程目标，如生物学学科的课程目标包括"树立生命观念、形成科学思维的习惯、掌握科学探究的思路和方法、具有开展生物学实践活动的意愿和社会责任感"；语文学科的课程目标包括"在语言建构与运用、思维发展与提升、审美鉴赏与创造、文化传承与理解几个方面都获得进一步的发展"等。在学校层面，目前高中的教师队伍组成仍然以不同学科作为主要的群体划分依据。在教育教学实践过程中，学科教研组实际承担了贯彻与落实本学科课程目标的任务。在探索普通高中课程改革的路上，上海市自2017年起陆续认定了曹杨中学、东昌中学、徐汇中学等特色普通高中，以促进普通高中特色多样化发展，促进高中学生全面而有个性地成长。特色高中的重要特征就是在人文、社科、理工、艺体等多个领域拥有各自的"特色课程"。例如徐汇中学进行的"三主"，即"中学为课程主导、中学教师为课程实施主体、中学生成为研究主人"的科技创新课程群建设等。可见，课程的开发与设计既要符合当下时代需求和学科发展，也要符合学校这一主体的个性化建设与发展。制定总体课程培育目标，尤其是选修课程（校本课程）的课程目标，必须将本校的发展规划和办学特色纳入考量，这也是传承学校历史、推动学校建设的充要条件。

课程组织形式指向经验的传播。经验主义课程理论之所以提出"从做中学"，其核心理念就是认为儿童的认知发展依赖于直接经验的获得，而对经验的反思和改造是学校教育的底层逻辑。我们不得不承认经验主义课程理论有其重要的参考价值。目前我国的教育改革中也提倡"勤于动手""热爱劳动"。高中的课程结构中还有如研究性学习、党团活动、军训、社会考察等要求学生"亲自参与""亲身实践"的必修学分。这些都充分说明，我国的课程实践体系对指向"经验"的教育观是高度认可的。但是，正如要素主义和结构主义对经验主义的批判，激进的经验主义课程形式使得知识传承和高阶思维提升大打折扣。为了达到在有限的时间（课时）内完成知识的系统性搭建这一目的，教师的讲授，即来自教师的"间接经验"也是十分重要的。"课程即适应时代需求的素养"中的素养亦包括了对于"间接经验"的吸纳和再加工，比如逻辑推理能力、思辨和批判能力等。因此，课程的组织形式应丰富多样，不局限于传统的讲授式，也不应因过分追求学生的活动和体验而出现"为了活动而活动"的情况。课程的最终目的是促进教师与学生、学生与学生之间的经验传播，即通过不同的组织形式保障教师的经验能成为学生的经验（自上而下的纵向传播）、某个学生的经验可以成为另一个学生的经验（平行的横向传播）、学生的经验也能输送至教师以修正甚至重塑教师的经验（自下而上的纵向传播）。

课程以评价促进自身演化。课程评价是指对课程的开发和实施效果进行评估的过程。在课程开发的视角下，从课程目标的确定到进行课程评价是一连串完整的"课程事件"。这里提出的评价不是狭义上的教师对学生进行的纸笔考试等指向学习结果的量化评价，而是指向课程本身的评价。课程实践的参与者（教师、学生），甚至是旁观者（学校课程负责人、某些第三方评测人员）等都可以参与到课程的评价活动中。课程评价的目的是全面、客观、充分地解释和描述课程目标的落实情况，以及课程实施过程中的其他非预期结果。我们运用生物学的"演化"（原本翻译为"进化"）概念来表述评价作用于课程的效果，即将课程本身的各个组成部分视为可以发生变化的，既可以被"舍弃"或"淘汰"，又可以被"重塑"和"强化"的机体部分。在评价形式上，提倡以质性评价为主，即更多地关注教育教学场景下各课程参与者的"实际获得"与"切身感受"。20世纪90年代，美国学界提出了一种新的评价方式——表现性评价，即让学生通过完成实际任务来展示自己的学习结果或成就水平。虽然实施表现性评价对教师提出了较高的要求，但是教师作为课程实施阶段的重要主体，同样可以在评价活动中达成自我反思、自我迭代、共同进步的结果。采用质性评价而非量化评价也充分体现了"课程即素养"理念中素养的各种非数字化、非量化的特征。同时，提倡质性评价也不是完全否定量化评价。承认量化评价具有操作便利性、数据客观性等优势是进一步完善或打造"复合型"评价模式的前提。

选修课程的开发指向素养的达成与进阶

在"课程即素养"的理念下，要培育学生适应时代的各种素养，就必须打造一个"立体而丰富"的课程体系。在这个课程体系之下，会出现"课程与素养之间复杂对应"，即不同的课程可能指向同一种素养，而不同的素养又可能被同一类课程所覆盖。以国内高中"新课程、新教材"改革内容为例，语文学科提出了"学习任务群"的概念，如"整本书阅读与研讨"，可以被视为通过一类课程实践以培养学生的多种语文素养。英语学科在必修课程、选择性必修课程之外，吸纳了国家设置的提高类、基础类、实用类、拓展类、第二外国语类等课程和学校自主开发的校本课程作为其选修课程的有机组成，共同指向高中英语学科的语言能力、文化意识、思维品质、学习能力等核心素养。"科学思维"与"科学探究"则同时被高中物理课程和生物学课程定为需要重点培养的学科核心素养。由此可见，几乎所有的学科课程专家都形成了一定的共识，即在当前的课程观念下，不可能通过某一堂课的学习就能达成学生特定而全面的学科核心素养。素养的培育势必是一个渐进发展的过程，因此必修课程应主要指向学生全面发展所必需的基本素养，而选择性必修课程和选修课程则应关注学生个性发展、学业特长等多样化需求所需要的素养，同时也可以将选择性必修课程和选修课程所培育的素养视为必修课程培养的基本素养的进阶（再培养）。因此，明确各类课程所指向的素养培育目标（或深度）是进行课程设计、课程实施、课程评价等实践过程的前提，统筹与规划面向"素养形成"和"素养进阶"的系统化、立体化课程体系是落实素养培育的有力保障。

以此轮普通高中的"新课程、新教材"改革为例，几乎所有的学科都基于"着力发展核心素养"优化了原本的课程结构。未来我国高中的大部分学科课程均会采用必修课程、选择性必修课程和选修课程三者合一的"立体式"课程体系。必修课程指向学生全面发展且全修全考，选择性必修课程则为选修选考（与升学考试相关），选修课程则由学生自主选择且学而不考（或学而备考）。可见，这套课程体系既保证了学科知识体系的系统性和基础性，又兼顾了学生的个性化发展，具有一定的选择性，其中选修课程设计与开发是后者的重要保障。虽然，选修课程的主要目的是给予学生足够的选择自由，拓宽视野或发展兴趣，但选修课程作为"课程即素养"理念下的课程体系中重要的有机组成，其课程内容和课程目标依旧需要围绕"素养培育"这一核心任务。具体学科的选修课程的开设与规划需呈现"目标集中，形式发散"的特点，即在培育并发展本学科核心素养的同时，采取内容多样、形式丰富的课程组织，突出"形散而神不散"的特点。

此轮"双新"改革中，每一门学科的课程标准都进行了内容更新，精选了学科学习内容的同时，提升了课程内容的结构化水平。将每一门学科分为必修课程、选择性必修课程、选修课程的课程结构属于"一级结构"，但要想切实落实核心素养的培育，必须结合学生的年龄特点、学科特征和时代背景，在每一个一级结构下进行"二级结构"设计。上海市各个学科启动的针对必修课程、选择性必修课程的"单元设计"从一定程度上就属于对课程二级结构的设计，但选修课程因其内容材料不统一、基础条件不统一，如果不进行二级（甚至三级）结构设计，则会显得散乱而无章法。若出现仅凭教师个人喜好和理解进行选修课程的开设，没有统一的课程指导思想和总体设计，既无法达到选修课程进一步培育和提升学生素养的目的，又很可能出现"老师在则课程在，老师走则课程无"的课程延续性问题。

以高中生物学学科为例，其课程标准中指出，生物学的学科属性是生物课程性质的重要决定因素。生物学不仅仅是一个结论丰富的知识体系，也包含了人类认识自然现象和规律的一些特有的思维方式和探究过程。为了帮助学生形成生命观念、科学思维、科学探究和社会责任等核心素养，生物学必修课程精选了"分子与细胞""遗传与进化"两大模块。由于升学考试等要求，部分学生可以进阶学习选择性必修课程，含"稳态与调节""生物与环境""生物技术与工程"三大模块。但也有一部分学生因为选课组合（上海的升学考试要求学生在物理、化学、生物学、历史、地理、政治中选择三门选择性必修课程），没有机会学习选择性必修课程。如果认为必修课程可以初步培养学生全面的生物学核心素养，选择性必修课程则应被视为对已经形成的生物学素养的进阶和升华。因此，选修课程在功能上至少应该满足以下两种需求：其一，内容上弥补那些没有进行生物学选择性必修课程学习的学生，为他们提供机会了解或体验"稳态与调节""生物与环境""生物技术与工程"三大模块的知识内容。其二，对选择性必修课程进阶过的素养进行"再组织"，提供新情境、新体验、新视角，助力学科素养的进一步培育。在此观点下，生物学选修课程理应成为进阶科学思维的"演武场"，开展科学探究的"试验田"，培养社会责任的"温室"以及窥探各个生物学子学科研究前沿的"视窗"，也是树立社会主义核心价值观、落实立德树人根本任务不可缺少的环节。

高中生物学选修课程开发理念

一、关注社会热点，面向实际生活

21 世纪生物学（生命科学）快速发展，全球性的社会公共卫生事件、转基因与基因编辑技术、疾病治疗及预防、生态保护与可持续发展等热门议题都包含着众多与生物学息息相关的内容。在"课程内容结构化、情境化"的指导思想下，这些与高中生物学知识内容或能力结构相关联的热点议题成为天然的"素材库"。以社会热点作为情境创设的基础，既可以回应时代关切，又能够贴近学生和教师的现实生活。弃用一些表面上"经典"却已经明显与时代或现实情况脱节的情境素材有助于学生更快地进入学习状态，如对于农村地区的学校，教师若是创设以智能小镇、AI 云计算等为背景的情境，学生很难快速理解和产生共鸣；而在一线城市的课堂，使用农村生活场景也同样会遇到共情层面的问题。准确把握教师和学校身处的环境以及处于该环境下大部分人群关切的社会热点，有助于课程在情境创设阶段达到事半功倍的效果。从"课程即适应时代需求的素养"这一观点出发，"生活即课堂"依旧适用于当下课程的开设和实施，能对课程组织产生正向的引导，促进立德树人根本任务的达成。因此，选修课程的设计规划应着眼于当前的社会关切、面向学生的实际生活，从而培养学生适应当下社会环境的关键能力，形成满足国家需要和时代需求的正确价值观。

二、强调实践探索，面向概念应用

高中生物学必修课程、选择性必修课程是基于有限课时的前提进行编订的。新课标提出，必修课程教学中要高度重视实践，提供更多动手实践的机会，让学生更好地理解与掌握教学内容。但是在课时约束（周课时数相对较少）下，教师们往往愿意先用理论课把知识概念讲清楚、讲透彻，再安排实验实践类课程，学生动手实践的机会常常无法充分满足。而依托于选修课程，增设实践类、探究类的活动或可弥补学生动手机会少的缺憾。实践探索一直以来都是自然科学领域的概念形成、假说提出、法则建立的"唯一路径"，强调实践探索与直接经验的获取也是对"从做中学"课程观念的继承与发展。仅仅依靠直接经验的获取而忽略经验的"再加工""再创造"，显然不符合高中阶段学生的认知发展水平。基于此，学校在设计规划总体课程时需要平衡理论课时和实践类课时、平衡基础课时和选择性课时之间的矛盾，不能形成将科学课程变成纯理论、纯讲授式的"一言堂"，也应避免"为动手而动手"的"假实践"课程。鼓励多开发基于核心素养培育的实践性选修课程，给学生提供运用生物学概念或思维解决真实问题的情境和机会，帮助学生有效地掌握学科概念以达到深度学习的目的。

三、重视个性发展，面向多元需求

高中生物学课程的基本理念要求课程既关注学生学业成就，又须重视个体多方面的发展，兼顾个体差异和发展需求。但是，必修课程与选择性必修课程因其主要回应学业评价及升学发展需求，不可避免地会忽略个别学生的个性化成长与特殊发展需求。教师在必修课程与选择性必修课程的授课期间面对以班级为单位的教学主体，难以兼顾群体水平的进步和个体水平的发展。而选修课程可着眼于学生的多元需求，可指向进一步深化学科知识体系促进学术提升，又可指向眼界拓宽促进生涯规划，也可指向动手实践促进培养解决问题的能力，起到选修课程的分流引导作用。值得注意的是，这里所指的"个性"既包含中学生丰富的兴趣和爱好，也包含教师的差异化能力和特长。例如：喜欢阅读小说的教师从中外小说中寻找学科灵感开设课程与学生一同探讨；平时关注美容化妆品成分并颇有心得的教师开设课程详细介绍各种成分背后的药理；跨学科能力强的教师开设课程引导学生用"工程学"的原理解决生态学的问题等。以上都是本校教师已经做出的实践探索。

四、兼顾德育渗透，面向育人目标

学科核心素养是指学生通过学科学习逐步形成的正确价值观、必备品格和关键能力。其中，价值观是指在人的一定的思维感官之上而作出的认知、理解、判断或抉择，决定自我认识，具有直接影响和决定个人理想、信念、生活目标和追求方向的作用。品格是在价值观指导下的在行为、作风上所表现的思想意识。新课标明确提出，学生应有造福人类的态度和价值观、具备生态观念和意识、崇尚文明健康的生活等，均体现了立德树人这一教育精神。选修课程既有本学科的学科属性，也是进一步发挥课程德育价值的主阵地。因此，选修课程的设计和实施必须坚持德育为先，着眼培养全面发展的、具有健全人格的学生。《上海市学校德育"十四五"规划》中明确指出要聚力深化中小学学科德育。其中指明了需根据新课程方案、新课程标准和新教材全面推进课堂教学，形成有影响力和辐射力的学科德育特色课堂或课例资源库。可见，上海在德育课程建设方面始终走在全国前列。据此，生物学学科教师或可以在"全面建成小康社会，历史性地解决绝对贫困，抗疫斗争取得重大战略成果"中挖掘素材，创设相关课程以落实社会责任这一学科核心素养的培育。

第二章

基于"核心素养"的选修课程设计

指向"生命观念"的选修课程设计

一、"生命观念"的内涵挖掘

《普通高中生物学课程标准（2017 年版 2020 年修订）》（简称"新课标"）指出，"生命观念"是指对观察到的生命现象及相互关系或特性进行解释后的抽象，是人们经过实证后的观点，是能够理解或解释生物学相关事件和现象的意识、观念和思想方法。学生应该在较好地理解生物学概念的基础上形成生命观念，如结构与功能观、进化与适应观、稳态与平衡观、物质与能量观等；能够用生命观念认识生物的多样性、统一性、独特性和复杂性，形成科学的自然观和世界观，并以此指导探究生命活动规律，解决实际问题。

如果将科学思维、科学探究和社会责任看作高中阶段的三门自然科学（物理、化学、生物学）共同指向的核心素养，那么生命观念无疑是最能体现生物学学科特点的核心素养。根据新课标的表述，我认为可以将生命观念理解为"基于科学事实的、进过思维加工的、指导实践的观念"。

首先，生命观念的形成是基于对生物学研究对象的观察，但不能止步于"观察"。绝大部分生物学核心概念、重要概念、次位概念都是基于观察的"发现式"思维产物，而非"发明式"的。新课标中提出的"现象""关系""特性"都是生命观念形成的基础，需要被观察、被发现、被提炼，且三者在逻辑上环环相扣。例如，我们观察到大多数人在突然进入一个寒冷环境时会出现"寒战"（骨骼肌不自主的抖动）。同时，我们也观察到进入寒冷环境后有些人的肤色会变得更白。那么以上两个被观察到的"现象"之间的"关系"又是怎样的？寒战和肤色变白是互为因果关系还是并列关系？可见研究生物学现象之间的关系与发现并观察生物学现象是不同的，前者需要在后者的基础上做出进一步的思维加工。同样，"特性"是与"共性"相对的，要能够概括出特性，前提就是要对共性也有着充分的认识和分辨力。例如，相比于人体其他细胞的分裂方式（有丝分裂），生殖细胞的分裂方式（减数分裂）就是该类细胞的特性。从逻辑上来看，能得出这一结论的前提是既要对人体大部分细胞的分裂方式进行观察、总结和归纳，又要能够对比出生殖细胞与其他细胞在分裂上的差异，同样属于比简单观察现象"更高级"的思维加工。

其次，生命观念的形成过程包含了系统、逻辑的思维加工过程。根据新课标中的表述，生命观念可以理解为一种从"解释"到"抽象"再到"实证"的过程性思维产物，可视为指导课程实践过程的"思维方法论"。对被观察到的生物学现象进行解释是课程的起点，例如，组织学生观察燕麦胚芽鞘的生长情况，学生发现单侧光照会引起燕麦胚芽鞘"向光弯曲"生长的现象。那么，课程的首要任务就应该是对这一现象进行剖析，提出一种或多种对于该现象的科学解释，如"燕麦胚芽鞘尖端产生了某种生物活性物质引起了其向光弯曲生长"。接下来，对该科学解释进行多个维度的抽象，如调整应用范围、考虑限制因素、删去无关变量、提取本质特征等。如考虑到解释的普遍性，即"向光弯曲"现象是否在多种植物（不单是燕麦）发育过程中都会发生，结合其他佐证后可去掉植物种类这一非必要的限制，从而提高适用范围。可见，抽象是对初步形成的科学解释或结论的再加工，经过抽象的科学结论应该具有更广的普适性和更科学的解释功能。这类"解释后的抽象"将最后被实证观测检验，即使用这一抽象结论对尽可能多的科学现象进行解释，以检验结论是否正确、范围是否合适等。例如经过一系列的抽象和加工，刚才的结论修改为"生长素在伸长区背光侧和向光侧的不均匀分布是造成胚芽鞘向光弯曲生长的原因"，其中"伸长区"是结合最新实证（实验）结论之后添加的；燕麦胚芽鞘的"燕麦"被删除也是大量实证总结后进行的对适用范围的调整。经过解释、抽象、实证后的结论或观点，可以视为有一定解释力和适用范围的生物学概念（与新课标中的次位概念相似或略次之），可以作为进一步提炼更高维度的重要概念（或核心概念），最终形成生命观念的基础。

最后，生命观念的指向应是生产生活实践。生命观念的本质是一种包含价值观的方法论。例如"结构与功能观"是在解释和归纳了大量生物学结构与功能统一性的基础上形成的高度抽象的观念。结构与功能观的形成可以促进学生将来在面临真实问题时进行结构化思考，将功能与结构联系在一起并且对其中的关系产生更加深刻的认识。在生物学研究范畴内，学生可以对某些具体的生物学功能的变化进行结构方面的思考，如Ⅱ型糖尿病的发病原因可能是组织细胞表面胰岛素受体结构的改变从而影响功能。即使超出生物学本身的研究范围也可以使用这种思考，比如某公司的办事效率低下，其原因是部门人员的结构不完备，或者员工和部门负责人缺乏结构化的工作指导等。不难发现，生命观念一旦形成可以突破学科的边界，促成学生价值观和方法论的提升，有利于其适应未来生活和回应社会的需求，应对包含多样性、统一性、独特性、复杂性的各类问题和挑战。科学而完备的生命观念可以帮助学生从全方位且多维度的视角，以系统且完备的方式进行具体问题的分析和探究。

二、指向"生命观念"的选修课程体系

生命观念是在诸多概念的系统整合之上形成的意识、观念和思想方法，如核心概念"生态系统中的各种成分相互影响，共同实现系统的物质循环、能量流动和信息传递"由数个重要概念支撑，如"不同种群的生物在长期适应环境和彼此相互适应的过程中形成动态的生物群落""生物群落与非生物的环境因素相互作用形成多样化的生态系统，完成物质循环、能量流动和信息传递"等，而重要概念又建立在一些次位概念的构建之上，如"生态系统中生产者和消费者通过食物链和食物网联系在一起形成复杂的营养结构""生态系统中物理、化学和行为信息的传递对生命活动的正常进行、生物种群的繁衍和种间关系的调节起着重要作用"等。因此，要帮助学生形成生命观念，就必须遵循思维认知的规律，提供足够多的合适的素材帮助学生形成概念，再利用恰当的方法归纳及提炼成高阶概念，进而引导学生形成科学的生命观念并以此指导探究活动和解决实际问题。

学校选修课程的体系经过多年的探索已经形成了以不同课时（学分）相互组合而成的整体框架结构。每学期有 3 学分（即每周 3 课时，共计约 60 课时）固定提供给学生，允许学生在规定范围内自主选择，形成了"千人千面"式的个性化课表。生物学选修课程根据新课标中关于核心素养"生命观念"

的表述，挖掘内涵并结合学校发展规划和时代需求，提出了以下"进阶式"的选修课程体系（见表 2 - 1）。

表 2 - 1 指向"生命观念"的选修课程体系

课程类型	学分	课程目标（关键词）	设计思路
微型课程	0.25	现象、事件	拓宽视野、积累经验
小型课程	0.5	解释、抽象	思维加工、概念形成
中型课程	1.0	实证、提炼	实践检验、观念形成
大型课程	2.0	观念、思维、探究、责任	拓宽维度、复合培育

微型课程持续 1/4 学期，每周 1 课时。因其课时较短，结合生命观念的形成需要对生物学现象进行大量观察和解释的前提，教研组倾向于将微型选修课程的课程目标定位为"给学生提供可被观察或讨论的生物学学科素材"，如最新发现的生物学现象、最新的科研成果等。课程以教师"讲授式"与学生"自主观察"相结合。小型课程持续 1/2 学期，每周 1 课时，是微型课程课时数的 2 倍。持续半学期的课时给学生提供了从观察"现象"到分析"关系"再到归纳"特性"的实践机会。教师在课程实施过程中不要直接教授"现成概念"，而应积极引导学生从"现象""关系""特性"的基础上抽象归纳出有解释性的概念，并在课时允许的情况下组织学生相互交流评价。中型课程时间持续 1/2 学期，每周 2 课时。每次授课的时间提高至 90 分钟（长课时），为生物学概念的实证提供了时间保障。从概念的抽象程度分析，只有反复实践并且对概念进行"再提炼""再加工"才能形成抽象度更高、适用面更广的高阶概念（重要概念或核心概念）。因此，中型选修课程可以为学生提供足够的时间和空间进行实证、探究和试错，帮助学生掌握从"概念形成"至"观念形成"的一般方法。大型课程时间持续一学期，每周 2 课时，是学校选修课程体系下持续时间最久、课程时长最长的课程。大型课程是学校创建实验性、示范性学校，开展"拔尖创新人才早期培育"的重要抓手。大型课程仅指向生命观念的形成，从时间利用效率上来看是有些"冗余"的。因此，生命观念的落地实践就成了重要的设计抓手。在生命观念指导实践的过程中，既有对学生科学思维的提升，也有培养学生科学探究的能力，是一种全面培养、多维度提升的"复合型课程"。建议教师在大型选修课程的设计过程中，

充分结合生命观念和其他核心素养培育的特点，合理选择课程内容，系统地实施课程组织以达到全面培育学生的课程目标。

三、指向"生命观念"的选修课程内容及组织

生命观念是体现生物学学科核心素养，体现其与物理、化学显著差异的特有学科内涵。生命观念建立在核心概念、重要概念以及次位概念之上，是庞杂而丰富的概念体系的高度抽象。指向生命观念的选修课程应当帮助学生在必修课程、选择性必修课程（部分学生）的基础上，拓宽视野或运用实践以助力科学观念的形成。因此，本书在课程内容和课程组织方面提出以下三点建议。

其一，基于概念形成进行课程组织。选修课程的课时数弹性较大且连贯性较低。学生基于个人兴趣或者学校的安排选择选修课程，因此，选修课程呈现出"短周期"的培养特点，即在有限的课时下达成不同的培养目标。因此，制定合理的课程目标、进行适切的课程组织显得尤为重要。基于"课程即素养"的课程观念，目前生物学课程内容的最小组织单位应该是一个个具体的生物学"概念"，在进行课程内容设计时，必须围绕某一具体概念展开。值得注意的是，新课标中的次位概念明确提示，"概念"与"定义"不同，前者除了包含后者之外，还需有达成概念的"显性动作"，如举例说明、阐明、说出、概述等。基于此，在安排课程内容时应该留出足够的时间和余地，对概念的达成进行评价以衡量课程目标的实现情况。例如，生态学类的选修课程不应该将课程目标定为"记忆或举例几种不同的外来入侵物种"，而应该参考新课标中的次位概念"举例说明生态系统的稳定性会受到自然或人为因素的影响"。在这个概念下，外来入侵物种只是教师需要提供讨论的一类生物学事实。课程的主要着力点应该放在如何引导学生结合"生态系统稳定性"的知识作出分析，并能够对具体"影响"进行说明和交流讨论上。

其二，紧密联系生产生活。生命观念虽然是高度抽象的思维产物，但是其形成过程依赖于概念的建立，而概念是从具体的科学事实和证据中经过思维加工形成的。实际生产生活中的大量事实和现象值得被研究和讨论，例如运动后出汗引起的口渴现象，其背后是人体水盐平衡的调节机制；植物向光弯曲生长，其背后是植物激素对细胞的作用；感染就医后医生开具的抗生素，

背后是微生物之间的生存斗争等。因此，对生物学现象的"观察"是生物学课程组织的基础。设计"源于生活又回归生活"的选修课程能显著提升学生对生物学学科的"感知能力"，是达成包括生命观念在内的核心素养的重要保障。因此，学校和教研组鼓励学生"多走多看"，一些田野调查、社区访谈、企业或科研单位参观等活动都可以纳为课程的组织形式。

其三，鼓励"翻转式"课堂。教学组织形式应该适配课程目标。选修课程的课程目标具有一定的开放性，即每个学生在课程进行过程中或课程结束时所达到的各方面成就有一定的差异。选修课程，尤其是较长课时投入的选修课程应该充分发挥学生的主动性，教师的角色应从主导者转变为组织者或辅助者。翻转课堂也被称为颠倒课堂，是 21 世纪兴起的一种新型课程组织模式，其特点在于将学习的决定权从教师转移给学生。教师不再占用课堂时间来讲授知识点，而是将更多的时间分配给每位学生进行交流。因此，翻转课堂非常适合作为项目式学习类选修课程（大型课程）的主要教学组织模式，也充分吻合新课标中对生命观念的表述，即"形成科学的自然观和世界观，并以此指导探究生命活动规律，解决实际问题"。例如，在某一课程中教师只抛出一些方向性问题如"什么是发酵工程？""葡萄酒是如何被生产出来的？"然后这堂课（或连续几堂课）都可以交给学生开展调研分享。学生们可以相互分享各自查阅到的资料，或者自己在企业（酒庄）参观时的照片素材等进行交流。相信只要逻辑清楚且素材充分，这个课程一定可以完成核心概念"发酵工程利用微生物的特定功能规模化生产对人类有用的产品"的构建，并提升学生对生物学应用于生产实践的认知水平。

四、指向"生命观念"的选修课程评价方案

评价是课程组织中非常重要的一环。研读新课标中对于生命观念的"质量描述"，将生命观念的可预期学业成果概括为两个主要方向，即解释阐述方向与运用实践方向。解释阐述方向包含了诸如运用结构与功能观、物质与能量观、稳态与平衡观阐释生物体组成结构和功能之间的关系、遗传与变异的物质和结构基础、稳态的维持和调节机制等以科学理解与解释为主要目标的学业质量特征。运用实践方向则更加注重联系实际，例如基于生命观念将科学、技术、工程学和数学知识和能力综合运用在实践活动中，解决生活中的实际问题等。两类不同维度的学业质量特征，为设计指向生命观念的评价方

案提供了理论依据。兼顾选修课程"学而不考、学而备考"的课程特点，在此对评价方案的制订和实施提出以下建议。

其一，评价应帮助学生"自检"生命观念的生成情况。选修课程不同于必修课程和选择性必修课程，课程的时长有限，覆盖面也非涉及所有学生。若采用与必修课程相似的评价标准，则容易增加学生的学业负担，这违背了选修课程开设的初衷。即使某选修课的主要内容是围绕特定的概念展开，教师也有预期在课程结束后学生应该掌握相应的知识或概念，但是生命观念是在概念之上的抽象，每个学生因其个人的领悟能力和学业素养，达成生命观念的程度也有差异。因此，选修课程的评价方案应是提供给学生回顾与反思课程内容的机会，帮助学生自我检验对特定的生命观念是否做到了理解更深入或运用更流畅。例如校内曾开设 PCR 实验课程（后被新教材纳入课内实验），学生在课堂上能够学会使用微量移液器（移液枪），并通过计算配置出正确的反应体系，然后顺利扩增出目标序列已经算是达成了"课堂预设"。但即使该课程的内容组织是指向培育学生在仪器使用或实践操作方面的能力，可以预见的是，学生在课后反思的过程中会更多地思考"PCR 的原理""DNA 的结构"等能够进一步趋近"生命观念"形成的问题。因此，有经验的教师会在评价部分提供对应的材料和途径，帮助学生达成"从做中学"，甚至获得超出"动手"部分以外的经验。

其二，评价的最终目标指向问题解决能力。虽然能够基于生命观念对科学现象进行解释或能够阐释概念之间的具体关系，如生物多样性和统一性以及与环境的关系等属于新课标中期待学生达成的核心素养的具体表现，但基于对生命观念的内涵剖析，生命观念一旦形成，其最核心的价值，同时也是最重要的目的就是指导实践，解决实际问题。因此，评价必须能够真实地反映出学生运用观念的能力水平。提供复杂的问题情境或让学生主动从生活实践中发现问题，并运用生命观念进行理解、剖析和解决，才能确保生命观念这一核心素养的真正达成。在实际操作中，有经验的教师往往会在最后一次或几次课时，组织小组辩论或者公开展示活动。教师通过观察不同学生在面对现实问题下的"言""行"具体表现来衡量学生对生命观念的理解程度与内心认可度。因此在评价阶段，学生的"实际行为"才是衡量课程目标达成情况的"金标准"。

指向"科学思维"的选修课程设计

一、"科学思维"的内涵挖掘

新课标指出，科学思维是指尊重事实和证据，崇尚严谨和务实的求知态度，运用科学的思维方法认识事物、解决实际问题的思维习惯和能力。学生应该在学习过程中逐步发展科学思维，如能够基于生物学事实和证据运用归纳与概括、演绎与推理、模型与建模、批判性思维、创造性思维等方法，探讨、阐释生命现象及规律，审视或论证生物学社会议题。

科学思维首先强调了"尊重事实和证据"，也就是将"客观性"作为一切行动和思维的前提。近十几年来，像三聚氰胺事件、塑化剂风波、突发的全国性公共卫生事件等与生物学学科相关的案例时不时地出现在大众视野中，使得从事生物学教学的一线教师，可以搜集和挖掘到的素材变得更加丰富。但是，这种现象也对从事生物学教学的教师们提出了新的要求，即如何在众多材料中辨清或理清"事实"与"观点"。课程实施和组织的各个阶段，尤其是课程初期如情境创设时期，教师都应该对所提供材料的"客观性"做出全面的评估，只有保持公正、客观才能开展平等、自由的对话。经验主义课程论的核心观点之一就是希望教师能够成为课程的"组织者"，而素材内容的客观，即不带有事先预设的价值判断和倾向是开展有意义的教学活动的前提。

其次，科学思维要求课程的目标从指向"行为"转为指向"思维"。经验主义课程理论要求课程为学习者提供有意义的活动，从而帮助学习者获取或者重塑其经验。以"课程即素养"的视角来评判，经验主义有其值得肯定之处，但是经验主义往往期待从学习者简单的行为改变（如从不会使用工具到会使用工具）来判断课程目标的达成。新课标中的科学思维，提供了一个更为深刻的角度，即"对思考本身的思考"。结合一线教学经验，目前高中的生物学教师在这一方面仍处于探索阶段，主要体现在以下两方面的误区：其一，混淆"使用"科学思维与"运用"科学思维。在一线教学和外出教研的过程中，很多教师会在教学设计中将运用某一科学思维作为教学目标之一。但是，在实际课程的实践过程中，学生更多是在教师的"指引"下"使用"某一具体的科学思维方式，如对多个材料进行归纳或使用概念图进行建模。教师并没有给予学生足够的时间对思维方法本身进行评价、思考、选择，而是简单地"操练"预设的思维方法，这只是一种思想层面上的"机械式学习"。其二，课程没有包含对思维的评价，评价的对象依旧停留在显性的结论上。即使在实验类、探究类的课堂情境中，教师大多会要求学生对实验设计、实验结果等显性结论进行分析，如能用控制变量的思维分析各实验分组之间的差异等。但极少会出现教师让学生自我评价其思维过程的情况，如要求学生解释其使用了怎样的思维进行情境分析或实验设计，为什么选用这种思路或思维方式，评估有没有更好的角度重新分析和拆解问题等。因此，虽然课程标准中明确列出了诸如"归纳与概括、演绎与推理、模型与建模"等具体的科学思维方法，但在实际课程设计和课程实践中应该回归科学思维习惯和能力生成的"完整过程"，真正实现思维能力上的突破，达成深度学习。

最后，需要明确"科学思维"与"生命观念"两个核心素养之间的关系。在经验主义大行其道的国内教育思潮的影响下，讲授式的课堂往往容易遭到专家、学者，甚至同行（教师）的批评。其实，明确了科学思维与生命观念之间的关系，就能帮助教师掌握讲授的分寸，即使是讲授式的课堂也同样可以有价值、有亮点。第一，区分"讲概念"还是"讲观念"。在对生命观念内涵的解读过程中，我们可以发现一个个具体的生物学概念是形成生命观念的前提和基础，而大部分事实和证据最初都是指向这些概念的。因此，教师大可不必陷入"讲授概念等于一言堂"的惶恐情绪之中，利用引导、解释、拓展等方式辅助学生形成概念，并不等同于直接讲授生命观念。例如，讲授"ATP是驱动细胞生命活动的直接能源物质"并不是直接讲授"物质与能量观"，两者之间虽然有联系，但要形成具体的生命观念肯定需要大量实例支持、较长时间思考，并不能靠教师讲解一遍学生就能掌握。第二，科学思维是从概念走向观念的"桥梁"。教师能够获得讲解具体概念的"权利"，并不等于教师没有引导学生从生物学概念中提炼生命观念的"义务"。相反，新课标对当代教师提出了更高的要求，即明确"训练科学思维是形成生命观念的唯一途径"。无论是理论课程还是实验探究类的课程，讲授式虽能达成的最高目标只能是具体的生物学概念，而将不同的生物学概念进行整理、归纳、实证、抽象，直至形成更高级的生命观念，则需要课程组织者将大部分精力花在对高中生思维能力的培养和训练上。因此，科学思维和生命观念之间是辩证统一的关系，两者存在显著的区别，又具有密不可分的联系，如何精准把握两者的关系并在课程设计阶段进行合理安排才是当下生物学学科教师们的"首要任务"。

二、指向"科学思维"的选修课程体系

科学思维是核心素养中区别于生命观念的"隐性"能力，是学生在未来的人生道路上即使已经遗忘了生物学的概念和知识，也能够帮助其适应变化、面对挑战的"思维工具"。培养科学思维是一个渐进的过程，不可能一蹴而就，学生的思维品质和能力水平也有巨大差异。考虑到以上因素，在设计指向科学思维的选修课程时，应该兼顾处于不同思维发展水平的学生，帮助每一个学生在原有的基础之上提升思维能力。依据科学思维的内涵，可以采用从"态度"到"能力"的渐进式课程方案。值得注意的是，将科学思维方法中的"归纳与总结""模型与建模"的思维能力定在了"创造性思维""批判性思维"的下一层级，主要是出于以下两方面的考虑。其一，相比于"创造性思维"和"批判性思维"，"归纳与总结"及"模型与建模"具有更强的操作性，评价的维度也更为收敛。因此，在课时分配上认为前者比后者需要更多的时间开展引导、交流、评价等活动。其二，培养"创造性思维"及"批判性思维"往往需要建立在归纳总结或模型建构与解析之后，即"归纳与总结"及"模型与建模"等可以视为形成"创造性思维"及"批判性思维"的基础，前者和后者有明显的时序性。

学校选修课程的体系经过多年的探索已经形成了以不同课时（学分）相互组合而成的整体框架结构。每学期有3学分（即每周3课时，共计约60课时）固定提供给学生，允许学生在规定范围内自主选择，形成了"千人千面"式的个性化课表。生物学学科选修课程根据新课标中关于核心素养"科学思维"的表述，挖掘内涵并结合学校发展规划和时代需求，提出了以下"进阶式"的课程体系。

表 2-2　指向"科学思维"的选修课程体系

课程类型	学分	课程目标（关键词）	设计思路
微型课程	0.25	科学史话、名人轶事	严谨务实、培养态度
小型课程	0.5	科技突破、思维剖析	分析过程、思维形成
中型课程	1.0	情境分析、归纳建模	思维实践、能力提升
大型课程	2.0	社会议题、批判创新	项目学习、高阶思维

　　微型课程持续 1/4 学期，每周 1 课时，学分 0.25 分。因课时较短，故建议选择"科学史话"作为主要的课程形式和内容，通过教师讲授辅以视频资料等对某一科学史中的"里程碑事件"进行介绍，主要目标是增加学生的认同感并初步分析对应的历史背景、技术制约等，体会与感触科学家的艰辛探索之路，培养严谨务实的态度。小型课程持续 1/2 学期，每周 1 课时，是微型课程课时数的 2 倍。持续半学期的课时为教师提供了充足的时间对科学家的思维过程进行梳理和分析。教师仍可以从科学史中选择标志性事件或者突破性成果，但需要着重分析科学家面对科学事实时采取的分析思维，例如科学家如何提出假设并基于假设设计了实验、如何运用科学思维对结果进行归纳或推理演绎、如何总结出科学结论并产生科学假说。考虑到思维能力的进阶，教研组鼓励教师应在判断学生具备一定知识储备的前提下，组织学生进行情境式的主动分析。鼓励课堂逐步从"讲授式"转变为"讨论式"。中型课程持续 1/2 学期，每周 2 课时。每节课的时间提高至 90 分钟，为培养具体的科学思维——"归纳与概括""演绎与推理""模型与建模"等提供了时间保障。培养这些具体的科学思维方法中的任何一种思维能力，既需要提供翔实的证据和实验数据支撑，又需要学生花费较多时间反思与提炼，并能基于特定的情境进行运用和实操，因此，无论是从课程容量还是思维训练的连贯性方面考虑，中型课程都是最佳的选择。大型课程时间持续为 1 学期，每周 2 课时，是学校选修课程体系下持续时间最久、课程时长最长的课程。大型课程是学校创建实验性、示范性学校，开展"拔尖创新人才早期培育"的重要抓手。培育高阶的科学思维如"批判性思维""创造性思维"等，最合适的培养模式是项目式学习 PBL，即学生需在日常生活和学习中选取某一具体的研究课题，投入大量的时间，亲历科学研究的过程，综合运用"归纳与概括""演绎与推理""模型与建模"等思维得出科学结论后，再进行反思交流。高

阶的科学思维是对思维方式、思维角度的思考，即"对思考本身的思考"，可以帮助学生进一步升华其思维品质，从而形成"批判性思维""创造性思维"等具有更强普适性、更广适用面的能力。

三、指向"科学思维"的选修课程内容及组织

科学思维是学生经历一定学习实践活动后形成的"隐性"能力，表现在新课标的"质量描述"中提出的一系列行为如阐释内涵、论述原理及关系、审视或讨论等。教师需要组织学生深度参与以上的思维活动才可能培养出科学的思维品质、习惯和能力。指向科学思维进行选修课程内容的选择和课程组织时，需要明确科学思维并不是"空中楼阁"，而是建立在科学事实和实践探索的基础之上的，切不可通过"讲授思维"来"学习思维"。基于对科学思维的内涵挖掘，对指向科学思维的选修课程内容选择及课堂组织模式提出以下建议。

首先，推荐从"科学史"中挖掘课程素材。21 世纪是生命科学突飞猛进的时代，研究尺度已经触达纳米级（甚至更微观）。诺贝尔生理学或医学奖及化学奖中包含了大量在生命科学发展史上具有里程碑意义的伟大发现和实验突破。由于必修教材和选择性必修教材的篇幅有限，能被收录编写进教材正文（或拓展栏目）中的科学史内容占比较小，且有相当数量的材料只属于学生的"学材"，教师在课堂上并不使用或者讲解，而是安排给学生进行课后阅读和自我学习。高中生学业负担较重，各个学科的任务累积后对学生的时间和精力分配是个巨大挑战，所以很难评估这些"课后任务"的教学系统性和教学价值。基于此，设置相应的生物学学科选修课程可以"弥补"这些不足，学生可以在教师的引导下，以研究者的第一视角经历科学研究的探索历程，感悟科研从业人员的严谨务实态度，分析研究背后的科学思维过程。例如，新教材必修一分册中提到了中国杂交水稻的研究，但是仅仅从一句"1973 年，袁隆平带领的研究团队以细胞质雄性不育系为遗传工具，突破实现了三系法配套，培育出第一代杂交水稻"中，学生既无法了解"三系法"诞生的时代背景和学科基础，也无法体会"三系法杂交"是怎样被"绝妙设计"出来的。

其次，课程组织中扩大交流讨论的比重。虽然科学思维是一种潜在的能力，但培养科学思维并不是没有方法，通过语言组织、板书演示是可以呈现个体具体的思维过程的。在组织指向培育科学思维的课堂时，教师应投入更多的时间和精力，引导学生将自己的"思维过程"以一定方式呈现出来。若

是课时较长的项目式学习课程，则可以在文献调研、项目开题阶段就对其选题或实验设计背后的思维过程着重分析，通过"具象—解构—分析—重构"的步骤对学生的思维进行"再加工"，从而提升学生的思维能力和品质。例如，生物学必修一（新教材）中新增了"制作真核细胞的结构模型"这一探究活动，显然是需要培养学生"模型与建模"的科学思维能力。但如果需要学生仔细分析自己在选择细胞、制定方案、选择材料、建构模型等过程中的具体思考，并通过展示、交流、讨论的方式进行"集体反思"，一节40分钟的常规课时显然是不够的，而指向"科学思维"培育的选修课程或可以提供更为充分的时间进行此类"思维碰撞"。

最后，鼓励开展跨学科学习活动。此处的跨学科学习指跨出（狭义的）生物学的学科界限，与多个学科发生相互交叉、渗透、融合，从而提升科学思维的品质。新课标中的科学思维是高中生物学所能够达成的重要"思维范式"，是一个由理论、方法、模型、范例和研究传统等相互联系与相互作用的要素组成的整体。科学思维的本身是高于学科概念的，科学思维可以脱离其"原生土壤"，通过跨学科学习，进行不同"范式"之间的转换和碰撞，是产生创造性思维、批判性思维的必经之路。仍以"模型与建模"能力为例，其内涵是一种"具象（真实结构）—抽象—再具象（模拟结构）"的思维范式。该思维能力除了可以在生物学学科中加以推广和应用，如细胞膜结构模型、酶与底物反应结构模型、生态系统能量流动模型、细胞分裂过程模型等的使用，更重要的是，"建模"的思维本身就是一种凌驾在具体学科之上的"高阶思维能力"，如"计算机辅助建模"（虚拟模型）就可以在经济、金融、数学、药学等诸多领域发挥重要作用，创造巨大的社会与经济价值。

四、指向"科学思维"的选修课程评价方案

新课标中给出了几种常见的科学思维方法，如归纳与概括、演绎与推理、模型与建模等。这些思维方法相对侧重方法论，且都具有"可具象化"的前提。所谓"可具象化"，是指可以通过图示、图表、实物模型、电子模型等手段将具体的思维过程，形象化地展示出来，以提供交流、评判、优化或再加工。因此，虽然"思维"本身是一个很难被评价的对象，但是通过一定手段将学生头脑中的思维过程进行"具象化"处理，或可成为指向科学思维的评价的设计方向。结合对科学思维这一核心素养的内涵分析，提供以下几点建议。

第一，明确科学思维与科学探究的差异。科学探究是面对一个具体的科学问题或对象进行的一系列有逻辑的探索实践。科学探究是在科学思维的指导之下进行的，但是科学思维的内涵显然要大于科学探究。科学思维除了具有指导实践的作用之外，首先是提供了一种理解、阐释科学现象和关系的思维范式。无论是利用归纳法，还是使用建模的方法，其第一指向都是"拆解问题""梳理关系""剖析内核"，而并非一开始就进行实验设计、数据收集等。因此，明确科学思维是学生理解力的来源，是设计指向科学思维的评价方案的重要前提之一。在实际的教育教学过程中，思维方面的评价往往是先于或早于探究方面的评价。例如让学生谈谈对于某一生物学现象的理解，或者对发现的生物学问题进行分析和拆解都是在评价学生的科学思维能力和水平。能力水平相对较高的学生往往能够从更多角度分析问题，提出更多的解决方案，设计更多的探索路径。

第二，重视自我评价的作用。科学思维是方法论，但又不仅仅是方法论。从新课标关于科学思维的表述中，我们挖掘出科学思维的顶层指向，即突破方法论本身，达成具有一定哲学属性的批判性思维、创造性思维。这些思维不是方法而更像是一种能力，是对思维本身进行的反思或再加工，即"对思考本身的思考"所产生的结果。因此，即使学生能够从科学的角度提出具体问题，利用有效的思维手段进行解构和剖析，教师仍然需要帮助学生有意识地反思：自己具体使用了哪一种思维模型或范式，该思维方式为何更加适切，有没有别的思维范式可以替代或指向问题更深层次的内涵本质等。虽然，这一要求看似对教师本人的科学思维水平要求极高，但在具体的教育教学实践过程中，教师也能在这一套"审视思维"的评价方式中获得提升，达到教学相长的结果。

指向"科学探究"的选修课程设计

一、"科学探究"的内涵挖掘

新课标认为科学探究是指能够发现现实世界中的生物学问题，针对特定的生物学现象，进行观察、提问、实验设计、方案实施以及对结果的交流与讨论的能力。学生应在探究过程中，逐步增强对自然现象的好奇心和求知欲，掌握科学探究的基本思路和方法，提高实践能力。同时提出学生需在探究过程中，乐于并善于团队合作，勇于创新。

新课标首先将"科学探究"这一素养定义为学习实践中形成的一种能力。相比于其他三项核心素养，"科学探究"的可实操性是最强的，原因在于其包含了众多操作层面的"显性特征"，如观察、提问、设计、实施、交流、讨论等。但是，正因为"科学探究"包含了众多的"具体动作"，容易使教师将"动作的达成或体验"当作是培养的最终结果，出现将"过程"等同于"目的"（也可视为激进的经验主义课程观）。我认为，正确理解新课标中的科学探究内涵，应将观察、提问、设计、实施、交流、讨论等全部视为"探究过程"，而将增强好奇心和求知欲、掌握基本思路和方法、提高实践能力等作为可预期的课程实践结果或培养目的。从教学实际出发，新课标中提出的科学探究培育结果可分为两类：一类是"强预期"结果，如掌握基本思路和方法、提高实践能力；另一类是"弱预期"结果，如增强好奇心和求知欲、乐于并善于团队合作、勇于创新。所谓的"强预期"是指在较少课时的课程实践中，大概率能够达成的课程结果，比如一堂完整的探究实验课程就可以把科学探究的基本思路和方法展示给学生，只不过要达到"掌握"这些思路和方法的水平，可能还需要再提供一些课时进行巩固和强化。而"弱预期"结果则是指与课时量本身关联度不大，与实践或训练频次呈"非线性"相关的课程结果，其达成以学生"个性化""非同步化"为主要特征，比如学生的"求知欲""合作精神""创新能力"何时能具体达成或显现，是很难也不可能在课程设计之初提前"筹划"好的。

因此，指向科学探究的课程设计，本质应是通过组织探究过程实现"探究意愿"和"探究能力"的双重提升。从新课标关于科学探究的表述中分析可知，科学探究的过程是培养一切科学探究能力的前提和基础。科学探究的过程如观察、提问、设计、实施、交流、讨论等，在所有自然科学（物理、化学）甚至人文科学中都具有相当的普适性。因此，掌握科学探究的基本规律和一般方法是培养学生科学探究素养的"必需路径"，对学生跨学科学习具有重要意义。俗话说"巧妇难为无米之炊"，如果科学探究过程的基本规律和一般方法是"米"，组织探究过程就是提供"加工米"，那么在"米"的基础上产生的"炊"是什么?"炊"是"米"的加工产物,我们认为,科学探究的过程能够产生的强预期和弱预期的结果就是"炊"。我们将这些预期结果概括为"探究意愿"和"探究能力",是为了帮助生物学学科的从教人员更有目的地进行课程设计与开发。值得提醒的是,意愿是能力的前提,但激发兴趣产生意愿(或探究意图)并不需要投入大量时间和精力,因此指向探究意愿的课程必须是"少而精"的,即课时短、课次少。相比较而言,培育探究能力如提高实践能力、掌握科学探究方法、提升创新能力等则需要较长时间的课程实践和更为系统的内容组织。因此指向探究能力的课程设计需要相对更多的课时保障,持续时间建议在半学期以上。

二、指向"科学探究"的选修课程体系

基于对"科学探究"的内涵剖析,指向培育学生科学探究能力的生物学选修课程应该将课程目标直指"探究意愿"和"探究能力"两个方向。根据学生的学情,高中生普遍对生物学学科保留着较高的学习兴趣,因此在设计生物学选修课程时,针对"探究意愿"的课程不应占比过大,且选修课程的前提就是学生进行"自主选择",选择这一行为本身就能够代表一定程度的"意愿"。教研组更推荐利用长课时(单位课时长、授课周期时间长)设计培育学生"探究能力"的选修课程。学校选修课程的体系经过多年的探索已经形成了以不同课时(学分)相互组合而成的整体框架结构。每学期有 3 学分(即每周 3 课时,共计约 60 课时)固定提供给学生,允许学生自主选择,形成了"千人千面"式的个性化课表。生物学选修课程根据新课标中关于核心素养"科学探究"的表述,挖掘内涵并结合学校发展规划和时代需求,提出了"进阶式"的课程体系。

表 2-3 指向"科学探究"的选修课程体系

课程类型	学分	课程目标(关键词)	设计思路
微型课程	0.25	好奇心、求知欲	体验驱动、提高兴趣
小型课程	0.5	科学探究的思路和方法	情境驱动、初培技能
中型课程	1.0	科学探究的思路和方法	问题驱动、巩固强化
大型课程	2.0	实践能力、创新思维	任务驱动、系统培育

微型课程持续 1/4 学期，每周 1 课时。因其持续时间较短的特点，在培养学生科学探究能力这一目标下，主要的课程任务指向为学生提供一次（或几次）短暂的真实体验，如动手操作一个小实验或观察某一生物学对象并记录等，使学生对特定的生物学现象产生好奇心，并在激发出的求知欲的驱动下主动探究（课后自主学习）。小型课程持续 1/2 学期，每周 1 课时，是微型课程课时数的 2 倍。持续半学期的课时为教师提供了充足的时间创设情境，带领学生经历观察、提问、设计、实施、交流、讨论等科学探究的一般过程。但由于 1 课时只有 40 分钟的（上海地区）时长，不足以在单次课内完成较长时间的生物学实验以及数据采集工作。因此，允许学生在小型课程的实施过程中担任"观察者""批判者"的角色，课程的主要目标也设定为对科学探究基本过程及方法的初探与体验。此类课程可为未选择生物学选择性必修课程的中学生提供体验生物学探究历程的机会。中型课程持续 1/2 学期，每周 2 课时。每节课的时间提高至 90 分钟，为科学探究的深入实践提供了时间保障，可以完成一些需要较长时间的生物学反应和数据采集。因此，中型课程的课程组织形式应为在某一特定的问题情境下，学生主动参与、亲自设计与实践反思。若需进阶培养学生的科学探究素养，中型课程是较为理想的"基本款"，能避免课时不足和时长不够导致的"浅层次"的体验。大型课程时间持续为 1 学期，每周 2 课时，是学校选修课程体系下持续时间最久、课程时长最长的课程。大型课程是学校创建实验性、示范性学校，开展"拔尖创新人才早期培育"的重要抓手。大型课程需要教师充分组织资源，分配给学生探究性的任务，在任务驱动之下，辅助学生自主完成实践与探究，提高学生科学探究的实践能力、培养创新思维。在学校整体（包含所有学科）的选修课程（校本课程）体系下，大型生物学选修课程是最能够体现生物学学科"科学探究"能力培育导向的。为此教研组鼓励每一位生物教师都可以开发或参与开发这类选修课程。

三、指向"科学探究"的选修课程内容及组织

基于对科学探究内涵的挖掘，综合考虑学校发展需求和实际课时限制，指向科学探究的生物学选修课程的课程内容需要满足以下条件。

首先，课程内容精炼，重在情境创设。新一轮的课程改革要求对所有科目的课程内容进行精选和结构化改造。因此，高中生物学课程标准的基本理

念之一就定为在课程的设计和实施过程中追求"少而精"的原则。必修课程和选择性必修课程充分突出了"内容聚焦大概念"的原则，因此生物学选修课程也应该遵循这一原则，在课程设计和实施过程中不能一味添加知识内容，增加学生的课业负担。选修课程与升学考试的关联性最低，因此课程内容更应该充分精炼，创设能够激发学生兴趣和培育科学探究素养的情境，才是选修课程设计的首要任务。例如，某教师的大型选修课程需要学生对某一种疾病进行调研。可以预见的是，高中生在资料搜集和查询阶段一定会找到许多超出其"学科知识边界"的素材。作为其指导教师，是否有必要因此找来所有相关的专业书籍，要求学生掌握所有的知识概念，答案是否定的。只要这位教师坚持课程的"探究能力"培育初衷，与学生一同"抓大放小"，围绕这一特定疾病下的某一具体问题进行材料组织和整理，势必不会过度增加学生的学习负担，课程体验也能得到保障。

其次，课程组织需遵循科学探究的一般步骤。科学探究的一般步骤如观察、提问、设计、实施、交流、讨论等，每一步骤都是下一个环节的重要基础。例如，只有对生物学对象的细致观察，才有可能发现别人忽略的重要现象；只有对现象的思考，才能生发出科学假设；实验设计又必须针对科学假设中的重要自变量。因此，除了科学探究中的每一具体环节可以锻炼学生的探究能力，环节与环节之间的逻辑关系也是形成逻辑自洽的探究思路、掌握科学探究规律和方法的重要抓手。也正是这一点，使得选修课程比必修课程、选择性必修课程更具有"优势"。教师可以设计"弹性化"的选修课程进度，随时"停下来"，就某一个环节展开回顾和讨论，将注意力聚焦在一个简单的科学问题上，把更多时间和精力用来共同梳理科学探究思路，讨论科学探究的底层逻辑和核心问题。如果每一探究的步骤，都是师生"谋定而后动"的结果，那么就可能真正培养出学生的"学术能力"（而不是"实验能力"）。

最后，课程内容与课程组织匹配，共同指向素养培育。"少而精"的原则，是指课程内容上要追求精简、突出重点，以保障学生的时间。但在具体实施的过程中，也偶尔会出现"矫枉过正"的情况，即将课程内容和课程组织一并"精简"，如教师提供学习材料后，直接放任学生进行所谓的"自主学习"，学生既不清楚"需要干什么"，也不知道"该怎么干"，浪费了课堂时间也无法达到课程预期。需要明确的是，科学探究类的课程重点在于"反思性实践"，实践本身是过程或者手段，而反思才是课程的重要目的。因此，精简的课程内容与完备的课程组织才能解决目的与手段的二元分离。例如，课程内容指向培育学生对具体科学现象的观察能力，课程组织应当从观察手段的使用、观察角度的选择、观察记录的呈现形式等方面进行全面而系统的规划。尤其是培育"创新能力"的大型选修课程，教师需要对完整的一学期（甚至一学年）进行系统规划，避免出现所谓的"听之任之"等同于"自主学习"的荒谬做法。因此，课程内容越是"精简"，比如整个课程就是探究某一个具体生物学问题，课程的组织就越是要精细到位，比如何时将问题变成可探究的科学假设、安排多少时间进行实验和数据收集、实验结果是组织小组内交流还是邀请专家进行模拟答辩等。

四、指向"科学探究"的选修课程评价方案

科学探究是自然科学（物理学、化学、生物学）发展和进步的基石。自然科学的众多结论、假设、理论等绝大部分都诞生于实验室，因此生物学与物理、化学一同也被称为"实验科学"。基于对科学探究的过程及内涵的理解，制订指向科学探究的评价方案时，可遵循以下原则：

第一，重视过程性评价。科学探究的一般过程（步骤）虽然清晰，但其指向的"终极目标"如培养创新能力、合作精神等均是无法简单量化的指标。因此，基于结果的评价或终结性评价显然不适合用以衡量指向科学探究能力的课程目标达成情况。指向科学探究能力的评价应该能够真实、客观地反映学生发现问题、分析问题和解决问题的能力，并且需要通过多次评价衡量学生的行为发展和认知提升。因此，首选过程性评价作为指向科学探究的课程的评价形式是合理且有效的。借鉴高校科研的过程性考核，为长课时下学生的探究活动（课题）设置如开题报告、中期报告、结题报告等阶段性"节点"，有助于教师掌握学生探究过程的进展情况，及时给出反馈评价，帮助学生优化和调整下一阶段的探究活动。

第二，重视学生自评，提供积极反馈。自我评价需要学生对自己的认知过程做到自觉、自省、自调节。例如，学生在课程后期对比自身在进行生物学数据采集和分析方面的能力是否较课程之初有明显的提升，有哪些关键的指标可以佐证和表征。自我评价既可以让学生发现自身在课程实践过程中的"隐性收获"，又有助于学生获得持续的自我发展的意向和内在动力。在真实的科学探究过程中，失败和错误是不可避免的，实验结果有悖于预期也是经

常发生的，对于心智尚未完全成熟的高中生而言，这些失败和挫折容易产生负面的心理影响，甚至出现"习得性无助"。因此，此处提出的自评与科学思维评价中提出的自评，其目的是不同的。在科学探究过程中的组织自评更多是一种积极的"心理反馈"，于挫折中发现个人的获得、于失败中学会肯定自己，是学生能够"受用一生"的心理调整能力。

第三，以评价促进进一步探究，实现"评价的正反馈"。课程评价是课程实践的最后一个环节，也是最重要的环节之一。积极的评价反馈会对教师和学生都产生正向的积极作用。例如，帮助教师进一步完善课程的内容组织、优化教学方式；帮助学生发现自己的兴趣特长等。对于指向科学探究的课程评价也应该遵循科学探究的一般规律，即"新的结论引出新的问题，新的问题引发新一轮的研究"。课程评价不是给某一次科学探究进行"盖棺定论"，而是在评价过程中寻找出新的可探究的问题或方向，促进新一轮探究，从而最大限度地发挥评价的激励和导向作用。

指向"社会责任"的选修课程设计

一、"社会责任"的内涵挖掘

新课标中关于社会责任的表述是基于生物学的认识，参与个人与社会事务的讨论，作出理性解释和判断，解决生产生活问题的担当和能力。学生应能够以造福人类的态度和价值观，积极运用生物学的知识和方法，关注社会议题，参与讨论并作出理性解释，辨别迷信和伪科学；结合本地资源开展科学实践，尝试解决现实生活问题；树立和践行"绿水青山就是金山银山"的理念，形成生态意识，参与环境保护实践；主动向他人宣传关爱生命的观念和知识，崇尚健康文明的生活方式，成为健康中国的促进者和实践者。

解读及挖掘"社会责任"的内涵，首先需要明确社会责任是正确价值观下形成的责任意识，即"责任即意识"。价值观是个人对事物的认定和判断，是一种相对固定的思维取向，对行为动机具有导向作用。学生形成社会责任意识的前提就是要树立正确的价值观，并以此指导个人的行动实践。值得注意的是，核心素养的"生命观念"，如结构与功能观、进化与适应观、物质与能量观等并不属于价值观，它们都是基于事实、概念以上形成的认识生物学问题的方法论，并不含有内在的价值判断，仅适用于理解和解释生物学现象、指导学科探究和解决实际问题。但是，指导形成生物学学科"社会责任"的价值观也是脱离不了生命观念的。例如在"结构与功能观""稳态与平衡观"的基础之上形成的科学的自然观，如可持续发展、文明和谐等则可以成为长时间影响个人行为动机的价值观念。生物学学科核心素养中的社会责任，外显是一系列的行为，但内在一定是体现了个人的价值追求。基于社会责任的行为，其目的不是行为本身，而是通过行为达到传播"正能量"、传递正确价值观的目的。因此，社会责任意识是学生知识、能力、情感态度和价值观的综合体现。

其次，新课标中有多处列举了社会责任的行为表现，如"关注社会议题，参与讨论""参与环境保护实践""主动宣传关爱生命的观念和知识"等，可见社会责任并非单纯是在思想意识上形成某种驱动力，更是需要在这种内在动力的驱使下完成一系列实践。因此，"责任即行动"是社会责任的又一内涵本质。符合社会责任的行为表现应该具备以下三个特点：其一，理性驱动，即学习者的实践活动是基于其个人的理性判断，并不是盲目跟从、人云亦云。例如，参与讨论制订"班级防疫公约"、判断"SARS 病毒是普通感冒病毒变种"是不科学言论等。理性思维是理性行为的前提，行为表现应该体现个人内在科学且正确的思维品质。其二，具备一定传播力和影响力。社会责任并不是针对个人的"自我修炼"，而是一种包含利他行为，有利于正确科学的观念在更大范围能被认可和传播的实践活动。践行社会责任应是基于通过自身行为达到改变或影响他人行为的目的，需要将覆盖面、影响面等作为评价社会责任的重要维度。其三，回归日常生活。社会责任的实践行为体现不一定要是"大动作"，比如大型活动、展览、宣讲等。日常生活点滴中的自发行为同样是践行社会责任的表现。例如，环保意识驱动下的学校"光盘行动"、生态意识驱动下的植树造林活动等。

二、指向"社会责任"的选修课程体系

明确"社会责任"的内涵后，设计指向培育学生社会责任意识的选修课程便有了理论依据。"责任不是空谈"，因此没有任何一门指向社会责任培育

的课程是"讲解"社会责任的。根据《课程标准》中提供的参考方向,关注社会议题、参与环保实践、宣传文明的生活方式等都可以成为课程开发的导向。学校选修课程的体系经过多年的探索已经形成了以不同课时(学分)相互组合而成的整体框架结构。每学期有3学分(即每周3课时,共计约60课时)固定提供给学生,任其自主选择,形成了"千人千面"式的个性化课表。生物学选修课程根据课程标准中关于核心素养"社会责任"的表述,挖掘内涵并结合学校发展规划和时代需求,提出了"进阶式"的课程体系。

表2-4 指向"社会责任"的选修课程体系

课程类型	学分	课程目标(关键词)	设计思路
微型课程	0.25	讨论社会议题	价值认同、责任担当
小型课程	0.5	辨别伪科学	理性分析、区分辨别
中型课程	1.0	参与社会实践	主动参与、践行理念
大型课程	2.0	传播观念与知识	主动宣传、扩大影响

微型课程持续1/4学期,每周1课时。因其持续时间较短,课程设计方向主要指向个人和社会事务的讨论,也可以称为"微讨论"或"微议题"。教师在累积不到2个小时(40分钟,3节课)的时间内针对某个具体问题组织学生讨论,目的是帮助学生基于生物学视角和认知产生相应的态度与认同感。认同感是形成价值判断的前提,认同什么事情是对、什么事情是错才能生成什么事情值得去做的价值判断。虽然微型课程的内容覆盖面小,但只要能够产生一个科学正确的价值观念,就是一次成功的教学实践。小型课程持续1/2学期,每周1课时,是微型课程课时数的2倍。持续半学期的课时为教师提供了充足的时间,可以选择较为复杂的议题或者案例进行分析和讨论。伪科学(pseudoscience)是指已经被科学实践或实验证伪、但仍然当作科学予以宣传推广的理论假说或假设。教师首先要能够辨别什么属于伪科学。例如酸碱体质理论的提出者美国"人体酸碱体质理论"之父罗伯特·欧·杨被美国法庭判处赔偿1.05亿美元,并当庭承认"酸碱体质理论"是个骗局。但在国内什么食物能够改善身体酸碱平衡的论调依然甚嚣尘上。对于伪科学的讨论需要更加严谨的态度和充实的案例,也是生物学教师的历史使命。中型课程持续1/2学期,周课时为2课时。每节课的时间提高至90分钟,为学生的

亲身实践提供了保障。社会责任体现在意识上的认同和科学理性层面，但更重要的是指导实践。学生的主动行为是其认知的外显体现，能够积极、主动地践行科学实践、环保实践等活动，是衡量和判断社会责任落实程度的重要依据。但是，实践活动的开展需要时间的投入。因此，将18学时的中型课程作为实践类课程的基本保障也是符合学生的认知特点和教育实践规律的。大型课程持续1学期，每周2课时，是学校选修课程体系下持续时间最久、课程时长最长的课程。大型课程是学校创建实验性、示范性学校，开展"拔尖创新人才早期培育"的重要抓手。结合对社会责任的内涵分析，社会责任的最终任务是通过改变自己从而影响他人。因此，若对社会责任投入较大的时间，课程的目标必须是指向一类具有宣传力、传播力的实践活动。教师可以组织学生进入社区或在校园内开展宣传活动，给学生布置足够的任务，比如制作海报、制作宣传册、制作宣传视频等，培养学生社会责任感的同时，提高学生的实践能力和创新能力。

三、指向"社会责任"的选修课程内容及组织

责任感是建立在明确自我与周围的关系后产生的一种可以指导行为的内在动力。我们经常把自发的、具有奉献精神的行为理解为责任感的体现。新课标中社会责任部分提出的"践行""宣传"等行为的背后必须是价值认同和责任感的驱使。因此，虽然社会责任最终体现在一个人的具体行为上，但课程的内容组织应该指向内在使命感、责任感等思维品格的培养。据此在指向社会责任的选修课程内容选取和课程组织方式上，提出以下建议：

其一，对历史事件进行客观回顾。生命科学的发展史就是一部人类文明的进化史，许多历史事件的背后都有生物学学科相关的原因或视角，如西班牙流感大暴发、黑死病、欧洲王室与血友病、席卷全球的大规模传染性疾病等。透过生物学的"透镜"可以从另一个侧面了解部分真实历史事件背后容易被忽视的科学原因或事实，对帮助学生建立历史唯物主义的哲学观点有很大的促进作用。同时，"史料分析"本身也是一种跨学科的高阶能力，《普通高中历史课程标准（2017年版2020年修订）》中就提出了学生在历史学科方面应该具备的核心素养包括唯物史观、史料实证和历史解释等。其中对获取的史料进行辨析并运用可信的史料努力重现历史真实是"实证能力"，以史料为依据对历史事物进行理性分析和客观评判是"解释能力"。可见，生命科

学发展史（自然科学史）的研究讨论能够在培育学生生物学学科核心素养的同时，发展出横跨其他学科的"综合素养"。

其二，客观分析有争议的话题。并不是所有关于生物学的议题都已经被"盖棺定论"，由于生物学具有庞大的分支体系，中西方在某些科学议题上也还保留着不同的观点和立场，比如应该如何评价"中医"，如何利用现有的手段、技术、理念、思维分析具有争议的生物学议题，既需要教师本人持有开放和中立的立场，也需要学生具有较高的思维品质，能够辩证地分析和看待问题。同样，坚持"辩证"看待问题也是跨学科的能力培育。《普通高中思想政治课程标准（2017 年版 2020 年修订）》中的核心素养就包括了"科学精神"，即马克思主义的科学世界观和方法论。因此，在针对任何"有争议"的社会议题组织学生讨论时，即使是生物学学科教师也必须坚持"辩证看待"，坚持"实践是认识的基础，是检验真理的唯一标准"等基本原则。

其三，鼓励跨学科的课程组织模式。社会责任从内涵上并不具有特别重的学科属性，相反其育人价值恰恰就体现在学生能够进行能力与态度的迁移。突破生物学本身的边界，将学生养成的思维习惯、建立的价值观辐射到更大范围内的对象上，有利于学生建立科学且健康的世界观。多学科或跨学科学习的体验除了能够将不同学科的思维与能力进行"串联"，还可以切实提高学生综合利用多种学科成果或工具解决实际问题的能力。值得注意的是，"社会责任"的跨学科属性是贯穿于整个课程过程中的，并不是只有"培育结果"（责任意识）能够跨学科。因此，教师不一定要执著于"从生物学学科来，到其他学科去"的课程开发逻辑，也可以采用"从其他学科来，到生物学学科去"，即调用其他学科（如历史、思想政治、语文等）的核心能力指向生物学学科核心素养的培育，也属于此处定义的"跨学科"组织形式。

四、指向"社会责任"的选修课程评价方案

社会责任的内涵挖掘为设计指向社会责任的评价方案指明了方向，但同时也提出了很大挑战。社会责任相比于生命观念、科学思维和科学探究更具有"隐匿性"，而对于责任感和内在价值观的评价显然不可能收敛于某个集中的"答案"，否则会有碍于青少年的心智发展。基于此，我们可以参考非自然科学类课程的评价意见，或可以从中找出一些适用于评价社会责任的方式方法。《普通高中语文课程标准（2017 年版，2020 年修订）》中提出了语文学

科的核心素养包括"文化传承与理解"，包括继承和弘扬中华优秀传统文化、革命文化、社会主义先进文化以及提升中国特色社会主义文化自信等。很显然，语文学科提出的素养也具有高度的抽象性。为此，语文学科在评价建议中提出如现场观察、对话交流、小组讨论、自我反思等多种评价方式，也鼓励教师利用学生学习过程中产生的读书笔记、调查报告、体验性表演活动等材料来进行过程性评价。语文学科的评价方式和评价建议对于生物学课程中指定指向社会责任的评价方案具有重要的参考价值。基于以上分析，对指向社会责任的选修课程的评价提出以下建议：

其一，有意识地生产和保留过程性材料。学生的学习活动是丰富的，尤其是体现社会责任的学习经历可以包含大量的"走出课堂"的形式，如校园宣传、社会宣传等。活动期间必然产生大量的资料，如宣传册、宣传画、海报、视频、音频等。这些材料从制作到使用都可以在教师的监督和点拨下由学生自主完成，而学生的制作过程既是学习过程也是评价过程。采用过程性评价，一定程度上也提高了教师的参与度。教师需要亲身投入，积极观察并寻找学生们的"亮点"，如设计制作过程中的创新创意、遇到问题时提出的"金点子"等。

其二，推荐反思形式的评价手段。社会责任的内涵指向的是科学的价值观，甚至还包括健康的人生观、价值观。因此，在思维意识层面的活动更加值得被重视，也需要使用一定的手段和方法具象地呈现出来以供评价和交流。因此，活动成长记录、个人心得体会等看似不指向具体生物学概念或科学探究过程的作业或记录，在评价社会责任的达成程度上是具有重要意义的。教师通过评价手段再次引导学生反思自己的心理活动或行为也是积极的、有意义的课堂组织实践。值得注意的是，反思型的评价会形成较多的价值判断，而价值观的形成对于学生的终身成长具有重大意义。生物学教师须理解价值观对人行为的导向作用，积极引导学生形成正确的世界观、人生观、价值观，实现立德树人的根本任务。

第三章

基于"核心素养"的选修课程设计案例

案例一　诺贝尔奖背后的故事
（科学思维）

◎ **课程开发**：朱婷婷

◎ **课程类别**：小型课程（0.5学分）

◎ **课程目标**：

本课程以诺贝尔生理学或医学奖及诺贝尔化学奖相关研究为背景，帮助学生建立生物学相关知识概念、了解生物学前沿研究思路及方法。作为生物学课程的一门选修课程，它的开设旨在以必修课程、选择性必修课程为基础，继续培养学生的生命观念、科学思维和科学探究能力，提高社会责任感。

◎ **课程由来**：

本课程最初开设的灵感来自新教材中的"科学史话""广角镜"和"前沿视窗"三个栏目。"科学史话"栏目是让同学们了解课堂中生物学概念的形成过程，正如《普通高中生物课程标准（实验）》中指出的，"科学是一个发展的过程。学习生物科学史能使学生沿着科学家探索生物世界的道路，理解科学的本质和科学研究方法，学习科学家献身科学的精神"。同时以此提高学生的生物学核心素养。"广角镜"和"前沿视窗"是对课堂知识内容的补充拓展和延伸，主要任务在于引导学生通过学习构建生物学大概念，形成正确的生命观念，课堂时间有限，对于细枝末节的知识点和后续拓展问题就需要学有余力的同学课后利用教材的补充材料进行自主学习。本课程就是在此基础上，挑选与新教材三个栏目相关的内容做进一步讲解和补充，旨在通过介绍获得诺贝尔奖科学家的科研思路及过程，重点提升学生科学思维水平，并促进其科学探究能力的提升和社会责任感的树立。

◎ **课时安排：**

课时	课程内容
第一课时	蛋白质的一生——蛋白质从合成到分解
第二课时	"滚蛋吧，肿瘤君"——免疫治疗
第三课时	基因编辑技术
第四课时	"搞笑诺贝尔奖"
第五课时	尼安德特人——古人类基因组测序
第六课时	"点击化学"及其在"生物正交化学"中的应用

◎ **课程内容：**

第一课时：蛋白质的一生——蛋白质从合成到分解

【诺贝尔奖简介及课程由来】诺贝尔奖是根据瑞典化学家、工程师、发明家阿尔弗雷德·贝恩哈德·诺贝尔 1895 年的遗嘱而设立的五个奖项，包括：物理学奖、化学奖、和平奖、生理学或医学奖和文学奖。奖项旨在表彰在物理学、化学、人类和平、生理学或医学以及文学领域"对人类作出最大贡献"的人士；此外，瑞典中央银行 1968 年设立的诺贝尔经济学奖，用于表彰在经济学领域作出杰出贡献的人。本课程主要介绍与生物学内容相关的诺贝尔生理学或医学奖、诺贝尔化学奖获得者的相关情况，拓展课堂所学，为学生补充更多的生物学知识，提高科学思维能力。

【蛋白质的合成】蛋白质的合成是学生在生物学教材必修部分学习过的内容。因此，本课程中涉及该部分的内容主要是复习巩固课堂知识，即巩固夯实已经建立的遗传学经典概念"中心法则"：转录使特定遗传信息从 DNA 传递到 RNA，翻译使特定遗传信息从 RNA 传递到蛋白质，大多数生物遗传信息的传递方向是由 DNA 到 RNA，再到蛋白质，由基因控制蛋白质的合成。蛋白质的合成通常发生在细胞质基质的核糖体中，没有细胞结构的病毒也要利用宿主细胞的核糖体合成相应的蛋白质。核糖体合成后的"蛋白质"或"多肽"有时还需要其他细胞器的加工才具有功能，还有些需要运输分泌到特定部位才能发挥功能，参与这些过程的细胞器通常有内质网、高尔基体等，甚至还需要细胞质膜等细胞结构的参与。

【蛋白质的功能】蛋白质的功能与组成蛋白质的氨基酸种类、数量、排列顺序及空间结构相关，蛋白质具有多种多样的功能。我们学习过的很多生物分子的本质都是蛋白质。蛋白质是构成生物体结构的重要物质，如：皮肤中的胶原蛋白、组成毛发的角蛋白等；具有信息传递功能，如：细胞质膜上的受体蛋白；具有催化功能，如绝大多数酶；具有携带氧气的功能，如血红蛋白；具有免疫功能，如抗体；具有调节机体生命活动的功能，如胰岛素、生长素等激素。

【蛋白质的降解】细胞内的蛋白质寿命长短不一，有些合成后几分钟就完成了其功能使命，随即被降解。以色列科学家切哈诺沃、赫尔什科和美国科学家罗斯发现并提出了泛素-蛋白酶体途径，并由此获得了 2004 年诺贝尔化学奖。泛素是一种由 76 个氨基酸组成的肽链，最初是从小牛胸腺中分离得到的，随后在多种不同的组织和器官中也发现了该分子。泛素介导的蛋白质降解过程需要一系列与泛素相关的酶参与。1981—1983 年，西查诺瓦等三位科学家及其团队在细胞内发现了与泛素相关的三种酶，分别是：泛素活化酶（E1）、泛素偶连酶（E2）、泛素-蛋白连接酶（E3）。三种酶协作完成对需要降解的蛋白质标记上一串泛素。这些被标记的蛋白质进入蛋白酶体复合物，被降解成 7～9 个氨基酸长度的短肽片段。蛋白酶体广泛分布于细胞质和细胞核中，26s 蛋白酶体是一种分子量为 2 000 的多亚基复合物，约有 50 种蛋白质亚基组成，具有多种蛋白水解酶活性，它只识别泛素标记过的蛋白质。通过对这种蛋白质降解系统的解析，人们更好地理解了细胞是如何控制细胞分裂周期、DNA 修复、基因转录、新合成蛋白的质量控制等过程。如果细胞内蛋白质泛素化降解系统出错或缺失将导致多种疾病的产生，包括一些免疫类疾病及癌症。

除了教材中"前沿视窗"部分介绍的泛素-蛋白酶体途径，细胞中的有些蛋白质也可以通过细胞自噬的方式降解再利用。比利时科学家克里斯汀·德·迪夫，1974 年获得诺贝尔生理学或医学奖，是"自噬"这个词的命名人。2016 年，日本科学家大隅良典以酵母菌为研究对象设计了精妙的实验研究细胞自噬机制，获得诺贝尔生理学或医学奖。细胞自噬是真核生物中进化保守的对细胞内物质进行周转的重要过程。该过程中一些损坏的蛋白或细胞器被双层膜结构的自噬小泡包裹后，送入溶酶体（动物）或液泡（酵母和植物）中进行降解并得以循环利用。遭到扰乱的自噬过程与帕金森氏病、Ⅱ型糖尿病和老年人体内其他疾病都有所关联。自噬基因的突变可以导致遗传病，自噬机制受到的扰乱还与癌症有关。

第二课时："滚蛋吧，肿瘤君"——免疫治疗

【肿瘤发生的原理】肿瘤是机体在内、外各种致瘤因素的长期协同作用下，局部组织细胞在基因水平上失去对其生长的正常调控，导致细胞异常增殖出现的新生物。肿瘤可分为良性肿瘤和恶性肿瘤，我们常说的癌症就属于恶性肿瘤的一部分。常见的致瘤因素有①物理致癌因素：紫外线辐射、电离辐射、长期慢性炎症、创伤及异物刺激。②化学致癌因素：亚硝胺类、吸烟、食物热解产物、芳香胺类染料/芳香酰胺类化合物、烷化剂。③生物致癌因素：霉菌、病毒、细菌。④遗传因素：目前分子生物学、遗传学研究认为基因和环境交互作用在恶性肿瘤发生、发展中起关键作用。⑤内分泌因素：激素分泌紊乱，引起相关疾病。如与雌激素相关的肿瘤有：乳腺癌、卵巢癌、子宫颈癌、子宫内膜癌。⑥免疫功能：机体免疫功能弱，则大多数肿瘤可逃逸宿主的免疫攻击而继续生长。同一个肿瘤可以由不同的环境因素引起，而同一环境因素可能引发不同的肿瘤。

【免疫系统简介】免疫系统由免疫器官、免疫细胞和免疫活性物质组成。免疫系统通过识别入侵机体的病原体以及机体内病变、衰老和死亡的细胞等"异己"物质并清除，完成免疫应答。免疫系统通过"三道防线"完成免疫应答。人体完整的皮肤和黏膜及其分泌的多种杀菌和抑菌物质构成了机体的第一道"防线"。第二道"防线"是我们身体分泌出的黏液中所含的杀菌物质和吞噬细胞。第一、二道防线是人生来就有的，无特异的针对性，称为特异性免疫或先天性免疫。而T淋巴细胞的细胞免疫和B淋巴细胞的体液免疫具有针对性，能特异性地识别抗原，称为特异性免疫，构成人体免疫系统的第三道"防线"。

【免疫治疗】肿瘤的免疫治疗旨在激活人体免疫系统，依靠自身免疫机能杀灭癌细胞和肿瘤组织。与以往的手术、化疗、放疗和靶向治疗不同的是，

免疫治疗针对的靶标不是肿瘤细胞和组织，而是人体自身的免疫系统。肿瘤的免疫治疗作为一种创新的治疗方式，已成为肿瘤治疗研究领域的一大热点。目前的癌症免疫疗法主要分为四大类，过继细胞疗法、免疫检查点阻断剂、非特异性免疫激活剂以及癌症疫苗。2018 年诺贝尔生理学或医学奖授予了美国免疫学家詹姆斯•艾利森和日本免疫学家本庶佑，以表彰两位科学家在肿瘤免疫学领域的贡献。他们的研究提供了一种治疗癌症的方法——通过刺激免疫系统原有的能力，来对抗肿瘤细胞。本次获奖的免疫检查点属于以上的阻断疗法利用免疫检查点抑制剂进行治疗。免疫检查点抑制剂并非直接针对癌细胞，而是通过解除免疫系统的限制（PD‒1 抑制剂），或者解除癌细胞的防御系统（PD‒L1 抑制剂），让身体的免疫系统来杀灭癌细胞。免疫细胞 T 细胞就像巡警，在身体内寻找对人体有害的细胞加以消灭。但为了不让其滥用警力，身体也会给免疫细胞加上一些限制。当 T 细胞检测细胞时，它会像挥舞警棍一样，使用一种名为 PD‒1 的细胞表面蛋白。对方如果是"良民"，就会递上身份证，也就是 PD‒L1 这种细胞表面的跨膜蛋白回应；两个蛋白质一握手，T 细胞就会说"没事了，走你"。但如果对方没有 PD‒L1，T 细胞就会揍得它体无完肤。这是 T 细胞辨识侵略者和不法分子的机制之一。但癌细胞偷天换日，许多也能表达 PD‒L1，在 T 细胞检查时蒙骗过关。T 细胞看到那些癌细胞虽然獐头鼠目，证件却完备，虽心存疑惑也只好放过它们。PD‒1 抑制剂这类抗体药，就是用能结合 PD‒1 的抗体，让 T 细胞不再被癌细胞 PD‒L1 迷惑，从而放开手对癌细胞大开杀戒。

第三课时：基因编辑技术

【基因编辑原理】基因编辑技术是指通过核酸酶对靶基因进行定点改造，实现特定 DNA 的定点敲除、敲入以及突变等，最终下调或上调基因的表达，以使细胞获得新表型的一种新型技术。目前基因编辑技术主要包括：①锌指核酸酶技术（ZFN）；②转录激活子样效应因子核酸酶技术（TALEN）；③规律性间隔的短回文序列重复簇（CRISPR）。1984 年，科学家们在非洲爪蟾的转录因子中发现了锌指蛋白，后经人工改造并连接上核酸内切酶后，发展为基因工程编辑工具：锌指核酸酶技术（ZFN）。2007 年，德国科学家在植物黄单胞菌（Xanthomonas）中发现一种特殊的分泌蛋白质——转录激活因子样效应物（Transcription activator‒Like effector, TALE），该蛋白质能够结合植物宿主基因组并激活转录。2009 年，TALE 结合 DNA 的机制被阐明。随后在 2012 年，转录激活因子样效应物技术出现，并逐渐取代了锌指核酸酶技术。1987 年，科学家在大肠杆菌中发现 29 个核苷酸长度的重复序列中间被 32 个核苷酸长度的非重复序列间隔开。2002 年，詹森等将这种微生物基因组中发现的重复序列正式命名为 CRISPR（Clusteren Regularly Interspaced Short Palindromic Repeats，中文译为"规律成簇的间隔短回文重复"）。2012 年吉内克等人将分开作用的 crRNA 和 TracrRNA 通过一段接头连接在一起，形成一条单一指导 RNA（single-guide RNA，sgRNA），这种 RNA 仍然能高效地介导 Cas9 蛋白对 DNA 的定点切割，从而将 CRISPR/Cas 系统简化为 Cas9/sgRNA 系统。埃马纽埃尔·卡彭蒂耶和詹妮弗·杜德纳凭借该技术获得了 2020 年诺贝尔化学奖。

【基因编辑应用】基因编辑技术可在基因功能研究、药物研发、疾病治疗和作物育种等方面有广阔的应用前景。在基因功能研究方面，可以通过基因编辑技术实现基因敲除，探究基因功能。可通过构建疾病模型进一步确定功能未知或部分未知基因与疾病的关系，例如利用 CRISPR 技术对两种抑癌基因 pten 和 p53 基因靶向操作构造肝癌模型。利用 CRISPR 技术完成基因突变导致的基因疾病。也可利用 CRISPR 技术在农作物或动物基因中基因型基因编辑，实现性状改良，快速培育出新品种。2018 年，科学家首次证明了基于 CRISPR 的基因编辑技术在病毒核酸检测方面的重大应用潜力，两项代表性工作都来自麻省理工学院张锋团队，一项是利用 CRISPR/Cas12a 系统准确地识别人源样本中不同类型的 HPV 病毒；一项是利用基于 CRISPR/Cas13a 的 SHERLOCK 系统检测人源样本中的寨卡病毒，登革热病毒以及其他有害细菌。在 2020 年该团队又开发出了利用基于 CRISPR/Cas13 的 SHERLOCK 系统快速检测新型冠状病毒。

【基因编辑的伦理问题】基因编辑技术虽然应用前景广泛，但技术并未完全成熟，仍然存在"脱靶效应"，不能完全达到预期结果，可能会出现其他未知结果。2018 年南方科技大学副教授贺建奎团队对一对女婴进行免疫艾滋病基因编辑，引起对生殖细胞编辑伦理问题的探讨，引发了科学界的广泛关注，由此人们开始关注基因编辑的伦理问题。基因编辑技术是一把双刃剑，正确规范的应用才能造福于人类。2021 年 7 月 12 日发布的《人类基因组编辑管治框架》和《人类基因组编辑建议》提出，人类基因编辑技术作为一个公共卫生工具，应该对其安全性、有效性和伦理进行论证。

第四课时："搞笑诺贝尔奖"

【"搞笑诺贝尔奖"简介】"搞笑诺贝尔奖"主办方为科学幽默杂志，始于1991 年，是对诺贝尔奖的有趣模仿。其目的是选出那些"乍看之下令人发笑，之后发人深省"的研究。"搞笑诺贝尔奖"每年颁发一次，奖项包括生物、医学、物理、和平、经济、文学等固定奖项和公共卫生、考古、营养学等随机奖项。

【"搞笑诺贝尔奖"颁奖】颁奖典礼中，获奖者只有一分钟的时间发表感谢词，若超过一分钟就会被台下负责监察的 8 岁女孩大喊："请停止！我好烦！"在颁奖期间，观众会不断地把纸飞机掷向台上，之后，台上的纸飞机会由专人扫走。每年的奖金为 10 万亿津巴布韦币，约合人民币 2 角钱。

【"搞笑诺贝尔奖"的意义】"搞笑诺贝尔奖"秉承其宗旨，认真搞笑的同时确实会发人深思，引人思考。如 2022 年的文学奖获奖内容为"法律文件为啥不说人话？"医学奖为"吃冰淇淋可帮助癌症患者预防口腔黏膜炎"，物理学奖为"小鸭子们为什么要排成直线"，经济学奖为"成功属于最幸运的人"等。每年的"搞笑诺贝尔奖"获得者也不乏真正的诺贝尔奖获得者，颁奖者也都是货真价实的诺贝尔奖获得者。看似荒唐无比的"搞笑诺贝尔奖"，通过夸张搞笑的方式激励着人们关注身边的小事，细心钻研，不要太过功利地对待科学研究，即使是小小的研究也能造福人类。

第五课时：尼安德特人——古人类基因组测序

2022 年诺贝尔生理学或医学奖颁给了瑞典进化遗传学家斯万特·帕博，以表彰其在"已灭绝人类基因组以及人类进化研究"方面作出的贡献。他的主要贡献是解决了古 DNA 提取和制备过程中的污染问题，发表了尼安德特人的基因组序列，为人类祖先曾与其他远古人类发生过基因交流提供了直接证据，现代人类基因组中至今保留着 $1\%\sim4\%$ 的尼安德特人 DNA 序列。帕博因其研究建立了一个全新的科学学科——古基因组学。此外他还发现了一种以前不为人知的古人类丹尼索瓦人。

【尼安德特人基因组测序】尼安德特人是人类进化史中间阶段的代表性居群的通称，是欧洲人祖先的近亲，因其化石发现于德国尼安德特山谷而得名。

由于尼安德特人在 2 万年前就已经消失，现在已经没有完整的基因用来进行测序与分析比较，因此帕博与他的同事发明了新的提取基因和测序的方法，包括从线粒体中获取基因等。通过他们的努力，构建出了尼安德特人比较完整的基因序列，为人类的基因进化研究作出了突出贡献。

【丹尼索瓦人的发现】2008 年，科学家在西伯利亚南部的丹尼索瓦洞穴中发现了一块 4 万年前的指骨碎片。这块骨头中含有保存极为完好的 DNA，斯万特·帕博带领的研究团队对其进行了测序。他们发现与来自尼安德特人和当今人类所有已知的序列相比，该 DNA 序列是独一无二的。帕博发现了一种前所未知的古人类，并将其命名为丹尼索瓦人。

第六课时："点击化学"及其在"生物正交化学"中的应用

2022 年，诺贝尔化学奖授予丹麦化学家摩顿·梅尔达尔和美国化学家卡罗琳·贝尔托西、巴里·沙普利斯，以表彰他们在发展"点击化学"和"生物正交化学"方面的贡献。

【点击化学】用人工方法合成天然分子是药学领域的重要研究，然而复杂分子的构建往往需要经过多个步骤，不仅生成不必要的副产物，还增加提纯难度，使得药物分子的生产过程既耗时又昂贵。获得 2022 年诺贝尔化学奖的三位科学家开创了一种全新的化学理念，能够让分子的构建模块快速、高效地结合在一起，如同乐高玩具一样，利用基础模块搭建出变化无穷的造型，这种方法被称为点击化学。梅尔达尔和沙普利斯分别独立报告了"铜催化的叠氮化物-炔烃环加成"反应，梅尔达尔在用铜离子催化炔烃与酰卤的反应时，发现炔烃与中间产物叠氮化物反应生成环状结构的三唑。梅尔达尔看到了叠氮化物和炔烃发生反应的价值，他于 2002 年在一篇学术文章中表示，该反应可用于将许多不同分子结合在一起。同一年，沙普利斯也发表了用铜催化使叠氮化物和炔烃发生反应的论文，并将其描述为"完美的"点击反应。组合简单化学模块的方法可以创造出几乎无穷无尽的分子种类，该方法可以生成与天然分子药物有类似功能的新药，并可以实现工业规模生产。点击化学中经典的一价铜离子催化的叠氮化物-端炔烃环加成反应（CuAAC）是目前最为有用和引人注目的合成理念之一，极大地促进了材料化学、化学生物学、药物化学、超分子化学等领域的发展。

【生物正交化学】生物正交化学反应是指能够在生物体系中进行，且不会与天然生物化学过程相互干扰的一类化学反应。卡罗琳·贝尔托西课题组开发出叠氮-膦基酯反应,并将其用于细胞表面的化学修饰,自此逐渐开启了生物正交反应的研究。生物正交反应在活细胞成像、生物组学分析、疾病诊断、药物开发等研究中发挥了重要作用,展现出巨大潜力。

◎ **课程评价方案:**

本案例结合本课程的课程目标及课程内容,依据新课标中科学思维的学业质量标准描述。本课程评价的主要内容为"学生科学思维的发展",即学生是否逐步养成科学思维习惯,运用归纳与概括、演绎与推理、模型与建模、批判性思维、创造性思维等方法,探讨、阐述生命现象及规律的能力。评价方法主要为课堂行为观察和课后作业课后感受报告,主要评价学生学习态度、知识和思维能力提升和情感收获。教师在课堂上可以通过提问、主题思考、头脑风暴等课堂互动调动学生的积极性,提高学生课堂参与度,形成教师引导学生主体的主动学习课堂,在拓展知识、提高思维能力的同时,引导学生养成自主学习、敢于提问、积极思考的良好学习习惯。

◎ **课程实施反思:**

本课程是在"课程即素养"指导思想下设计的指向科学思维的选修课程。根据课程设计指南,本课程主要是拓展学生的知识视野,为学有余力的同学提供更多可研究学习的知识,让同学们深入了解科学研究的基本步骤:从问题的提出到实验的设计再到结论的获得及最后的应用,每个步骤都需要科学家扎扎实实地积累知识,以精妙的思路设计实验,不断试错,经过多年的努力研究获得的。本课程通过诺贝尔奖获得者在科学研究中展现的强大魅力感染和引导同学们学习研究者的科学思维。通过同学们的课堂反馈及课后感报告可以看到本次课程基本实现了开设的目的,有同学折服于生物学的魅力,感叹生物学涉及面之广、意义之大;有同学钦佩科学家精妙的实验设计和实验思路,同科学家们一起学习归纳与概括、演绎与推理、模型与建模、批判性思维、创造性思维的科学思维方式;还有同学佩服科学家的坚定信念和崇高信仰,也萌生出从事科学研究为造福人类贡献自己力量的想法。此外,这些课后感受也激励了开课教师,鼓励他们在未来的课程中发掘更多适合高中学生了解和研究生物学相关内容的课程,为学生拓展视野,提高能力提供更多更好的资源和素材。

⊙ **学生反馈：**

生物可以干什么？生物涵盖哪些方式？生物有什么用？通过本次小型课，我对生物有了不少新的认识，感受到生物涉及面之广及意义之大。从基因编辑到古人类基因组测序再到生物化学，本课程带领我们沿着诺贝尔奖获得者的脚步去探索生物之美，让我们感受了生物的丰富多彩，同时对科学家在研究过程中的坎坷与波澜也有了更深的理解，这让我们以后在面对困难时能够欣然地面对，有勇气去接受挑战，不断前行。

（2024 届　肖健）

在这半个学期里，朱老师带我们走进了诺贝尔奖背后的故事，课堂上以对诺贝尔生理学或医学奖及诺贝尔化学奖的解读为主，再兼以"搞笑诺贝尔奖"的介绍，既让我们了解了前沿的科学知识，又不乏趣味。

以 2022 年诺贝尔化学奖为例，三位科学家开创了点击化学的先河。最先提出这一概念的是巴里·夏普利斯，已经获得过一次诺贝尔奖的他，不愿意"强人所难"，而是提出了"模块化"思路，点击化学就是通过模块化把所有分子连接起来的。早在 2001 年，夏普利斯和梅尔达尔就发现了 N_3 和 $—C≡C—$ 完美契合了反应的要求，然而叠氮基团实在难以构建。2008 年，一位中国学者在赴美深造时发现了一个万能新搭扣——六价氟硫交换反应。

诺贝尔奖是科学界的"珠穆朗玛峰"，是一代代科学家用毕生追求的梦想，科学本无国界，各国科学家理应相互帮助，携手并肩，共同为科学的发展不懈奋斗。

（2024 届　胡宸璐）

2022 年诺贝尔生理学或医学奖授予了瑞典科学家斯万特·帕博，以表彰他在已灭绝古人类基因组和人类演化研究方面所作出的贡献。学完这节课后我又查阅了部分资料，一些内容引起了我的思考。

一方面，基因测序在生物进化研究中有重要作用。在生物课上，我曾认识到分子生物学研究的微观证据。与分子相似，DNA 测序能够从序列差异等方面表现和判定生物亲缘关系的远近。测序技术亦应用到了对尼安德特人的研究中，促使人们对人类已灭绝的近亲物种在基因上有了新的发现。基因组草图将帮助研究者发掘出有关尼安德特人与智人的杂交关系，因而这种技术具有重要意义。

另一方面，丹尼索瓦人的偶然发现引起了我的注意，即科学研究中偶然与必然的关系。对丹尼索瓦人的探索已有一些成果，本次获得诺贝尔奖的研究者还发现了其在基因上与晚期智人的关系。这样的发现或许有些巧合，但从古生物、古人类的长期研究来看，这也是在前人劳动成果的基础上创造的。重大发现的背后总离不开科学的引导，以及研究者的努力与坚持。对于生物学来说，细心观察、敢于提问和实践不仅适用于研究者，对于我们学生亦是必不可少的。

在今后的学习生活中，我们应当更好地学科学、爱科学，更深入地了解并学习这些研究者追求真知、不断探索的精神，提高自己的认知能力。

（2024 届　吴海月）

在六节小型发展课中，令我印象最深刻的是有关基因编辑的一节。在这节课中，通过视频和老师的讲解，我了解到各国科学家对基因编辑技术所作的贡献，中国科学家是如何在国际科学界做出重大发现，以及不同国籍的科学家们对专利及诺贝尔奖的"争夺"。在这之中，我见到了许多科学家为这项研究前赴后继，虽然有许多科学家的名字并没有被人们所记住，例如最先提出基因编辑并开始研究的科学家因国籍而无法进入国际视野，但他们作出的贡献仍值得我们学习、铭记。最令我自豪的，必然是中国科学家张锋。他在众多科学家中脱颖而出，甚至受到了著名研究所的邀请。虽然他与诺贝尔奖失之交臂，但仍向世界展示了中国在尖端技术研究方面的实力。同时，通过本课程我也了解了基因编辑的机理以及科学家们的研究思想。在观看视频时，仿佛在看一部大片，在基因编辑技术的研究过程中，时不时就会出现出人意料的剧情，不断地带给我惊喜与震撼。

另外，令我印象深刻的还有 2022 年"搞笑诺贝尔奖"的线上颁奖典礼。还记得颁奖典礼的标题每年都是"第一届"，同样与"搞笑"相对应。在"搞笑诺贝尔奖"的颁奖典礼中，我也见到了许多看似"不合理"的研究成果，但其背后却包含了人们对科学研究的热爱与不懈追求。看似"搞笑"，实际上这些科学家们也值得我们尊敬。"搞笑诺贝尔奖"的颁奖者和一些评委是真正的诺贝尔奖得主，这个节目也是希望鼓励人们在科学道路上继续前进。

（2024 届　魏昕桐）

◎ **教研组反馈：**

生物学相关的杰出研究成果是全球所有相关人员的智慧结晶。因此，一个开放、具有指导意义的全球化平台对于生命科学的长远发展具有重大意义。诺贝尔奖便是其中一个典型的具有全球影响力和时代意义的科学交流平台。诺贝尔奖的颁发不是"盖棺定论"或者"到此为止"，而是凝聚共识、再度突破的"冲锋号"。弗莱明之后抗生素的研究并没有停止，屠呦呦之后治疗疟疾的药物研发依旧有突破，穆勒的聚合酶链式反应几乎就等同于踩下了现代生命科学研究的"油门"。因此，朱老师开发的这门课程并不是简单的概念梳理或者科学史话的转述，而是从诺贝尔奖的研究历程中剥离出"逻辑线索"，培养学生科学思维的能力和对科学探究的兴趣。课程选取的教学内容板块与学生在必修课程、选择性必修课程中所学习的内容形成了有机补充和呼应，对于学生理解日常教学过程中的知识或概念也有着积极的意义。从学生的真实反馈中，可以发现本课程成功激发了学生的探究欲望，比如吴海月同学就对科学研究中偶然与必然产生了更深层次的思考、魏昕桐同学感动于科学家对研究的热爱与追求等。由此可见，选修课程"诺贝尔奖背后的故事"达成了课程的预期目标。

（教研组长　张智顺）

案例二　脑科学探秘
（科学思维）

◎ **课程开发：**陈思

◎ **课程类别：**小型课程（0.5 学分）

◎ **课程目标：**

通过六个课时的学习，从构造、五感、记忆、健康、情感等方面初步理解大脑运作的基本方式，利用相关知识概念解释不同脑区的结构和功能特点；增强对"脑中宇宙"的好奇心和求知欲；基于脑科学的基本知识，运用课程中学习的原则和方法，反思个人的学习和生活习惯，提出改进建议。

◉ **课程由来：**

在人类探索自然界和自身奥秘的漫长历程中，大脑研究一直是一个神秘而令人着迷的领域。作为人类认知、情感和行为的中心，大脑的研究不仅关系到我们对自身的理解，也关系到医学、心理学、教育学等多个学科的发展。随着功能性磁共振成像（fMRI）、正电子发射断层扫描（PET）等先进技术的应用，科学家们得以窥见大脑在思考、记忆、情感等过程中的活动模式，人们也逐渐意识到大脑的复杂性远超以往的认知。为了普及脑科学知识，提高学生对大脑功能和健康重要性的认识，本课程应运而生，旨在通过跨学科的教学方法，让学生从不同角度了解大脑的工作原理。

◉ **课时安排：**

课时	课程内容
第一课时	认识大脑
第二课时	听觉是如何形成的
第三课时	"拆解"情绪
第四课时	掌握记忆的奥秘
第五课时	与"脑"有关的疾病
第六课时	衰老的秘密

◉ **课程内容：**

第一课时：认识大脑

大脑的功能不是由单一区域独立完成的，而是由多个区域通过复杂的神经网络协同工作实现的。这种网络化的组织方式使得大脑能够高效地处理信息。了解大脑的形态、结构和功能对于神经科学、心理学、医学等领域的研究至关重要，可以帮助我们更好地理解人类行为和认知过程。

【大脑的形态】大脑由两个大脑半球组成，外观上看起来像两个半球形的结构，它们通过胼胝体连接在一起。大脑半球的表面覆盖着一层称为大脑皮层的灰质，其下是白质，主要由神经纤维组成。

【大脑的结构】

（1）大脑皮层：是大脑的外层，由神经元的细胞体组成，负责处理高级感觉、认知和运动信息。

（2）白质：位于大脑皮层下方，由神经纤维构成，负责在大脑的不同区域之间传递信息。

（3）基底神经节：一组深部核团，参与运动控制和学习。

（4）小脑：位于大脑后部，主要负责协调运动和维持身体平衡。

（5）脑干：连接大脑和脊髓，控制基本生命功能，如呼吸和心跳。

【大脑的分区】

（1）额叶：负责高级认知功能，如决策、规划、社交行为和运动控制。

（2）顶叶：处理触觉、空间定位和协调。

（3）颞叶：与听觉处理、记忆和语言理解有关。

（4）枕叶：主要负责视觉信息的处理。

【大脑的"员工"】

（1）神经细胞：成年人的大脑大概有 860 亿个神经细胞。而每个神经细胞与大概 7 000 个神经细胞相连。这形成了一个巨大且复杂的神经网络，我们的一切心智都由此产生，包括情感、记忆，乃至自我意识本身。神经细胞通过电信号和化学信号来传递信息。

（2）胶质细胞：数量占大脑细胞的 90%，胶质细胞的作用包括营养供给、维持稳定的环境及绝缘。

第二课时：听觉是如何形成的

听觉形成的过程是一个涉及多个生理结构和神经途径的复杂过程，它使我们能够感知和理解周围环境中的声音。了解这一过程对于研究听力损失、开发助听器和其他听觉辅助设备具有重要意义。

【声音是什么】声音是一种机械波，它通过空气、水、固体等介质传播，能够被人类的听觉系统感知。当物体振动时，它会使周围的介质（如空气分子）也产生振动。这些振动以波的形式向外扩散，形成声波。

【听觉的形成过程】听觉的形成是一个复杂的过程，涉及外耳、中耳、内耳以及大脑的多个部分。

（1）外耳：包括耳廓和外耳道。耳廓帮助收集声波，外耳道将声波引导至鼓膜。

（2）鼓膜：声波到达鼓膜时，鼓膜会振动。鼓膜振动是声音传导的第一步。

（3）中耳：包括三块听小骨（锤骨、砧骨和镫骨），它们连接鼓膜和内耳。听小骨的作用是放大鼓膜的振动，并将其传递到内耳。

（4）耳蜗：是内耳的一部分，形状类似蜗牛壳。耳蜗内充满了液体，并含有听觉感受器——毛细胞。毛细胞的顶端有细小的毛状结构，称为立体毛。

（5）振动传递：听小骨的振动通过卵圆窗传递到耳蜗内，引起耳蜗内液体的波动。

（6）毛细胞刺激：液体波动使得毛细胞上的立体毛弯曲，触发毛细胞产生电信号。

（7）毛细胞：当立体毛弯曲时，毛细胞打开离子通道，使得带电粒子（主要是钾离子）流入细胞，产生局部电流。

（8）神经冲动：局部电流转化为神经冲动，这是电信号的形式，可以沿着听神经传递。

（9）听神经（第八脑神经）：神经冲动沿着听神经传递到大脑。

（10）脑干：信号沿着听神经首先到达脑干的耳蜗核，然后被传递到上橄榄核和斜方体。

（11）中脑：信号继续向上传递到中脑的上丘。

（12）听觉皮层：信号到达终点——大脑的听觉皮层，位于颞叶。听觉皮层负责处理声音的频率、强度、定位和识别等特性。

（13）在听觉皮层，声音信号被进一步分析，与语言、记忆和其他认知过程相结合，从而使我们能够识别和理解声音。

第三课时："拆解"情绪

【人为什么需要情绪】情绪是个体适应环境、进行社会交往和决策的关键。它帮助我们快速反应，如恐惧促使逃离危险，快乐鼓励持续有益行为。情绪通过表情和语调沟通内心状态，加深人际关系。它还评估风险和收益，同时作为内在动机影响决策。情绪体验与记忆巩固相关，影响注意力分配。情绪调节能力对心理健康至关重要，也是自我认知的重要途径。此外，情绪激发创造力，是艺术和文学创作的重要源泉。情绪的多样性和复杂性体现了人性的丰富性，对个体和社会的健康至关重要。

【情绪是什么】情绪是个体对特定事件或情境的心理和生理反应，通常伴随着特定的感觉、思想和行为。它是大脑对外界刺激的一种复杂响应，涉及多个神经生物学过程。情绪是多维度的，包括强度、持续时间和复杂性，它们是个体心理状态的重要组成部分，对心理健康和日常生活有着深远的影响。情绪由独特的主观体验、外部表现和生理唤醒三种成分组成。

（1）主观体验：是个体对不同情绪状态的自我感受。

（2）外部表现：通常称为表情。它是在情绪状态发生时由身体各部分的动作量化形成，包括面部表情、姿态表情和语调表情。

（3）生理唤醒：是指情绪产生的生理反应。生理唤醒是一种生理的激活水平。

【情绪学说】

1. 詹姆斯-朗格情绪理论

背景：W.詹姆斯是20世纪初美国心理学界的领袖人物，C.朗格是丹麦医生，他们分别于1884年和1885年提出了情绪就是对机体变化的知觉的学说。

内容：情绪刺激情境→生理反应→反应被知觉→产生情绪体验。

意义：促进了情绪的实验研究，特别是生理变化与情绪的关系（周围神经机制）。

局限：把情绪产生的原因只归结为生理变化，忽视中枢神经系统对情绪的调节作用。

2. 坎农-巴德情绪学说

背景：1927年，美国生理学家坎农对詹姆斯-朗格情绪理论提出批评并建立了新的学说，坎农学说后来被巴德进一步完善，称为坎农-巴德情绪学说。

内容：① 激发情绪的刺激由丘脑进行加工，同时把信息输送到大脑（产生情绪体验）及内脏和骨骼肌等处（激活生理反应）。

② 身体变化和情绪体验同时发生。

③ 情绪感觉是大脑皮质（中枢）和植物神经系统（周围）共同作用的结果。

意义：推动了情绪的中枢神经机制的研究。

局限：过分强调丘脑在情绪中的作用而忽视大脑皮质对情绪的作用。

【情绪与大脑】

1. 边缘系统

边缘系统是大脑中一个关键的神经网络，它在情绪反应、记忆形成和动机调节中起着核心作用。这个系统包括海马体、杏仁核和下丘脑等重要结构。海马体与空间记忆和长期记忆的编码有关，而杏仁核则参与情绪处理，尤其是恐惧和愉悦反应。下丘脑则与饥饿、口渴和体温调节等生理需求相关，同时在情绪反应和应激反应中发挥作用。边缘系统的协调作用帮助个体适应环境，形成记忆，并驱动情绪和行为反应。

2. 帕佩兹环路

帕佩兹环路，又称为帕佩兹环，是一个涉及情绪和记忆的神经解剖学路径，由詹姆斯·帕佩兹于 1937 年提出。该系统包括海马体、穹窿、乳头体、前丘脑和扣带回，它们形成一个闭合的神经回路。帕佩兹环路在情绪体验、情感记忆以及空间导航中发挥重要作用。海马体参与新记忆的形成和空间记忆，而杏仁核则与情绪反应紧密相关。这个环路有助于将情绪体验与记忆联系起来，是理解情绪与认知如何相互作用的重要基础。尽管现代研究已经扩展了我们对情绪和记忆神经基础的理解，帕佩兹环路依然是神经科学领域的一个经典概念。

【情绪如何产生】情绪产生是一个复杂的神经生物学过程，涉及大脑多个区域的协同工作。当外界刺激被感官接收后，信号首先传递到丘脑，然后分发到大脑皮层进行初步处理。情绪的产生通常与边缘系统特别是杏仁核密切相关，它评估刺激的情感价值并触发相应的情绪反应。同时，前额叶皮层在情绪调节和决策中发挥作用，影响情绪的强度和持续时间。情绪体验伴随着生理变化，如心跳加速、血压升高等，这些变化由自主神经系统控制。情绪还与个体的认知评估和记忆相关，形成独特的情绪体验。在整个过程中，神经递质和激素的释放对情绪的产生和调节起着关键作用。

【情绪 ABC 理论】情绪 ABC 理论是由心理学家阿尔伯特·艾利斯（Albert Ellis）提出的，它解释了情绪反应是如何由个体对事件的认知评估所决定。ABC 代表"activating event"（激活事件）、"belief"（信念）和"consequence"（后果）。在这个模型中，A 是触发情绪反应的外部事件或情境；B 是个体对这一事件的信念和解释；C 是由这些信念引起的情绪和行为后果。情绪 ABC 理论强调，不是事件本身直接导致情绪反应，而是个体对事件的解释和信念决定了情绪体验。通过改变不合理或负面的信念，可以有效地调节情绪反应，促进心理健康。

第四课时：掌握记忆的奥秘

【什么是记忆】记忆是大脑存储和回忆信息的能力，它涉及感知、编码、存储和检索的过程。记忆使个体能够保存经验、知识、技能和情感体验，对学习、决策和日常生活至关重要。短期记忆，也称为工作记忆，能够暂时保持信息几秒到几分钟；而长期记忆则能够存储信息从几分钟到一生。长期记忆进一步分为显性记忆（如事实和事件的记忆）和隐性记忆（如技能和习惯的记忆）。记忆的形成和保持依赖于神经网络的活动和大脑特定区域的功能，如海马体在新记忆形成中的关键作用。记忆衰退或损伤可由多种因素引起，包括年龄、疾病和脑损伤。

【记忆的过程】记忆的过程包括编码、存储和检索三个主要阶段。首先，编码是将感知到的信息转换成大脑可以理解和处理的形式。这可能涉及注意、组织和重复信息。接着，存储是将编码后的信息保持在大脑中，分为短期记忆和长期记忆。短期记忆容量有限，持续时间短暂；长期记忆则容量巨大，可以持续较长时间。最后，检索是从存储中恢复信息的过程，这可能需要线索或提示来帮助回忆。记忆的巩固涉及将短期记忆转化为长期记忆的过程，通常需要时间和重复。记忆的准确性和持久性可以受到多种因素影响，包括情绪状态、注意力和健康等。

【对记忆的分类】

（1）根据记忆的原理分为：

① 陈述性记忆（外显记忆）：语义记忆和情景记忆。

② 非陈述记忆（内隐记忆）：运动技能反射和条件反射。

（2）根据保持时间的长短分为：

① 瞬时记忆。

② 短时记忆。

③ 长时记忆。

（3）根据主体的参与程度分为：

① 无意识记忆。

② 有意识记忆。

【常用的回忆路径】

（1）借物记忆。当无法想起某件事时，可以通过一些其他的线索顺藤摸瓜，让大脑慢慢拼凑回忆出完整的细节。

（2）动作记忆。比如说我们在回忆一件事的时候，话到嘴边就是说不出来，这个时候你挠挠头或者拍一下大腿，突然就想起来了，这个就是动作记忆。我们采取的动作，就是一种回忆线索。通过这些线索，我们就可以很轻松地把知识点回忆起来。

（3）首字记忆。比如说背古文，可能前一段背得很流畅，后一段第一句话是什么，想不起来了，这时提示一个字你就能想起来。比如背某项政策措施，下面可能有五点，每一点我们取首字，把它们变成一个口诀，就很容易写全了。

第五课时：与"脑"有关的疾病

与脑有关的疾病种类繁多，涵盖了从外伤到退行性病变等多种病理状态。以下列举一些常见的与脑有关的疾病。

（1）脑外伤：包括撞击、跌倒等导致的脑损伤，如脑震荡、脑挫裂伤和硬膜下血肿等。

（2）脑部炎症性疾病：由外界致病菌侵入脑部或微生物感染引起的疾病，如脑炎和脑膜炎。

（3）脑血管疾病：涉及脑部血管的疾病，如脑出血、短暂性脑缺血发作、腔隙性脑梗死等。

（4）脑变性疾病：包括阿尔茨海默病、额颞叶痴呆、路易体痴呆、帕金森病等。这些疾病通常与中枢神经细胞的损伤有关。

（5）脑部寄生虫病：由寄生虫侵入脑部引发的疾病，如囊虫病或阿米巴脑病。

（6）自身免疫性疾病：如多发性硬化、视神经脊髓炎谱系疾病、自身免疫性脑炎等，这些疾病涉及免疫系统对自身组织的攻击。

（7）肿瘤性疾病：包括脑胶质瘤、脑膜瘤等。这些肿瘤可能影响脑细胞的正常功能。

（8）遗传代谢性疾病：如线粒体脑肌病。这类疾病可能影响脑细胞的代谢过程。

（9）内科系统疾病引起的脑病：一些非脑部疾病，如肝性脑病、肾性脑病，也可能影响大脑功能。

（10）神经发育障碍：如自闭症、注意力缺陷多动障碍（ADHD）等。这些状况可能与大脑发育过程中的异常有关。

（11）精神分裂症和双相情感障碍：最新的研究揭示了大脑发育过程中的基因图谱，被认为可能与这些精神疾病的发生有关。

（12）脑神经疾病：影响脑神经功能，可能涉及嗅觉、味觉、视力、面部感觉等多种感官功能。

这些疾病不仅影响患者的生活质量，还给医疗保健系统带来重大负担。随着研究的深入，对这些疾病的理解、预防和治疗方法也在不断进步。

第六课时：衰老的秘密

我们每个人都会经历从出生到成年，再慢慢老去，最后死亡的过程。随着年龄的增加，我们各项生理功能逐渐降低，一些老年性疾病，如阿尔茨海默病、糖尿病和癌症发病概率也大幅提高，因此衰老是这些老年性疾病最大的风险因子。

【衰老是什么？为什么要研究衰老？】衰老是生物体随时间经历的生理和功能逐渐下降的自然过程，表现为细胞分裂能力减弱、组织修复能力降低和慢性疾病风险增加。研究衰老对于理解生命过程至关重要，它有助于我们发现延缓衰老的机制，提高老年人的生活质量，并减少与衰老相关的健康问题。此外，衰老研究促进了医学、生物学和相关领域的科学进步，为开发新的治疗方法和改善公共卫生政策提供了依据。通过深入探索衰老，我们可以更好地应对全球人口老龄化带来的挑战。

【衰老研究的历史和现状】衰老研究历史悠久，从古代哲学探讨到现代分子生物学的深入，科学家一直在探索生命老化的奥秘。现代研究集中在基因、细胞衰老、生物学变化及其与慢性疾病的关联。重点领域包括氧化应激、代谢变化、细胞信号传导，以及通过药物、饮食和生活方式干预来延缓衰老。再生医学和生物技术，如干细胞和基因编辑，为治疗衰老相关疾病提供了新途径。未来，个性化医疗和精准干预将成为研究的重点，同时考虑衰老对社会经济的影响，以实现健康寿命的延长和生活质量的提升。

【大脑衰老和行为衰老】高品质的生活不仅需要寿命的延长，还需要健康的身体和大脑。和寿命调控研究相比，健康衰老的生物学机理研究还比较少，是衰老研究领域中的难题。大脑是行动的指挥部，神经元和神经元通过突触传递信息，衰老过程中突触功能下降和行为与认知退化具有很强的相关性，我们以神经递质和离子通道两类对于突触功能至关重要的分子为线索，研究健康衰老调控机制。

【我们为什么会衰老】衰老是生物体内各种复杂生物学过程发生的结果，其原因尚未完全明了。主要理论包括自由基损伤、DNA 复制错误累积、细胞分裂能力的逐渐丧失（如海氏极限）、代谢废物积累、激素水平下降和细胞间通信失效等。这些因素导致细胞和组织功能逐渐下降，修复和再生能力减弱。衰老也与遗传因素密切相关，某些基因变异可能影响个体的寿命和老化速度。此外，环境因素如紫外线暴露、毒素和压力也对衰老过程有显著影响。衰老是自然选择的结果，随着年龄增长，生育能力下降，自然选择压力减小，导致衰老特征的累积。

【如何延缓衰老】延缓衰老涉及多方面的策略，包括健康的生活方式、均衡的饮食、适量的运动、充足的睡眠和积极的社交活动。科学研究还指出，减少热量摄入、增加抗氧化剂摄入、避免吸烟和过量饮酒等措施对延缓衰老有积极作用。此外，定期体检、及时接种疫苗和积极治疗慢性疾病也是重要的。在分子层面，研究正在探索如基因编辑、干细胞疗法和药物干预等新兴技术来延缓细胞老化。这些方法旨在提高生活质量，延长健康寿命，并应对老龄化社会的挑战。

◉ 课程评价方案：

本案例结合本课程的课程目标及课程内容，依据新课标中科学思维的学业质量标准描述。本课程评价的主要内容为"学生科学思维的发展"，即学生是否逐步养成科学思维习惯，运用归纳与概括、演绎与推理、模型与建模、批判性思维、创造性思维等方法，探讨、阐释生命现象及规律的能力。评价方式主要为小论文及课堂行为观察，前者主要对学生的论文选题是否切合课程范围，论文选题的学术性，正文的逻辑性、论证方法和条理性，以及论文格式的规范性进行评价；后者主要评价学生的学习态度和能力、学习热情及情感体验。教师可以用谈话、鼓励、评语等形式，及时反馈评价情况，促进师生互动，激发学生的潜能。

◎ **课程实施反思：**

本课程是在"课程即素养"指导思想下设计的指向科学思维的选修课程。根据本课程设计指南，课程的关键词是"好奇心、求知欲"，主要指向的课程目标是了解大脑的运行原理，并运用课程中提到的原则和方法，助力学生的学习和生活。近十年来，神经科学的发展日新月异，目前中国的脑科学计划也正在热火朝天地开展，脑机接口、人工智能、抗抑郁药物、类脑模拟等方向都有了新突破。在细胞和分子层面，科学家们已经更深入地了解了想法、欲望以及行为的神经机制，在未来，对大脑的理解能帮助我们进一步认识自我和社会。本课程将复杂的神经科学知识化繁为简，挑选了与学生息息相关的话题与学生分享探讨，既能满足学生的好奇心，也能激发学生进一步探究大脑宇宙的欲望，达成了指向核心素养之科学思维的选修课程的课程目标。

◎ **学生反馈：**

最初选这门课是觉得人的大脑实在是非常神奇又复杂的事物，当然现在也依旧这么觉得。但它在惊人的复杂精细背后，似乎也有迹可循。

例如我们学习到的色彩与音准错觉，背后的原因是大脑对视觉信号或听觉信号的处理；情绪低落或高昂和多巴胺有关，但更和你看待事物的方式直接联系；记住圆周率后五十位的最好方法是复述一个离谱的小故事，因为它有画面……在这些课程里，你可以亲身感受视听错觉的神奇，顺便告诉自己眼见不一定为实；你可以观察面部表情的微妙不同，致力于成为微表情分析的大侦探；你可以花五分钟的时间听一壶酒五座山一堆亲戚的故事，然后一边利用谐音一边默出几十位的圆周率，这样你就会发现背《琵琶行》《赤壁赋》最好的方法除了听歌还有想象。

第一节课的时候老师曾问过我们一个问题：你们认为人类真的可以认识自己吗？

毕竟人类"认识"自己只能通过大脑的思考，而认识到的"自己"却就是大脑本身，让大脑分析大脑的运作，真的是可行的吗？

所以我总感觉这门课程在科学的基础上还能给你一点哲学的思考，就像"缸中之脑"的假说：你现在知道你所看到的、听到的、闻到的、感知到的，全部都经过了大脑的电信号转换，你也知道情绪、情感以及基于此诞生的社交关系不过是大脑中的电脉冲和化学递质的作用，那你怎么确定你身边的世界是存在的？你认识的人是存在的？

有可能我只是一只生活在培养液和外部输入电信息中的脑子呢！

（2025 届　沈佳煜）

虽然遗憾因为疫情没有完成所有课时，但所上的几节课仍然令我受益匪浅。从一开始大脑的基本生物构造、神经元传递信息的方式，再到后来讲人类在科学上对于情感、记忆的认知，而且我记得原本也规划了一节课时讲如何利用脑科学的相关知识提高学习效率，在极少的课时内涵盖了脑科学的各方面，同时每节课所选取的都是许多同学感兴趣的主题，作为一门带领同学入门脑科学这一领域的发展课，我认为是很成功的。

我看到最近全球兴起脑科学热潮，一只猴子脑子里装个芯片就能直接控制电脑，着实令人振奋，猴子行说明我们大概也行，相信等这项技术再经过一段时间的发展，更加成熟之后应用在人身上，将会对人机交互的模式产生巨大的改变，而人们正是在这一个个新发明上看到了脑科学未来无限的可能性。

当然，我们人类目前在脑科学的探索上仍然面临着许多困难与挑战，人类科学在千百年来的不断奋斗中终于对我们所处的这个世界有了一个较为清晰的认识，但回到我们自身，却对我们最重要的大脑知之甚少。这也是因为大脑实在是过于复杂，并且产生了一个极为神奇的东西——意识。当代受过教育的人基本都知道意识来源于大脑，但有一个有意思的现象是：当被问到人死后意识会去到哪里，大多数人仍然会回答上天堂或下地狱，当然说法可能不一，但无一例外都认为人在肉体死亡后意识仍然会留存下来，并且无关种族或宗教信仰，这仿佛是在人类社会当中根深蒂固的一个想法，那就是肉体与意识的二元说。中国民间常有"鬼上身"的说法，国外也经常看到有人举行驱魔仪式，这其实都是这种二元论的体现，因为在这些传说中身体与意识是两样可以分离替换的东西。可惜目前所有的科学研究都指向人的意识仅是神经元工作的产物，那么意识就必然无法脱离肉体存在，肉体的死亡也代表着意识的消亡。尽管如此，关于意识仍然有许多未解之谜，人们已经发现大脑的各部分有着不同的功能，类似有的主管语言，有的主管人脸识别，有的主管道德观念，但明显我们的意识远比这些复杂，难道那些人类的价值观念，责任心和自由意志等都只是假象吗？我们又是如何获得具象化感受的？显然，这些问题都等待着未来的脑科学去解答。

与脑科学紧密关联的心理学其实同样面临着困境，尽管已经存在了很久，但大众对于这类相关学科的认识仍然存在许多错误和偏见，同时学科本身也缺乏一个相对正确的中心理论，而是各家"百花齐放"，斯金纳的行为主义，弗洛伊德的精神分析，甚至佛教当中的"色受想行识"（五蕴）。脑科学的蓬勃发展正是解决这个问题的方法，在上海中学开设的这门课程虽然不能让大家在未来真的都去从事脑科学的相关研究，但想必对高中生们的启蒙效果是斐然的。

（2025 届　夏育嘉）

喧嚣走廊的尽头，楼梯口处的教室，脑科学探秘的课程好像还未开始却又匆匆结束。

回望短短几个月的时光，我对人脑的认识从一片空白到略有所知。脑科学探秘的课程生动有趣，陈老师从多方面不同角度，详细介绍了关于脑科学的各种知识。我们通过学习关于大脑的理论知识，了解了人是如何听到声音、感知信息、以及大脑的工作机理等。PPT 上出现的彩图和视频让看似枯燥乏味的知识不再无趣。同时，老师还跟我们做了很多互动游戏，让我们明白，脑科学的理论知识在真实生活中无处不在且十分有用。在一次介绍记忆原理的课上，老师告诉我们如何提升记忆力，用一山一寺一壶酒的故事，让我们在疑惑和半懂不懂中突然就能背出了圆周率小数点后五十位。

我本以为这不过是一门普通的生物发展课，但实际上远不止如此，尽管只有每周 40 分钟的课程，我们依然学到了很多。学到了生物知识的同时，课堂上的不少问题也引发我去思考，一些处世方法值得我去学习，一些案例值得品味。我度过了一段比学习生物更有意思、更有意义的时光。后来，老师还带着我们探讨了人的种种情感，喜怒哀乐、关于一见钟情的解释、情绪产生的生理原因以及应对的方法等，这些关于情绪的原理与应对策略极大地安抚了我幼稚又躁动不安且狂热的内心，让我冷静不再胡思乱想，让我的生活归于宁静。第四节课中提到的关于学习的内容，给我在学习方面提供了实用的帮助。经过几次课程的学习，我对脑科学有了些许认识，但脑科学依旧是一个神秘的领域，里面有太多的未知等待着人们去探索，这次的探秘，多少也让我向往着进一步去探索。

脑科学探秘的课程就这样轻轻地离去了，过去的太匆忙，猝不及防，仔细回味，也未必能悟出些大道理。不过这次发展课为我展示了生物庞大世界的冰山一角，引领我继续探索，不再把对生物的认识局限在一个个微小却复杂的细胞中。不管是生物，还是学习，还是人生，外面的世界还很大，还未知，我仍须静心，收起幼稚，继续探秘。

（2025 届　翁悠翔）

我一直认为，这世上有两样最神奇的东西，一个是宇宙，还有一个就是大脑。那用一只手就能托起的蘑菇状的东西，其实也是一个丰富多彩的宇宙，从某种哲学观点来看，这个宇宙比我们所身处的宇宙更为宏大，因为宇宙虽然有几百亿光年大，但毕竟是有限的；而大脑之宇宙无限，因为思想无限。

怀着这样一种心态，我毫不犹豫地选择了"脑科学探秘"作为自己发展课的第一志愿，并期待着借此机会探索人脑的奥秘。

大脑的基本结构是什么样的？大脑如何执行功能？各部分如何分工合作？神经细胞之间如何交流？大脑如何听见声音？情绪的本质是什么？记忆又是什么？……各种各样诸如此类的问题，都可以在这个课程的学习中找到答案。

"脑科学探秘"课程设有六个课时，在这短短的几节课里，我学习到了很多有趣的知识，比如大脑中有 860 亿个神经细胞，每个神经细胞都与大约 7 000 个神经细胞相连，构成了一张神经网络；爱因斯坦的大脑比一般人更小，但是神经细胞密度大；我们之所以能做到听音辨位，是因为双耳接收到的声音存在时间差和响度差，大脑通过迅速、精确的计算让我们能够听音辨位；奥菲尔德实验室是世界上最安静的地方，只有 $-9\,dB$，人在那里待久了会出现幻觉；恐惧是人类最基本的情绪之一；记忆的过程中，人脑会产生多巴胺，带来人的知性快感。

同时，我也学到了很多有用的知识，比如情绪 ABC 理论，明白了思维方式的不同会使得同一事件带来不同的情绪，有助于我们养成积极乐观的信念；又比如记忆，学习了记忆的多种回忆路径（借物记忆、动作记忆、首字记忆、重复记忆）之后，在背书时，我们有了更多的选择来高效地完成背诵任务。

关于记忆，陈老师讲了一个小故事令我印象深刻。这是一个看似荒诞、无厘头的故事，一山一寺一壶酒，酒流向了五座山，五座山上有五个爸爸，酒气又飘向了两座山……直到老师把这个故事讲了两遍，同学们都能复述下这个故事的时候，老师才告诉我们，这是一个关于圆周率的故事，同学们恍然大悟，原来，这个故事是帮助记忆圆周率的。在故事的帮助下，原本毫无规律的数字之间建立起了联系，让记忆变得轻松了。

大脑的奥秘无穷无尽，至今仍未完全解开，在这方寸寰宇之间，究竟还有多少宝藏等待人们去发掘。短暂的发展课结束了，但我对于大脑的好奇永远不会终止，探索的接力棒已经传到了我们这一代人的手中，我相信，我们终将揭开这个自然奇迹的谜底。

（2025 届　吴佳仪）

◯ 教研组反馈：

思维是人类精神生活的基石，也是人类改造地球、构建家园的基础。然而思维的本质是什么？其生物学基础又是如何产生的？这些"对于思考本身的思考"是从古至今的未解之谜。陈思老师开设的这门选修课程"脑科学探秘"是基于大量的研究前沿和事实考证。本课程中的大量经典案例和实践方法由中国科学院上海生命科学研究院神经科学研究所的专家学者提供，是"科学性"与"趣味性"的完美结合。值得欣慰的是，学生们通过这门课程的学习，不单对生物学产生了浓厚的兴趣，还提升了反思个人学习生活的能力。沈佳煜同学开始思考人究竟能否正确认识自身、夏育嘉同学对"二元说"进行了深刻剖析、翁悠翔同学感慨于知识和人生的永无止境、吴佳仪同学体会到了脑科学的"方寸即寰宇"。高中生物学"双新"改革中提出了四大核心素养，其中的"科学思维"绝不是仅仅停留在事实归纳、数据分析及推理，高中生尤其是具有拔尖创新能力的资优生更应该打破思维的壁垒，串联和贯通科学探究、社会责任和生命观念，这也是这门选修课程的评价方式会采用"小论文"形式的原因。通过采用该评价形式，可以激发学生的"二次思考"和深度学习，进一步落实生物学学科核心素养的培育。

（教研组长　张智顺）

案例三 哈利·波特的遗传学世界
（生命观念）

◎ **课程开发**：耿芳

◎ **课程类别**：微型课程（0.25学分）

◎ **课程目标**：

通过3个课时的授课，结合经典魔幻小说《哈利·波特》的故事情节和人物，构建丰富的情境，引导学生利用遗传与进化的观念及相关概念解释情境内的现象，提高学生对遗传学的兴趣与求知欲，强化生命观念，即能够运用这些观念认识生命现象，探索生命规律，引导同学们拓展视野和积累经验，并培养学生的社会责任意识。

◎ **课程由来**：

《哈利·波特》作为流传甚广的魔幻文学系列小说，已被翻译成73种语言，并被改拍成8部系列电影，成为全球史上最卖座的电影之一。而《哈利·波特》也伴随着一代又一代青少年们的成长。遗传学是研究生物体的遗传信息组成、传递和表达作用规律的科学。以遗传学为基础，当前现代遗传学技术迅猛发展，与人类医疗、生活息息相关。因此，开设此选修课，以《哈利·波特》中有趣的遗传现象作为教学情境，能提高同学们对遗传学的兴趣，对于培养学生的生命观念、增强社会责任感具有积极意义。

◎ **课时安排**：

课时	课程内容
第一课时	魔法性状背后的遗传学原理
第二课时	随处可见的遗传学——以韦斯莱家族为例
第三课时	哈利·波特与克隆技术

◎ **课程内容：**

第一课时：魔法性状背后的遗传学原理

【背景】在《哈利·波特》中，具有魔法能力的人被称作巫师，没有魔法才能的则被称为麻瓜。J. K. 罗琳构建的魔法世界可看作是一个与麻瓜社会共同生存的平行世界，两个世界能通过九又四分之三站台、对角巷等场所互通。在魔法世界中，巫师通常出身于巫师家庭，只有少数麻瓜的后代可成为巫师，暗示魔法能力可能可以作为性状遗传。因此，麻瓜学者们对此问题展开了深入探究，提出多种假说，试图说明其背后的遗传学原理，并将其研究结果发表在多本知名学术期刊上。

【假说①:魔法性状由一对隐性基因控制】澳大利亚皇家儿童医院的克雷格教授认为魔法能力是一种隐性性状，并将其发表于麻瓜界的顶级学术刊物之一《自然》（Nature）。魔法能力是隐性性状意味着当一个人具有两个麻瓜基因或者一个麻瓜基因一个巫师基因时，他不会有魔法能力；只有当他具有两个巫师基因时，他才能成为巫师。这一假说很好地解释了赫敏·格兰杰的魔法能力，表明其父母均为杂合子。然而此假说也存在不合理之处，例如霍格沃茨看门人费尔奇虽出身于巫师家族，但不具有任何魔法能力。以及在《哈利·波特》中，魔法能力存在强弱之分，比如纳威·隆巴顿虽为巫师，但其魔法能力很弱，此现象很难基于隐性遗传理论进行解释。

【假说②:魔法性状受表观遗传影响】牛津大学的拉玛戈帕兰博士等人结合《哈利·波特》中的各种故事情节和人物塑造，提出魔法性状受表观遗传影响。表观遗传是指基因的碱基序列不发生改变，但表型发生可遗传的变化。表观遗传是一类基因表达调控的机制，广泛存在于真核生物细胞分化和个体发育过程中，主要包括 DNA 甲基化、组蛋白修饰和 RNA 干扰等。拉玛戈帕兰博士等人的研究发表于 2007 年的《英国医学杂志》（BMJ）杂志上，该论文创新性地提出了"魔法增强子"这一概念。增强子为 DNA 序列上一小段可与蛋白质结合的区域，与蛋白质结合之后，基因的转录作用将会加强。因此，他们认为巫师通过调节基因表达过程实现魔法能力的强弱。

【假说③:魔法性状属于数量性状】生物遗传性状可分为质量性状和数量性状，其中质量性状比较稳定，在群体内的分布是不连续的；而数量性状与其相反，数量性状的特点为个体间差异需进行度量、群体内变异呈连续性、常受多基因控制、对环境影响敏感。魔法性状可能也属于数量性状，受多基因控制，一些特殊经历如目睹死亡可影响巫师对于"夜骐"的视觉敏感度。

【总结】哈利·波特的世界是虚构的，然而结合《哈利·波特》中引人入胜的情节，通过探讨魔法能力背后的遗传学原理，可引起学生对遗传学的兴趣，便于传播遗传学的基本原理，为科学普及作出贡献。

第二课时：随处可见的遗传学——以韦斯莱家族为例

【背景】《哈利·波特》中一共有 28 个纯血统家族，而韦斯莱家族是其中少数仅存的纯种家族之一。但韦斯莱家族乐于与麻瓜、麻瓜出身者和混血统巫师交往，因为他们并不觉得自己的血统高其他人一等。亚瑟·韦斯莱和莫丽·韦斯莱育有 6 个儿子和 1 个女儿，其中包括一对双胞胎（韦斯莱双子）、哈利·波特挚友罗恩·韦斯莱、哈利·波特妻子金妮·韦斯莱。遗传现象是指经由基因的传递，使后代获得亲代的特征、性状的一种现象，因此以家族为单位有利于遗传现象的研究与探讨。

【韦斯莱家族的红发】人类头发颜色的差异主要是由毛囊内的两种色素（真黑素、褐黑素）的沉着不一导致的。两种色素的含量以及比例的不同，会使人类头发呈现出不同颜色。韦斯莱家族全员红发说明他们主要合成褐黑素，而褐黑素主要受 16 号染色体上 MC1R 基因变异的控制。已知 MC1R 基因负责调控黑素皮质激素受体 1（MC1R）的合成与表达。正常情况下，MC1R 基因控制合成真黑素，而当其异常表达时，黑素细胞产生两种色素的比例会改变，由原本合成真黑素改为主要合成褐黑素，因此表现为红发。红发人群往往伴有皮肤白皙、较多雀斑、较浅瞳色、更容易被晒伤等特点，原因是真黑素是人体天然的防晒神器。因此，皮肤白皙的红发者不但易被晒伤，还更容易患上黑色素瘤。

【韦斯莱双子】韦斯莱家族中弗雷德与乔治·韦斯莱是一对双胞胎，两人形影不离，共同创造出了《哈利·波特》中的许多经典桥段。双胞胎可分为同卵双胞胎和异卵双胞胎。同卵双胞胎是指一个受精卵在发育初期分裂成两个胚胎，往往长相十分相似。异卵双胞胎则是两个卵子分别受精，性状相似度较低，性别也有可能不同，而韦斯莱双子属于同卵双胞胎。研究表明，虽然在受精初期同卵双胞胎遗传物质基本一致，但随着胚胎发育，基因突变逐渐出现和累计，双胞胎之间会产生差异，这也可用于解释韦斯莱双子长相上的不同。

【再生医学】乔治·韦斯莱在《哈利·波特与死亡圣器》第五章"坠落的勇士"中被咒语击中而失去了一只耳朵。而依据再生医学，乔治的耳朵有可能实现再生。再生医学是指利用生物学及工程学的理论方法创造丢失或功能损害的组织和器官，使其具备正常组织和器官的结构和功能。1997 年，曹谊林教授把从牛身上提取的软骨细胞放到培养皿中培养，移到可降解生物材料做成的耳朵支架上，使得软骨细胞在支架上不断生长繁殖，然后切开一只无毛小鼠背上的皮肤把人造耳移植上去，随后生物材料支架渐渐溶化掉实现了耳朵移植。2018 年，曹谊林教授在患者小耳的耳后取指甲盖大小的小块软骨，在实验室分离培养出耳软骨细胞，并进行扩增，获得足够量的细胞后种植在用 3D 打印技术制作的可吸收生物支架材料上。现代再生医学包括干细胞治疗和基因治疗等。干细胞治疗是把健康的干细胞移植到患者体内，以修复或替换受损细胞或组织，从而达到治愈的目的。基因治疗是指将外源正常基因导入靶细胞，以纠正或补偿缺陷和异常基因引起的疾病，从而达到治疗目的。1991 年，我国科学家进行了世界上首例血友病 B 的基因治疗临床试验，目前已有 4 名血友病患者接受了基因治疗，治疗后体内凝血Ⅸ因子浓度上升，出血症状减轻，取得了安全有效的治疗效果。

第三课时：哈利·波特与克隆技术

【背景】《哈利·波特》中出现了很多魔法药剂，比如增龄剂、胡话饮料、咳嗽药水等。在《哈利·波特与死亡圣器》中，凤凰社在安排哈利·波特转移出德思礼家时，让 6 个人喝下复方汤剂以变成哈利的模样，从而迷惑食死徒。而在麻瓜社会，现代遗传学技术快速发展，克隆技术可以不用雌、雄两性的生殖细胞，仅利用个体的部分组织或细胞，通过细胞分裂和分化而产生新个体。根据个体水平、细胞水平和分子水平，克隆可分为动物克隆、细胞克隆和基因克隆。

【动物克隆】动物克隆指通过核移植过程进行无性繁殖。克隆技术的理论基础为细胞的全能性。若单个细胞能够发育形成完整的生物体，我们称这种细胞具有全能性。尚未分化的胚胎细胞具有全能性。截至目前，科研人员已利用胚胎细胞核移植技术成功克隆出了许多动物，其中最知名的是克隆羊多利。动物克隆技术可与转基因技术结合，对解决人类器官移植来源、医药生产和疾病治疗、生物学基础理论研究等具有非常重要的意义。动物克隆技术还可用于动植物资源的种质保存，用于保护濒危动植物。此外，该技术还有助于加速动物育种的进程，缩短育种年限，提高育种效率。然而动物克隆仍存在很多问题与局限性，如伦理道德问题等。我们应用发展的眼光去看待克隆技术，正确地将这项技术应用于器官移植、拯救濒危动物等方面，使其真正造福人类。

【细胞克隆】细胞克隆是一种把单个细胞从群体中分离出来单独培养，使之繁衍成一个新的细胞群体的技术。细胞克隆的最基本要求是保证所建成的克隆来源于单个细胞，克隆出的细胞特点为遗传性状均一、表现的性状相似，便于研究。对环境有较大适应范围和具有较强独立生存能力的细胞才适合用于克隆，比如无限细胞系。提高细胞克隆形成率的措施包括选择适宜的培养基，添加血清、激素刺激，使用二氧化碳培养箱等。细胞接触抑制是指细胞在贴壁生长过程中，随着细胞分裂，数量不断增加，最后形成一个单层，此时细胞间相互接触，细胞分裂和生长停止。细胞克隆的主要用途为从普通细胞系中分离出缺乏特殊基因的突变细胞系，以便于研究细胞的遗传规律和生理特性。

【基因克隆】基因克隆又称分子克隆，是应用酶学方法，在体外将不同来源的 DNA 分子通过酶切、连接等操作重新组装成杂合分子，并使之在适当的宿主细胞中进行扩增，形成大量的子代 DNA 分子的过程。具体操作过程包括有获取目的基因、目的基因与运载体重组、重组 DNA 分子导入受体细胞、筛选含目的基因的受体细胞。目前基因克隆技术可应用于生产重组 DNA 医药产品，如组织胞浆素原激活剂、生长因子、生长素、胰岛素、白细胞介素等，对医疗发展发挥了重要作用。

◉ **课程评价方案：**

本案例结合本课程的课程目标及课程内容，依据新课标中生命观念和社会责任意识的学业质量标准描述，本课程评价的主要内容为"学生的生命观念和学生的社会责任意识"，即学生是否逐步形成了认识生命的基本观念，如生物体的结构与功能相适应、生物始终处于发展变化之中，生物对环境具有适应性等；学生能否运用这些生命观念，探索生命活动规律，解决实际问题；学生是否具有关注社会重要议题的意识和社会责任感，以及开展生物学实践活动的意愿和能力等。评价方式主要为课堂行为观察，主要评价学生学习态度和能力、学习热情及情感体验。教师可以用谈话、鼓励等形式，及时反馈评价情况，促进师生互动，激发学生的潜能。根据学校的整体规划，微型选修课程不涉及纸笔检测，能起到"减负增效"的效果，进一步促进学生的自主发展和个性化学习，贯彻"立德树人"的指导思想。

◎ **课程实施反思：**

本课程是在"课程即素养"指导思想下设计的指向生命观念和社会责任的选修课程。根据本课程的设计指南，课程的关键词是"现象、事件、社会议题微讨论"，本课程的设计和实施追求"少而精"的原则，主要指向的课程目标是提供学生教学情境，并以此激发学生的兴趣，基于现象和事件展开学习和讨论，拓展视野和积累经验。在本课程实施过程中，教师引导学生主动地参与学习过程，例如探究魔法性状的显隐性问题，在提出问题、获取信息、寻找证据、检验假设、发现规律等过程中习得生物学知识，养成科学思维的习惯，形成积极的科学态度，发展终身学习能力。同时，为了培养学生的社会责任意识，课堂上将前沿生物学技术结合情境进行讲述，拓展生物科学与技术视野，提高实践和探究能力。另外，此课程还引导学生以造福人类的态度和价值观，积极运用生物学的知识和方法关注社会议题，参与讨论并做出理性解释。

◎ **学生反馈：**

当初一眼相中"哈利·波特的遗传学世界"这门微型课程，是出于对授课老师与《哈利·波特》这本巨著的喜爱，当然，同时也能从中了解生物知识更让我欣喜。

小型发展课历时三周，每周三有一节。带着兴奋与期待坐进教室，第一节课便是由魔法能力的遗传方式开始。这是一个颇具趣味性的话题，基于我们要相信"魔法是存在的"这一前提，结合高一、高二的课内生物知识，从麻瓜出身的父母不具有魔法能力而个人拥有魔法这一点上可以判断魔法能力不是显性遗传；而从父母都是巫师但个人不是魔法能力者的存在可以判断也不是隐性遗传，由此可见魔法遗传并非是一种简单的遗传方式。接着老师给我们分析了几篇自从《哈利·波特》问世以来学术界关于魔法能力遗传方式的严肃的论文。带着些许荒谬感，但更多是感动，我们阅读着各种猜测，比如可能巫师性状与麻瓜性状分别由两对等位基因控制，探索它们存在的漏洞，同时借着这个主题学习其他遗传类型，比如表观遗传等。第二节课，我们将视线聚焦于温暖亲切的韦斯莱家族，探究红发韦斯莱们的家族遗传。第三节课，我们由韦斯莱双生子具有的相似个性衍生到克隆技术带来的生物的相同之处上。老师介绍了克隆的基本原理与克隆发展史，克隆是人类在遗传学领域付诸实践的一次伟大探索，多利羊的诞生是一个值得铭记的时刻；而科学的真实性是基础保证，是不可违反的，韩国黄禹锡克隆胚胎干细胞的造假事件表明真相难被虚假掩盖，被名利缠身而失去探究本心必遭人唾弃。

从第一节课到第三节，我们在老师的带领下按照由整体切入局部的顺序，通过关于魔法世界的故事了解了丰富的遗传学知识，作为课内生物课中细胞与遗传部分的扩展，激起了我们更多的好奇心，提供了许多课题研究的方向。课堂上带着细致图解与严谨论文参考的遗传学知识，构成精彩实在的课程基础；老师的讲解逻辑清晰而生动有趣，有节奏有重点地将这三节课安排得新颖又充实。此外，老师还分享了她大学时期研究的课题，对我们而言是极其宝贵的遗传学的实际运用，也开启了我们对未来的展望。

魔法世界对我们而言是永存的情怀和温暖的归宿，学习遗传学知识则是我们对这个世界重要的实际认识渠道，而这门极具创新性的微型课程将两者结合于一体，实在是对我们的好奇心与求知欲的极大满足。这短暂的三节课意义非凡！

（2024 届　叶欣瑶）

总的来说，"哈利·波特的遗传学世界"是一门有趣又充实的发展课。

第一节课主要分析了魔法是显性还是隐性遗传的问题。以哈利的故事为背景，联系我们在常规课程中学习到的遗传学知识，在轻松愉悦的氛围中，再度领略了哈利·波特的魅力，也"润物细无声"地巩固了遗传学的相关知识。这样的学习方式，使书本上的知识变得生动起来。第二节课主要从韦斯莱一家窥探生物学知识。比如韦斯莱家族的典型特征——红发，引领我们走进了其背后的遗传学世界。第二节课的内容就远远超出了课本，比如老师给我们介绍了红发的遗传学原理：人类头发颜色是由真黑素和褐黑素决定的，MC1R 基因突变导致主要合成的是褐黑素，足够多的褐黑素便会呈现红发的性状。同时，老师也科普了这种基因突变常常伴随的情况，如皮肤白皙、雀斑、容易晒伤等。在此基础上，老师进一步讲解了一些影响基因表达程度的因子，这让我印象颇深，原来生物所表现的性状不止是简单的一对等位基因所控制的，"哈利·波特的遗传学"这门课程仿佛为我开启了深邃的遗传学的大门，遗传，显得更加神秘也更加有趣了。第三节课则从《哈利·波特》中的其他人物入手，拓展了克隆技术、基因治疗等一系列新兴的技术，让我们得以一窥科学的前沿。

总而言之，这门课以《哈利·波特》为背景赋予遗传学生动有趣的形象，让同学们真正走进课本，也走出课本，收获颇丰。

（2024 届　邢然珂）

◎ **教研组反馈：**

根据新课标，核心素养中的生命观念包含了结构功能观、遗传进化观、物质能量观等。其中，结构与功能观的建立比较"显性"，可以通过模型展示、解剖观察等诸多手段让学生通过归纳概括形成。相比而言，遗传与进化观则因为研究对象的时间跨度问题，反而常常落于纸面，甚至出现完全依靠记忆背诵或者通过大量刷题等手段进行概念的落实。通过耿芳老师的课例，我们发现了两条落实遗传与进化观的有效路径：其一是将长篇小说的长时间维度作为一种宝贵的"遗传资源"，让学生们进入"既虚构又真实"的情境。其二是融合生命观念与社会责任，我们常规教学中用的最多的是遗传学的"病例"，虽然有意义但讨论起来也有些沉重。社会责任的外显是对周遭的一切保持一颗关爱之心。因此，遗传学的教学也需要大量"有趣""生动"的情景加入，如此也更符合中学生的心智模式。耿老师的这节选修课从名称到内容都非常新颖，也深受学生们的喜爱。而这种从"经典小说"入手，构建情境、挖掘生物学内涵的选修课开发思路也值得学习。

（教研组长　张智顺）

案例四　认识大闸蟹
（生命观念）

◎ **课程开发**：肖书生

◎ **课程类别**：小型课程（0.5 学分）

◉ **课程目标：**

通过对中华绒螯蟹的生物学特性及文化经济价值的学习，认识中华绒螯蟹在生物学研究和社会应用中的重要价值；通过解剖对比，辨析无脊椎动物与脊椎动物的差异，培养观察现象、发现问题的能力；通过对中华绒螯蟹相关研究的学习，认识科学探究从发现问题、作出假设、设计实验、实施实验、分析数据到得出结论这一系列过程，提高科学探究能力。

◉ **课程由来：**

很久以来，上海地区的人们一直钟情于吃大闸蟹。根据历史文献记载，上海及周边地区向来就盛产蟹类，先民们很早就开始捕蟹、吃蟹，大闸蟹的"闸"字也与上海密切相关。早在20年前，上海已经是当时最大的大闸蟹消费市场。由此可见，大闸蟹对于上海地区的人们来说有着特殊意义。"认识大闸蟹"这一课程是基于《普通高中生物学课程标准》（2017年版2020年修订）的选修课程建议中的"地方特色动植物研究"模块而开设的，向学生讲授中华绒螯蟹的生物学特性、经济文化价值以及相关科学研究，并安排解剖实验课，鼓励学生通过观察提出问题，作出假设并设计实验。本课程旨在激发学生学习生物学的兴趣，通过对一种动物的认识初窥动物学知识，提高观察现象和发现问题的能力，感受科学探究的部分过程，提升学生的理论实践结合能力。

◉ **课时安排：**

课时	课程内容
第一课时	中华绒螯蟹的分类学地位、生活史、经济和文化价值
第二课时	中华绒螯蟹的身体构造
第三课时	中华绒螯蟹的解剖一（实验课）
第四课时	中华绒螯蟹的解剖二（实验课）
第五课时	中华绒螯蟹相关科学研究一
第六课时	中华绒螯蟹相关科学研究二

◎ **课程内容：**

第一课时：中华绒螯蟹的分类学地位、生活史、经济和文化价值

【中华绒螯蟹分类学地位】中华绒螯蟹（学名：Eriocheir Sinensis）是节肢动物门、甲壳纲、十足目、方蟹科、绒螯蟹属动物，俗名河蟹、螃蟹、毛蟹、胜芳蟹、清水蟹、大闸蟹。古名郭索，别称横行介士和无肠公子。

【中华绒螯蟹生活史】

（1）受精卵：受精卵在雌蟹腹肢内肢刚毛上孵化，孵化率很高。

（2）溞状幼体：中华绒螯蟹初孵幼体称溞状幼体，溞状幼体营浮游生活，每 2～5 天蜕皮 1 次。伴随着每次蜕皮，溞状幼体的形态发生变化，第 1、第 2 颚足外肢末端的羽状刚毛数、尾叉内侧缘的刚毛对数以及胸足与腹肢的雏芽出现与否是分各期溞状幼体的主要依据）。溞状幼体具有趋光性，依靠颚足的划动和腹部不断伸曲来游泳和摄食。

（3）大眼幼体：溞状幼体经 5 次蜕皮，第 5 期溞状幼体蜕皮即变态为大眼幼体，大眼幼体胸甲扁平，体长 4～5 毫米，复眼大而显著，故称大眼幼体，也称蟹苗。大眼幼体具螯足、步足和游泳肢，具有较强的攀爬能力和快速游泳能力，也可攀附水草上，能短时离水生活。

（4）仔蟹：大眼幼体蜕皮即成为仔蟹，腹部折贴于头胸部之下，已具备 5 对胸足，腹部附肢退化，形态与成蟹相似。仔蟹似黄豆大小，故也称豆蟹。

（5）幼蟹：仔蟹继续上溯进入江河、湖泊中生长，经过若干次蜕壳，逐步生长为幼蟹（蟹种）。幼蟹体形渐成近方形，能爬行和游泳，开始掘洞穴居。

（6）成蟹：中华绒螯蟹在淡水中生活 2 秋龄后，沿江河而下，到达河口咸淡水中交配繁殖，这就是生殖洄游。生殖洄游前，个体较小，壳色土黄，被称为"黄蟹"。每年 8～9 月，"黄蟹"完成最后一次蜕壳（又称生殖蜕壳）后，即进入成蟹阶段，此时背甲呈青绿色，称为"绿蟹"。"绿蟹"甲壳不再增大，而性腺迅速发育，体重明显增加。

（7）性成熟："绿蟹"卵巢已逐渐接近肝脏重量；进入交配产卵阶段，卵巢重则明显超过肝脏，体积和颜色变化显著。卵巢中卵细胞是分批发育成熟的。

（8）交配：随着中华绒螯蟹的生殖洄游，其性腺越趋成熟。当亲蟹群体游至入海口的咸淡水交界处时，雌雄亲蟹进行交配产卵。12 月到翌年 3 月，是中华绒螯蟹交配产卵的盛期，交配产卵的适宜温度为 8～12℃。水温 8℃以

上，性成熟的雌雄蟹只要一同进入盐度 7～33 的海水环境中，均能顺利交配。

（9）产卵：雌蟹交配后，卵子经输卵管与纳精囊输出的精液汇合，经由雌孔产出。受精卵仍为酱紫色或赤豆沙色，卵径 0.3 毫米左右。

【经济价值】20 世纪 70 年代开始，中华绒螯蟹的人工养殖开始逐渐发展。目前，中华绒螯蟹的人工养殖已成为中国淡水名特优新品种养殖中的主导产业和支柱行业，在推动中国淡水养殖生产持续健康地发展中发挥着至关重要的作用，具有重要的经济价值。

【文化价值】中华绒螯蟹很早就出现在中国人的文字里。《荀子·劝学》中写道："蟹六跪而二螯，非蛇鳝之穴无可寄托者，用心躁也。"古人也很早就将蟹的美味与风度联系在一起。《世说新语·任诞》中记载了一个故事："毕茂世云，一手持蟹螯，一手持酒杯，拍浮酒池中，便足了一生。"到了明清时期，吃蟹的风俗习惯、烹饪方式都已经非常考究。曹雪芹的《红楼梦》第三十八回"林潇湘魁夺菊花诗　薛蘅芜讽和螃蟹咏"中，就有十分精彩的吃蟹桥段，可见中华绒螯蟹在中国文人心中的重要地位。

第二课时：中华绒螯蟹的身体构造

【中华绒螯蟹身体构造】

（1）头胸部：河蟹的头部和胸部统称为头胸部，由"背甲（头胸甲）"和"腹甲"包被。头胸甲表面凹凸不平，有很多与内脏相对应的区域，如"胃区""鳃区"等。头胸部的腹面被腹甲所包被，腹甲中央有腹甲沟，两侧由对称的 7 节胸板组成，1～3 节胸板愈合。腹甲上有生殖孔开口：雌性生殖孔位于第 5 节，雄性位于第 7 节。

（2）腹部：腹部折叠在头胸部下方，俗称"脐"，共有 7 节组成。幼蟹阶段脐的形状均为三角形，以后随着生长开始变化：雄蟹呈三角形，俗称"尖脐"；雌蟹呈半圆形，俗称"团脐"。腹部四周有绒毛，内侧有腹肢。

（3）消化系统：包括口、食道、胃、中肠、后肠和肛门。食道——食道很短，末端通入胃。胃——呈三角形，胃内有咀嚼器（又称"胃磨"）。中肠、后肠、肛门——肠道连接胃，胃内被研磨后的食物与消化液一起进入中肠消化吸收，消化不了的食物通过蟹脐中央的后肠，最后从末端的肛门排出。肝胰脏（俗称蟹黄）是河蟹重要的消化腺，分为左右两叶，由很多细枝状的盲管组成，有一对肝管通入中肠，输送消化液帮助食物消化。

（4）循环系统：心脏——心脏呈六角形，发出 7 条动脉，分布到身体各个部位。河蟹的循环系统是开放式的，由心脏将血液压出，经动脉到微血管，流入各细胞间隙，再汇集到心血窦，经过鳃血管，在鳃内进行气体交换，然后再汇入心腔，从心腔的 3 对心孔回到心脏，如此循环往复。

（5）呼吸系统：河蟹的鳃位于头胸部两侧的鳃腔内，共有 6 对鳃片，海绵状，健康鳃的颜色呈灰白色。鳃腔具有进、出水孔，进水孔位置在螯足基部，出水孔位置在口器附近。血液从鳃中的血管中流过，溶解在水中的氧气和血液中的二氧化碳，通过扩散进行气体交换，完成呼吸过程。

（6）神经系统：河蟹具有两个中枢神经系统：一是脑神经节发出触角神经、眼神经等。二是胸神经节向两侧发出神经分布到 5 对胸足，向后发出到腹部，为腹神经节。

（7）生殖系统：雌性生殖器官——包括卵巢和输卵管。卵巢呈 H 形有一对很短的输卵管，输卵管末端各附一个纳精囊，开口于腹甲第 5 节的雌孔。雄性生殖器官——精巢乳白色，左右两个，位于胃的两侧，两页精巢的下方各有一个输精管。输精管前端细，后端粗大，为储精囊。副性腺在储精囊的后方，分泌物黏稠，呈乳白色。

（8）排泄系统：触角腺是河蟹的排泄器官，是一对卵圆形的囊状物，由腺体和膀胱组成，在胃的上方，开口在第二触角的基部。

第三课时：中华绒螯蟹的解剖一（实验课）

【背景】中华绒螯蟹是甲壳纲动物的代表性物种，解剖中华绒螯蟹对于认识甲壳纲动物的特点有重要意义。通过比较中华绒螯蟹与人体的结构，分析脊椎动物和无脊椎动物的差异及其意义。

【实验材料】中华绒螯蟹、剪刀、镊子、解剖针、注射器、离心管。

【实验过程】

（1）观察外部形态（头胸甲、腹甲、附肢）。

（2）使用注射器从中华绒螯蟹幼蟹第三步足基部抽取血淋巴。

（3）使用剪刀、镊子和解剖针分离肝胰腺、胃部、肠道和鳃。

【分析与讨论】

（1）中华绒螯蟹的开管式循环与人体的闭管式循环相比有哪些优缺点？

（2）如何找到中华绒螯蟹的神经系统？

（3）在解剖过程中，有没有发现一些你感兴趣的问题？请根据你发现的问题作出假设并设计实验。

第四课时：中华绒螯蟹的解剖二（实验课）

【背景】蒸制是中华绒螯蟹的常规做法，蒸熟后的中华绒螯蟹与生的中华绒螯蟹从外观、可食用性以及营养组成都存在一定差异。通过对比解剖以及查阅资料，探究这些差异以及背后的原因。

【实验材料】中华绒螯蟹、剪刀、镊子、解剖针。

【实验过程】

（1）观察外部形态（头胸甲、腹甲、附肢）。

（2）使用剪刀、镊子和解剖针分离肝胰腺、胃部、肠道和鳃。

【分析与讨论】

（1）中华绒螯蟹的外骨骼加热后发生了什么变化？为什么？

（2）中华绒螯蟹的肝胰腺发生了怎样的变化？

（3）在解剖过程中，有没有发现一些你感兴趣的问题？请根据你的观察并查阅资料，提出问题、作出假设并设计实验。

第五课时：中华绒螯蟹相关科学研究一

【背景】中华绒螯蟹作为重要的经济水产品，具有很高的食用价值。如何更加科学地比较和评估其食用价值，是重要的研究课题。

【加工方式对风味的影响】为探究不同烹饪方式对中华绒螯蟹品质的影响，比较了四种烹饪方式（冷水蒸制、冷水煮制、热水蒸制、热水煮制）下中华绒螯蟹不同部位游离氨基酸、核苷酸及虾青素含量，同时进行感官品质评定。结果表明：热水处理下肌肉和性腺中游离氨基酸总量、鲜味氨基酸总量、头胸甲中的虾青素含量均显著高于冷水处理组；4 种烹饪方式下中华绒螯蟹可食部分红度、甜味有显著差异，其中热水熟制组性腺较甜，冷水蒸制组性腺和肝胰腺较红，总体上热水蒸制组得分最高，因此，热水蒸制是烹饪中华绒螯蟹的优选方式。

【生活环境对风味的影响】为比较稻田养殖、湖泊养殖和长江野生这三种环境下，中华绒螯蟹蟹肉挥发性风味特征的差异，采用电子鼻和顶空固相微萃取-气质联用技术进行分析。结果表明，稻田养殖雌雄蟹肉风味轮廓最为相似，而长江野生雌蟹肉的风味轮廓较为独特，可明显区分。醛类是蟹肉风味的主要贡献物，且稻田养殖蟹与长江野生蟹的醛类含量较高，湖泊养殖蟹最低。蟹肉气味活度值结果表明，稻田养殖雌蟹和雄蟹蟹肉气味活度值的总和均最高。此外，3种生态环境蟹肉的特征风味均以鱼腥味、青草味和清香味为主，其中长江野生雌蟹具有独特的水果香味，稻田养殖蟹的鱼腥味比湖泊养殖蟹和长江野生蟹强，但稻田养殖蟹的青草味、清香味更突出。

第六课时：中华绒螯蟹相关科学研究二

【背景】中华绒螯蟹作为甲壳动物的代表性物种，具有重要的科研价值。

【造血组织及造血作用机理的研究】造血激素（Astakine）是甲壳动物中发现的参与造血的细胞因子。科学家从中华绒螯蟹的 EST 数据库中鉴定并克隆得到了一个全长为 1 163 bp 的 EsAstakine 基因，用其编码一个含 128 个氨基酸的短肽。EsAstakine 二级结构包括一个信号肽结构域和一个前动力蛋白结构域，其中有 9 个保守的半胱氨酸残基。EsAstakine 与淡水龙虾和斑节对虾中的 Astakine 在序列和进化上更为接近。EsAstakine 的 mRNA 主要在血淋巴细胞和肝胰腺组织中表达，并且鳗弧菌和毕赤酵母的刺激可以显著提高血淋巴细胞中 EsAstakine 的表达量。在嗜水气单胞菌的刺激下，EsAstakine 的表达水平和血淋巴细胞的总数变化趋势一致。注射 EsAstakine 重组蛋白可以显著提高血淋巴细胞的总数和造血组织细胞的 ROS 水平，也可以引起 JNK 和 mTOR 信号通路相关基因的表达水平上升。EsAstakine 的 RNA 干扰可以显著延迟由嗜水气单胞菌刺激引起的血淋巴细胞增多，并且减少造血组织细胞的 DNA 复制活动。同时，线粒体上的 ROS 重要产生基因 mitochondrial complexes 1 的干扰，不仅可以降低造血组织细胞的 ROS 水平，同时可以显著抑制由 EsAstakine 的重组蛋白注射引起的血淋巴细胞数目的增多。上述结果表明在病原刺激条件下，血淋巴细胞产生大量 EsAstakine，EsAstakine 随循环系统作用于造血组织细胞，引起胞内 ROS 水平上升，可能通过激活 JNK 通路，促进造血细胞的分化以及血淋巴细胞的再生。

【断肢重生对中华绒螯蟹的影响】断肢蟹当期蜕壳的步足再生率为 7.6%，第 2 次蜕壳后的再生率为 91.6%。断肢蟹与正常蟹的成活率相当，断肢蟹在断肢当期的蜕壳周期显著长于正常蟹，但蜕壳后增质量率显著高于正常蟹，而第 2 次的蜕壳周期显著短于正常蟹。中华绒螯蟹幼蟹发生断肢后能在 2 个蜕壳周期内完成再生，且与正常蟹在成活率、蜕壳周期和蜕壳后增质量率上差异无统计学意义。EcR 和 MSTN 基因对促进中华绒螯蟹再生肢体的生长发育有重要作用，断肢蟹可在生产上继续使用。

◎ **课程评价方案：**

本案例结合本课程的课程目标及课程内容，依据新课标中科学探究的学业质量标准描述，本课程评价的主要内容为"学生科学探究的能力"，即学生是否具备了观察能力、发现问题的能力、设计和实施探究方案以及探究结果的分析、交流等能力。评价方式主要为口头报告及课堂行为观察，主要评价学生的学习态度和能力、学习热情及情感体验。教师可以用谈话、鼓励等形式及时反馈评价情况，促进师生互动，激发学生的潜能。根据学校的整体规划，小型选修课程要有适当评价方式，对每位学生进行客观科学的评价。

◎ **课程实施反思：**

本课程是在"课程即素养"指导思想下设计的指向科学探究的选修课程。根据本课程设计指南，课程的关键词是"好奇心、求知欲"，主要指向的课程目标是提供学生一定的体验实践，并以此激发学生的兴趣，引发进一步的探究活动。在课程开设过程中，采用了多种形式进行教学，如播放纪录片和漫画形式的知识讲解，生动形象。在实验课上，严格落实实验操作规范，鼓励学生在解剖时多进行观察比较和发现问题，并进行逻辑分析作出合理假设，设计实验。在介绍中华绒螯蟹研究文献时，重点介绍研究背景，进行情境构建，争取还原科学探究的完整过程，在学习中掌握科学探究的基本思路和方法，增强对自然现象的好奇心和求知欲。

◎ **学生反馈：**

大闸蟹不但味道鲜美，而且具有很高的营养价值。根据《中国食物成分表》，大闸蟹中每 100 克可食用部分含蛋白质 17.5 克，其中必需氨基酸含量丰富且结构合理，相比畜肉类蛋白质更易于消化。同时还含有对独特风味形成十分重要的谷氨酸、半胱氨酸、甲硫氨酸等呈味氨基酸。除了必需氨基酸，大闸蟹中必需脂肪酸的构成可谓优秀，其中饱和脂肪酸、单不饱和脂肪酸、多不饱和脂肪酸的比例约为 1∶1∶1。除此之外，大闸蟹喜食水域中的水草，再配合饲料投喂，蟹肉中 DHA 和 EPA 的含量也比较高，对调控脂代谢、减轻慢性炎症反应十分有益。虽然其胆固醇含量比较高，仍远不及鸡蛋中胆固醇的含量。总而言之，大闸蟹的营养价值可以用"低脂、低能量、高胆固醇、高优质蛋白和维生素"来概括。大闸蟹本质是一种食物，如果没有独特的鲜美味道和足够的营养价值，其麻烦的吃法就会让食客畏难却步，也就无法在餐桌上盛行起来。

（2025 届　曾子渊）

很多年来，阳澄湖大闸蟹几乎是"正宗"大闸蟹的代名词，许多挑剔的食客非它不吃。阳澄湖大闸蟹之所以出名，与它的地理位置有着密切关系。阳澄湖是长江口大闸蟹洄游路线上最近的湖泊之一，它水草茂盛，水质清澈，饵料丰富，特别适合大闸蟹生长，所以自古就以盛产优质大闸蟹闻名。然而近十年来，阳澄湖大闸蟹过度养殖，天然资源遭到严重破坏。随着阳澄湖围栏养蟹布满全湖，水草逐渐稀少，水质也越发混沌，阳澄湖大闸蟹的质量也因此有所下降。从阳澄湖大闸蟹的衰落我们不难看出，当下的环境问题实实在在在困扰了许多蟹民，许多以此为生的人不得不转投其他地方，而阳澄湖的天然资源，生态环境也遭到不断破坏。我们需要做的，或许只是保护好环境，给大闸蟹、给蟹民一个舒适安全的环境。

（2025 届　魏嘉懿）

解剖课是最令人印象深刻的。我十分不擅长对活物下手，在面对活力十足的蟹时显得很狼狈，蟹几次险些挣脱控制，更有一次爬到桌子边缘，夹住报纸才停手。因为能力不足，几次抽血都失败了，不得以将其腿一一剪去，才在最后勉强抽出可怜的一点。打开两层蟹壳也费了一番工夫，一一对照寻找器官并将其小心地完整剥离开的过程同样耗费心神。整个过程卡点完成，随后几个小时我的右手因为持续用力一直在不自觉地颤抖。不过这次解剖体验无论是对深化认识，还是提高动手能力和磨练心性都很有意义。

（2025 届　张茗之）

最有意思的，还得是那一节实验课。一只生蟹，一只熟蟹，生蟹腥，熟蟹香。我们的目的是取出内脏并抽取血淋巴，但折断了六条腿，都没能抽出很多蓝色的血淋巴。我们打开了生蟹的蟹壳，心脏正在跳动，取出之后还跳动了很久。当镊子触碰肝胰腺时，蟹仅存的两条腿开始剧烈抽动起来。蟹是开管式循环动物，没有脊柱也没有大脑，不会有喷涌的血。见到了一只生蟹的痛苦，我决心以后吃肉要吃干净。

（2025 届 朱越茗）

◎ **教研组反馈：**

根据新课标中对于生命观念的阐述，生命观念形成的前提是构建一套有内在逻辑的概念体系，即"由概念到观念"，而形成特定的概念则需要基于大量的事实，进行观察、统计、归纳、提炼等思维加工过程。基于此，肖书生老师设计开发了这门选修课程，意在带领学生亲身探索，通过系统性的解剖实践，对中华绒螯蟹的结构进行观察，并组织分享。本课程由三个由浅入深的板块组成，即联系生活实际、进行解剖观察、分享科研前沿。学生从简单的"吃货"成了一名有一定鉴别能力的"食客"，又从"食客"晋升成为大闸蟹方面的"小专家"。从学生的反馈中可以发现，有的学生对江南地区大闸蟹的人文历史产生了兴趣，还有的学生则"终生难忘"解剖课上的经历。肖老师师从华东师范大学生命科学学院陈立侨教授，研究生阶段就对中华绒螯蟹开展研究，并于 2020 年发表了毕业论文《低氧胁迫对中华绒螯蟹幼蟹的生理影响及其营养改善对策研究》。可见，教师能够以个人的科研经历作为背景，开发适合高中生的生物学选修课程或可以成为一种可行的课程研发路径。

（教研组长 张智顺）

案例五 动物学导论
（科学思维）

◎ **课程开发**：王一名

◎ **课程类别**：中型课程（1 学分）

◎ **课程目标**：

普通动物学是动物科学、生物科学、生理学等专业的专业教育必修课。本课程系统和完整地介绍了各种动物的形态特征和分类地位、生活方式。通过理论课的教学，加深学生理解和巩固课堂所学知识，提高观察分析问题的能力；培养科学的、严谨的、实事求是的学风，为学习专业基础课和专业必修课打好基础。

◎ **课程由来：**

《普通高中生物学课程标准（2017 年版 2020 年修订）》必修部分要求学生掌握"尝试通过化石记录、比较解剖学和胚胎学等事实，说明当今生物具有共同的祖先"。同时在"学业要求"中也提出学生需要学会分析不同类型的证据，探讨地球上现存的丰富多样的物种是由共同祖先长期进化形成的（生命观念、科学思维、社会责任）；基于可遗传的变异，以及变异可能带来的生存与繁殖优势等方面的实例，解释生物的适应是自然选择的结果（生命观念、科学思维）。

根据《课程标准》的要求，本课程的设计思路为：

（1）以动物演化为线索，突出进化历史中发生重大质变的事件（例如细胞、体制、胚层、体腔、体节、脊索等）及其与动物组织、器官、系统出现或复杂化的相关性，使学生能结合动物进化发展的内在联系来掌握动物类群的主要特征及其发生、发展的主要规律。对各类群及其代表动物的选取，以演化上、科学研究上有重要意义的作为重点，并以我国动物为首选代表；着重加强基础的同时根据动物学发展的现状，适当增加非重点的以及新发现的小门类。

（2）及时补充与融合现代动物科学知识和动物学宏观与微观研究前沿的最新成果，如进化理论、行为学、动物资源保护与可持续利用、人与自然的和谐发展等，以及联系、反映发育生物学、分子生物学、基因组学有关的新知识，引导学生提出尚未解决、有待研究的问题。

◎ **课时安排：**

课时	内容
第 1—2 课时	生物的分界及动物在生物界中的地位
第 3—4 课时	动物体的基本结构与功能——组织
第 5—6 课时	原生动物和多细胞动物的起源
第 7—8 课时	腔肠动物和扁形动物
第 9—10 课时	假体腔动物和环节动物
第 11—12 课时	软体动物、节肢动物和棘皮动物

⦿ **课程内容:**

第1—2课时:生物的分界及动物在生物界中的地位

【生物的分界及动物在生物界中的地位】分类学是按照生物的自然属性,将结构和功能相近的生物聚类,以研究不同生物在演化规律支配下先后出现顺序的学科。根据细胞生物学和分子生物学的研究结果,按从简单到复杂的趋势,细胞的类型可分为原核细胞、古细菌(型细胞)和真核细胞三类。细胞是组成一切生物的基本组成单位,根据所含细胞类型,可以将生物分作原核生物、古细菌和真核生物三域。演化的另一个趋势是从单细胞生物到多细胞生物。原核生物域和古细菌域仅存在单细胞生物,分别称为原核生物界和古细菌界。真核生物域中,既存在单细胞生物,亦存在多细胞生物。单核真细胞生物自成一支,称作原生生物界。真核多细胞生物则按照是否进行光合自养以及是否具有细胞壁两个标准分成了三支:具有细胞壁营自养生活的为植物界;具有细胞壁营异养生活的为真菌界;不具细胞壁营异样生活的为动物界。

在生态系统中,根据不同生物在能量流动和物质循环过程中承担的角色,将生物分为生产者、消费者和分解者。生产者负责将无机态的二氧化碳等转化为有机物,并将太阳能转化为化学能储存在有机物中;分解者将有机物转化为无机物并释放其中的化学能以维持自身生命活动;消费者可以加速物质和能量从生产者到分解者的流动速度。绝大部分动物属于消费者,少数食腐动物属于分解者。动物的活动还可以帮助作为生产者的植物进行生殖活动,如昆虫传播花粉。

【动物学的发展及研究动物学的方法】动物的命名采用的是林奈确定的双命名法,即属名+种加词,种加词为发现者的英文名。在光学显微镜发明之前,动物学的研究处在描述性阶段,即通过比较、探讨不同生物结构和功能的异同点来总结生物演化的规律。随着分子生物学的发展,动物学的研究进入了微观阶段。对于一些通过宏观性状难以区分演化关系的物种,可以先通过全基因组测序获得基因组信息,再通过生物信息学的方法获得更加可靠的物种间的演化关系。现存动物主要分为如下几门:原生动物门、多孔动物门、腔肠动物门、扁形动物门、圆形动物门、环形动物门、节肢动物门、软体动物门、拟软体动物门、毛腭动物门、棘皮动物门、脊索动物门。

第3—4课时：动物体的基本结构与功能——组织

【概述】细胞是一切动物的基本组成单位。组织是生物学中介于细胞和完整器官之间的生物组构层级，它由许多属于同一器官的形态相似的细胞以及细胞外基质组成，并且具有一定功能。不同的组织分工合作形成器官。动物的受精卵经过细胞分裂、分化，可形成上皮组织、肌肉组织、神经组织和结缔组织等基本组织。

上皮组织简称上皮，被覆于各结构界面处，由规则密集排列的上皮细胞和少量细胞间质组成。部分上皮细胞发生特化，可以形成具有分泌功能的腺体、感受器，或产生各种衍生物如爬行动物的鳞片、鸟类的羽毛、哺乳动物的毛发等。

肌肉组织是组成动物身体肌肉的软组织，肌肉的收缩是透过肌肉组织进行的。哺乳类有三种肌肉组织：骨骼肌、平滑肌及心肌。平滑肌和心肌都可以在没有意识介入的情形下自发性的收缩，称作不随意肌。骨骼肌只会在有意识下收缩，是受到中枢神经系统的影响，称作随意肌。反射是一种骨骼肌的无意识动作，虽然进行时不会有大脑皮质的介入，但仍然是由中枢神经系统使其动作。

神经组织由神经元和神经胶质细胞组成，是神经系统中重要的组织成分。神经元是一种具有特殊功能的细胞，它能够接收并传导神经冲动。神经元包括胞体、轴突、树突三部分。树突是呈树枝状的细小的有分支的突起，它接收电化学信号，从而使细胞内的电位发生变化。轴突是将动作电位从细胞体传递到下一个神经元的长突起。轴突的球状末端，称为轴突终末，通过突触间隙与下一个神经元的树突相接。当动作电位传递到轴突终末时，神经递质通过突触前膜释放并与突触后膜上的受体结合，使得神经冲动继续传导。神经元通过突触相连接形成复杂的神经网络，具有感受内外刺激、传导整合信息的能力。通过神经元之间的联系，可以分析或贮存接受的信息，并传递给各种效应细胞。它们是意识、记忆、思维和行为调节的基础。神经胶质细胞的数量为神经元的10～50倍，对神经元起支持、保护、分隔和营养的作用，也参与神经递质和活性物质的代谢。

结缔组织为脊椎动物基本组织之一，由细胞和大量细胞外基质组成。广义上的结缔组织包括固有结缔组织、软骨组织和骨组织、血液以及淋巴。结缔组织具有多种功能，这取决于细胞的类型和所涉及的不同类型的纤维，主要有连接、支持、保护、防御、营养、修复和储水等。

第5—6课时：原生动物和多细胞动物的起源

【从单细胞到多细胞】最早出现的动物是原生生物界中的单细胞动物，如草履虫等。由于自身不能进行光合作用，原生动物在生长过程中需要不断从外界摄入各种有机物。由于大分子有机物不能跨过细胞膜，细胞在摄入有机物时需要首先在细胞膜外的空间将大分子有机物分解成可溶的小分子有机物，再通过扩散或主动转运使其进入细胞质。原生动物细胞外是流动的水环境，若直接将消化酶分泌到细胞外，则消化酶不能达到足够的浓度，因此原生动物在处理外界有机物碎屑时，首先细胞膜伸出长长的伪足将有机物残骸包裹在其内部，接着形成内吞泡，再将各种水解酶分泌到内吞泡中，这样便可实现对外环境中有机物的消化（在拓扑学上，内吞泡内的空间等价于细胞质膜外的空间）。外环境中有机物颗粒的出现往往来自其他生物死亡时留下的遗体，产量有限。为了提高获取有机物的能力，部分原生动物开始演化出主动捕食其他活细胞的能力。比如原生动物肉足纲中的阿米巴虫，就可以通过分泌消化酶的形式，破坏其他细胞的质膜，直接吸取对方的原生质，或者将较小的细胞个体吞入自己细胞内。为了抵御捕食，许多单细胞生物逐渐开始从独居生活走向群聚生活（比如团藻）。许多完全相同的细胞聚集形成的群体和多细胞生物仍有本质上的区别。从单细胞到多细胞是生物从低级向高级发展的一个重要过程，代表了生物进化史上一个极为重要的阶段。许多古生物学的证据比如化石证据、形态学的证据、胚胎学的证据等都可以证明多细胞生物是由单细胞生物逐渐演化而来的。

【胚胎发育的重要阶段】多细胞生物和单细胞生物最大的区别在于，单细胞生物的卵一旦受精，不需要分化便直接产生完整的个体，或者受精卵进行一次减数分裂，产生单倍体的单细胞生物。多细胞生物在卵细胞受精后，必须经历细胞分裂和分化的过程，在体内产生多种不同类型的细胞，这个过程称为胚胎发育。

多细胞生物的胚胎发育分为如下几个过程。第一步是受精，即精卵结合成受精卵的过程，这是有性繁殖的起点，由受精卵发育成新个体。第二步是卵裂，在这一过程中受精卵进行分裂。但是细胞只进行分裂而不长大，分裂成的细胞越来越小，但胚胎总体积基本保持不变。有些动物的受精卵完全卵裂，比如文昌鱼、蛙等；有些动物的受精卵则不完全卵裂，比如仅仅在表面卵裂而中心卵黄区不变的昆虫和鸡。第三步是囊胚的形成，卵裂后期一般形成一个中空的球状胚，称为囊胚，中间的空腔叫囊胚腔，外面的细胞层叫囊胚层。囊胚腔中的每一个细胞仍具有全能性，若此过程中囊胚因为外界刺激出现了分裂，裂开的每一部分都可发育成一个完整个体，这些个体彼此之间基因完全相同，即为同卵双（多）胞胎。第四，胚胎发育中最重要的一步便是原肠胚的形成。受精卵以及卵裂形成的囊胚是完全球对称的结构，但是多细胞生物的成体往往只有 1 个对称轴。因此原肠胚阶段最重要的便是建立胚胎的不对称性。在这一阶段，囊胚中细胞根据所含卵黄多寡，分裂速度开始出现快慢之别，分化出内、外两胚层。第五，胚胎发育的下一个阶段是中胚层及体腔的形成（少数低等无脊椎动物仅有两个胚层）。原肠胚继续发育，在内外胚层之间形成中胚层，至此胚胎的不对称性完全建立。第六，也是胚胎发育进行到最终环节——胚层的分化。在这一过程中，外胚层分化成上皮组织（皮肤腺、羽毛、毛等皮肤衍生物、感受器细胞）和神经组织；中胚层分化成肌肉组织和结缔组织（骨，生殖系统、排泄器官）。内胚层分化成消化道的大部分上皮、消化道衍生物（肝、胰）和呼吸器官等。

在胚胎发育过程中，往往会经历系统发展简单而迅速的重演。比如人的胚胎在发育的早期阶段出现了鳃裂和尾，中期胚胎似两栖动物和爬行类动物，最后发育成人。这个现象在各种动物的胚胎发育阶段都存在，被称作重演律，是德国生物学家海克尔于 1866 年提出的。个体发育不仅简短重演系统发展，而且又能补充和丰富系统发展。是各种不同生物体从一个共同祖先逐步进化而来的有力证据。

第 7—8 课时：腔肠动物和扁形动物

【腔肠动物】所有腔肠动物终生生活在水中，故身体呈辐射对称。腔肠胚胎发育中仅具有内外两胚层。内胚层细胞形成成体的消化循环腔，具有真正的细胞外消化能力，但消化道仅一端开口，口兼具肛的作用。外胚层形成的体表中含有刺细胞，可射出毒针以麻痹猎物，因此腔肠动物又称作刺胞动物。生殖方式以出芽生殖或产生生殖细胞为主。本门代表动物有水螅、水母和珊瑚等。腔肠动物与人类的生产生活有着密切关系并具有较高的价值。生命科学研究中最常使用的绿色荧光蛋白和红色荧光蛋白分别克隆自水母和珊瑚的基因组；大型水母内外层细胞间的中胶层即为人们日常食用的海蜇皮。

【扁形动物】生命演化的一个趋势是从水生到陆生，扁形动物是最早从原始海洋登陆的生物之一。同水生生境相比，陆生生境非常复杂。一方面，各种物理化学生物因素在陆地表面分布高度不均衡，陆生动物需要对特定方向的刺激产生快速的反应，因此陆地生物身体多两侧对称；另一方面，陆地上没有水的浮力，因此陆生动物必须产生肌肉组织和结缔组织来对抗重力以撑起身体，因此扁形动物在胚胎发育阶段出现中胚层。由于扁形动物是过渡类型，尚无呼吸及循环系统演化出现，消化道仍仅有口而无肛门，该门动物必须保持身体扁平，以使氧气及养料能够透过渗透来吸收。

扁形动物可分为非寄生的涡虫纲（例如：真涡虫科的物种）和寄生的三个纲：绦虫纲、吸虫纲及单殖纲。涡虫纲主要分布在淡水（如池塘、溪流的石块下）或者在海水中，也有些生活在土中。大部分涡虫的长度小于 1 cm，但热带的陆生种类长度可达 120 cm。涡虫多为黑色，体前端有两个可感光的眼体，两侧对称。吻位于身体的三分之二处，且无肛门。有背、腹之分。涡虫主要吃小的水生动物、动物尸体及动物内脏。营寄生生活的扁形动物生活史中可能有一个或多个中间宿主，成虫寄生于各类脊椎动物的消化道内，而其幼年期则寄生于其他动物的物种。适应寄生生活的扁形动物，除了生殖系统高度发达以外，身体其他结构均高度退化。

第9—10课时：假体腔动物和环节动物

【假体腔动物】作为登陆的过渡类型，扁形动物虽具备中胚层，但并未形成真正的体腔，缺乏内脏器发育的空间；不完整的消化道亦限制了扁形动物的摄食能力。假体腔动物和扁形动物相比，其演化上的进步之处体现在如下几点。首先，体壁与消化管之间出现了假体腔——来源于囊胚腔和中胚层与内胚层之间的空间形成。假体腔的出现，是动物进化的一个重要特征，它为动物体内各器官系统的发展和活动提供了空间，提高了营养物质的运转效率，增大了维持体内水分平衡和新陈代谢的能力。其次，假体腔动物出现了完整的消化管（有口有肛门）。完整消化道的出现，使得假体腔动物不再依赖体表细胞的渗透作用吸收养分和排泄废物，因此体表也开始具有角质膜。角质膜的出现大大增加了假体腔生物对于外界恶劣环境的抗性；角质膜的出现，也使得假体腔动物需要演化出专门的排泄器官——原肾系统将细胞产生的代谢废物排出角质膜外。假体腔动物以寄生为主，因此未形成循环系统和专门的呼吸器官。

线虫动物门是假体腔动物中一个重要类群。本门生物身体一般呈细长圆柱形，营自由生活或寄生生活。本门动物的器官发育完成后，除生殖细胞外，其他停止发育，细胞数目保持恒定终生，因此营自由生活的秀丽线虫是研究动物发育最重要的模式生物。营寄生生活的代表动物是人蛔虫（成虫寄生于人的小肠）。蛔虫的外形呈细长圆柱形，两端细，具口、唇片（有小乳突）、肛门、生殖孔，雄性为泄殖孔，具交合刺。体壁由角质膜、上皮层和肌肉层构成皮肌囊。表皮外具角质膜，上皮层为合胞体；只有纵肌而无环肌。体壁与消化管之间的空腔，体腔内充满体腔液，构成流体静力骨骼。本门常见的人寄生虫还包括寄生在人体小肠的十二指肠钩虫和班氏丝虫。钩虫会源源不断地吸血，诱发宿主贫血；丝虫寄生在人淋巴结中，阻碍组织液的回流，导致局部发生"象皮病"。十二指肠钩虫、斑氏丝虫为五大寄生虫病之一（另外三种是：疟原虫、利什曼原虫、血吸虫）。

【环节动物】环节动物最重要的演化特征是首次出现了真体腔，真体腔是体壁与消化管之间完全由中胚层所形成的封闭空腔。真体腔出现后，动物获得如下进步特征：首先，动物体壁肌肉层加厚，使运动灵活而有效，增强了运动能力；其次，消化道壁出现了肌肉层，使肠壁能够蠕动，在化学性消化的基础上，增加了机械性消化作用，从而大大提高了消化能力，同时也为消化道的进一步分化打下物质基础；再次，消化道与体壁为真体腔所隔开，促进了专职循环系统的出现，改善了排泄、生殖系统的功能，也使神经系统进一步复杂化，使动物的整体新陈代谢机能得到了加强；最后，体腔液可协同循环系统完成物质运输的功能，同时还参与运动、维持体形。在形成真体腔的基础上，环节动物的体表沿纵轴分为许多相似的段，每一段就是1个体节，即分节现象。体节之间内部以隔膜相分隔，体表形成相应的节间沟，为体节的分界。环节动物身体的多数体节，在形态结构和功能上基本相似，称为同律分节。同律分节现象使许多内部器官如消化、循环、排泄和神经等也按体节重复排列，对促进动物体的新陈代谢，增强对环境的适应能力有着重要意义。分节现象的出现使环节动物体型变大而且运动更加灵活有力。因此分节现象是高等无脊椎动物的重要标志，在系统演化中亦有重要意义。

本门动物主要分布在海底、土壤和淡水中。其中以沙蚕为代表的多毛纲主要在海底捕食小型无脊椎动物；以环毛蚓为代表的寡毛纲主要生活在土壤中，以腐败有机物为食，在生态系统中扮演分解者的角色；以水蛭或蚂蟥为代表的蛭纲主要栖息在淡水中，一般营暂时性体外寄生生活，通过吸食脊椎动物的血液获取有机物。

第 11—12 课时：软体动物、节肢动物和棘皮动物

【软体动物】软体动物最主要的特征就是身体柔软，大部分呈左右对称、不分节；腹部具有肌肉足或腕，作为运动器官，具有强大运动能力的外层皮肤会自背部折皱形成外套膜包围全身，并能够分泌具有保护作用的石灰质外壳。石灰质外壳的出现在动物演化上具有重大意义。软体动物之前出现的无脊椎动物，体表细胞直接裸露于空气中或仅有一薄层胶质覆盖。这样的结构既不能防止水分向空气中快速散失，又不能防止天敌的捕食，因此软体动物之前出现的无脊椎动物主要在土壤、滩涂沼泽泥下或者水下。而在石灰质外壳的保护下，部分软体动物可以生活在远离地面或水面的空气中，比如植物的茎叶上。这样一来软体动物的生态位得以大幅度拓展。软体动物门按其体制是否对称，贝壳、鳃、外套膜、行动器官等方面的特点进行分类，可分为7纲，分别是：单板纲、无板纲、多板纲、腹足纲、掘足纲、瓣鳃纲和头足纲。

其中腹足纲有 10 万余种，是软体动物中最大的纲，仅次于昆虫纲而为动物界第二大纲，分布在海洋、湖泊及陆地上。腹足纲最大的特点便是具有螺旋状的石灰质外壳。陆生代表物种有蜗牛；水生物种与人类关系密切的种类有鲍、笠贝、马蹄螺、圆田螺、钉螺等。瓣鳃纲具有合抱身体的两片外套膜及两片贝壳，故又称为双壳类。完全水生，大部分海产，少数生活在淡水中，几乎所有种类钻入沙和泥或附在岩石底营底栖生活。食用海鲜如蚶、贻贝、三角帆蚌、蚬、文蛤、牡蛎等主要来自本纲。头足纲是软体动物中最发达的一类，全部海产。头足纲具有强大的运动能力、媲美脊椎动物的眼睛，以及发达的神经系统。同时头足纲不具备外胚层来源的石灰质外壳，而是拥有和高等脊椎动物一样中胚层来源的内骨骼形成的保护大脑的软骨脑颅。头足纲的代表动物包括乌贼、章鱼等。

【节肢动物】节肢动物是动物界最大的一个门，种类约 130 万，约占动物

总数的 75%。节肢动物在动物界支配地位的获得主要和三个特征有关：异律分节，具有分节的附肢和体表具有几丁质外骨骼。

节肢动物与环节动物一样，都具有体节。但与环节动物的同律分节不同，节肢动物各体节在形态结构和功能上都有一定区别，称之为异律分节。在异律分节基础上身体分部明显，通常可分为头、胸和腹 3 部分（如昆虫）。身体各部分工明确，如头部主要司感觉和摄食，胸部司支持和运动，腹部司营养和生殖。身体各部虽有分工但又相互联系和配合，极大地增强了其对环境的适应能力。

节肢动物具有分节的附肢（由此得名）。环节动物的运动器官仅是体壁的突起，没有分节，与身体相连的地方也没有关节，在运动时仅起到防止打滑的辅助作用。而节肢动物的附肢与身体以关节相连，附肢本身各节之间也具若干关节。节与关节通过杠杆作用，可大幅度提高运动的输出功率。因此节肢动物的附肢能产生各种变化，形成不同的形状，以适应多种功能，如感觉、运动、捕食、咀嚼、呼吸甚至生殖等。

节肢动物角质层的主要成分是几丁质和蛋白质。表角质层含有蜡质，使体壁具有不透水性，在外角质层中含有钙质或骨蛋白，使体壁硬度加强，因此，体壁具有保护内部器官及防止体内水分蒸发的功能。体壁的某些部位向内延伸，成为体内肌肉的附着点，故有外骨骼之称。节肢动物能适应各种生境，特别是对陆生环境高度适应，与其外骨骼密切相关。

节肢动物在整个生物圈都有分布，甲壳亚门是水生节肢动物的代表。该门的节肢动物以附肢末端特化成的鳃呼吸，头胸部具背甲，具有两对大触角，和一对步足特化而成的螯，具有重要经济价值的虾和蟹均属此类。陆生节肢动物的代表是昆虫纲，该纲是最繁盛的动物类群，已记录 100 多万种，不仅是节肢动物门，也是整个动物界种类和数量最多的一个纲。昆虫纲动物身体分为头胸部三部分。头部具感觉器官触角、发达的单眼和复眼。胸部分为 3 段，具 3 对足和 2 对翅，是唯一可以飞行的无脊椎动物。腹部表面具气门，是昆虫特有的呼吸器官气管位于体表的开口。昆虫纲生物在个体生命周期中具有变态现象，即幼体和成体在结构、生理功能和行为上具有一定的差异，变态现象使得昆虫的幼体和成体间具备了生态位分化，降低了种内竞争，大幅提高了昆虫的环境容纳量。节肢动物和人类的生产活动密切相关，有利的一面，植物有性生殖的传粉过程高度依赖昆虫的活动，蜂蜜、蚕丝等昆虫的产物是具有较高价值的农业产物；有害的一面，一些昆虫是各种病毒、细菌、寄生虫的中间宿主，另一些昆虫以农作物为食，如蝗虫等。

【棘皮动物】无脊椎动物和脊索动物之间的过渡类型，其在演化的重要意义主要体现在如下两点：棘皮动物的消化道开口并非来自原肠腔开口，因此属于后口动物，所有脊索动物均属于后口动物；棘皮动物体具备由中胚层形成的内骨骼，及遍布全身的结缔组织构成的骨片（棘）。棘皮动物的代表生物是海星，另外具有重要经济价值的海参和海胆亦属于棘皮动物门。

◎ **课程评价方案：**

本案例结合本课程课程目标及课程内容，依据新课标中科学思维的学业质量标准描述。本课程评价的主要内容为"学生科学思维的能力"，即学生是否具备了从不同的生命现象中，基于事实和证据，运用归纳的方法概括出生物学规律，并在某一给定情境中，运用生物学规律和原理，对可能的结果或发展趋势作出预测或解释，并选择文字、图示或模型等方式进行表达并阐明其内涵的能力。评价方式以课堂教学中的口头提问、课堂作业与学生交流为主。在本课程结束时辅以纸笔考核进行总结性评价。

◎ **课程实施反思：**

本课程是在"课程及素养"指导思想下设计的指向科学思维的选修课程，根据设计指南，本课程的关键词是"情境分析"和"归纳建模"，在课程开设过程中，采用了多种形式进行教学，如播放纪录片、观察动物解剖模型、绘制解剖图，使学生在学习过程中掌握科学思维的基本思路和方法，增强从一般案例中总结出普遍性规律的思维能力，如：从单细胞生物演化至高等动物过程中，神经系统从分散网状向集中链状演变。

◎ **学生反馈：**

在这学期的发展课中，我学习了用进化思维对动物进行分类和学习研究。依照这种方式进行分类，后一级动物比起前一级较为低等的动物而言多出许多不同的特征。比如海绵动物作为多细胞生物由两层细胞构成，这相对于单细胞生物来说使得它们可以聚群生活；相比于海绵，腔肠动物成为真正的两胚层动物并且拥有了原始的有口无肛的消化系统；在此基础之上，扁形动物有了三胚层，无体腔，再到原体腔动物和真体腔的环节动物。依照这种进化的观点去学习动物学，可以清晰地捋出一条动物进化的脉络，对于学习动物学而言是一种重要的思维方法。在对"门"这一阶元的总特征有了一定了解后，我们可以进一步学习一些特有的或特殊的动物特征。比如眼虫的表膜条纹、草履虫一大一小核、一前一后伸缩泡等，这些小的知识点记忆起来就比较轻松。

（2025 届　宋宇轩）

在动物学导论课程的学习中，我对动物学这门课程有了更全面的认识。动物学是一门内容十分广博的基础学科，研究动物的系统结构、分类、生命活动与环境的关系以及发生发展的规律。从生物分界讲起，王老师向我们展示了动物在宏观的生物分类中的地位。接着给我们介绍了动物体的基本结构与机能，从细胞、组织、器官再到系统，使我对动物体有了最基本的认识。然后，以动物的演化为线索，从简单到复杂，介绍了各门各纲动物的区别和特点。动物学和我们的生活密不可分，我国有着丰富的动物资源，动物学的研究对于动物资源的保护、开发和持续利用起到了非常重要的作用。在农业和畜牧业发展上，动物学是发展有益动物，控制农业害虫、生物防治的基础。在医药卫生方面，动物学的研究也具有十分重要的意义。同时，动物学还在轻工业原料和仿生学等方面影响着工业工程。随着科学的发展，动物学的研究也越来越广泛和深入，目前关于动物学的研究中，还有着太多的未知等待着人类去探索。尽管一门中型发展课的时间不足以更深入地学习动物学，但是它让我见识到了千变万化美丽的生命，让我看到了更深刻更广大的世界。

（2025 届　奚小涵）

◎ 教研组反馈：

动物学是生物学学科在传统意义上的"经典学科"之一，其内容浩如烟海，就如开发课程的教师在介绍中指出的一样，不同动物门类的形态特征、生活方式、地理分布等，都是一代又一代生物学者观察、记录、比较、总结出来的智慧成果。但是，如果动物学的课堂就是将这些成果的细节加以展开，学生需要背诵记忆不同动物的特点，那么该选修课程势必会被学生"讨厌"，也无法达成教师预设的指向提升"科学思维"水平的培育目标。因此，教师在课程设计之初就根据动物学的知识主干和内部逻辑，找寻到了"以动物演化为线索"串联全部知识内容的组织路径。从学生的反馈中可以看出，这种教学内容组织方式上的"创新"极大激发了学生的学习兴趣、降低了学生的学习负担。宋宇轩同学就在课程反馈中明确提出了"用进化的思想去对动物进行分类和学习研究"，尤其可见这门课程也在"生命观念"（遗传与进化观）方面有了意外收获，促进了学生整体能力的提高。"授人以鱼不如授人以渔"，王老师能够通过一门课程将一种思维方式（方法）传授给学生，无论在日常教学还是选修课内容的组织方面都值得学习和借鉴。

（教研组长 张智顺）

案例六 植物学导论
（科学思维）

◎ **课程开发**：王一名

◎ **课程类别**：中型课程（1 学分）

◎ **课程目标**：

通过对植物科学学科历史和发展脉络的学习，理解植物科学的基本思维方法以及系统发育和演化的思想观念等。通过学习不同种类种子植物的解剖形态特征，领悟"生物和环境相适应""结构决定功能"等生命科学基本观点，为植物科学各分支学科及相关生命科学内容的深入学习奠定一定的植物科学的知识基础。通过对植物界各大类群及其相互之间的亲缘关系和系统发育的规律的学习，掌握植物分类的基本原则、原理和方法，熟练识别和鉴别植物，建立环境保护意识和自然界可持续发展思想。

◎ **课程由来**：

《普通高中生物学课程标准（2017 年版 2020 年修订）》选择性必修部分中表述学生需要掌握"植物的生命活动受到多种因素的调节，其中最重要的就是植物激素的化学调节"。同时在"学业要求"部分明确了学生需要基于植物激素在生产生活中应用的相关资料，结合植物激素和其他因素对植物生命活动的调节，分析并尝试提出生产实践方案。在高中阶段，课内生物学学习不涉及除植物激素调控以外的植物学相关内容，但未来进入高校学习植物学相关专业的学生必须具备植物学知识，如植物的系统演化，植物细胞、组织、器官与植物体的结构和功能等。此外，上海市上海中学有部分学生需参加"全国中学生生物学奥林匹克竞赛"以及参与"拔尖创新人才早期培育项目"（学生课题），这些学术活动对学生植物学科知识体系有较高要求，因此设计开发了这门选修课程。

◎ **课时安排：**

课时	内容
第 1—2 课时	植物界的基本类群和进化以及植物的命名
第 3—4 课时	藻类植物和菌类植物
第 5—6 课时	苔藓植物和蕨类植物
第 7—8 课时	裸子植物和被子植物
第 9—10 课时	种子植物的细胞和组织
第 11—12 课时	种子植物的营养器官

◎ **课程内容：**

第 1—2 课时：植物界的基本类群和进化以及植物的命名

【植物的分类单位】距今约 35 亿年前的原始海洋中，具备光合能力的蓝细菌诞生，距今 22 亿年前，最早的真核细胞出现。随后真核细胞通过内吞可进行光合自养的蓝细菌，形成稳定的内共生关系，从此植物细胞诞生。在随后的漫长地质岁月中，植物从单细胞生物逐步演化为多细胞生物，生活环境从水中扩展到陆地。在适应不同环境的过程中，诞生了各种各样的植物种类。对植物进行研究，首先必须按照自然的性质加以排列，这样就可以体现出植物界及其各类群之间的系统演化上的相互关系，作出比较符合自然的归类。在分类的基础上，可以进一步研究植物共有的特征和适应特定环境的衍征。分类的单位按照从大到小依次是：界、门、纲、目、科、属、种。传统植物学分类的主要依据是形态结构、生活习性、亲缘关系。随着分子生物学的发展，现代植物学分类更加依赖植物基因组测序的结果。综合宏观和微观两种分类学研究结果，目前主要将植物界分为低等植物和高等植物。低等植物主要包括藻类、菌类和地衣；高等植物主要包括苔藓、蕨类、种子（裸子植物和被子植物）植物。

【植物的命名】在植物分类学早期，人们往往根据植物生活型上的一种特征进行命名，比如"一串红"就是因为该植物开花时，许多红色的花形成穗状花序。这样的命名方式在区别局部少量植物种类时尚可以应对，但在更大的地理尺度上，面对海量形态相近的植物种类时，则显得捉襟见肘，并给国与国之间的植物分类学学术交流讨论带来挑战。面对这一困境，1753 年，瑞典植物学家林奈在他的《植物种志》一书中首创了双名法，后被世界各国植物学家所采用，并经国际植物学会确认。"双名法"是以两个拉丁词或拉丁化的词给每种植物命名，第一个字是属名，第二个字是种加词，在种名之后附以命名人的姓氏缩写。通过双名法，每种植物在全球范围内都有唯一确定的名称，并且首次发现植物新种的科学家可以借此名垂青史。这种命名法不仅便于国际间的学术交流，更鼓励植物学家不断深入自然，探索发现全新的物种，推动植物学不断前进发展。

第 3–4 课时：藻类植物和菌类植物

【藻类植物】距今 12 亿年前，真核藻类的祖先开始出现于原始海洋，在距今 12 亿年前至 7 亿年前许多多细胞藻类开始出现，并在距今约 6 亿年前演化出了所有现存主要大型藻类。随着大型藻类的出现，原始海洋中的氧气含量和初级生产量快速提升。这一过程推动了原始动物的演化速度，在距今5.7 亿年前，两侧对称的海生生物开始出现，随后在距今 5.5 亿年前发生了寒武纪生命大爆发。藻类是一群比较原始的低等植物，植物体结构简单，为单细胞体、群体、丝状体或片状体，大多数生活在海水或淡水中，少数生于潮湿处。细胞内含有与高等植物同样的色素及其他色素，为绿色植物，可进行光合作用，营自养生活。由真核细胞组成的藻类包括绿藻、红藻、褐藻、硅藻等，分类的依据主要在于所含光合色素种类以及同化产物，其中后期登陆的高等植物全部演化自绿藻，因为高等植物和绿藻细胞都含有叶绿素 a 和叶绿素 b，光合作用的产物都是淀粉。基于林奈的传统二元分类体系，仍然把原核的蓝细菌归入藻类的分类系统中，这一类生物细胞无细胞核和叶绿体，为原核生物，植物体呈蓝绿色，代表植物有颤藻、鱼腥藻、发菜。

【菌类植物】林奈在18世纪提出的二元分类法中，根据生物是否具有运动能力，将生物分成了动物界和植物界。根据这一分类标准，固着生活的真菌被划分到了传统植物学的范畴。进入19世纪，随着物理学的发展，显微镜的出现使人们意识到同样营固着生活的植物和真菌的细胞类型具有显著差异：虽然同为具备细胞壁的真核细胞，但真菌的细胞中不含有叶绿体，不具备光合作用的能力，营养类型属于异养。通过进一步的化学实验测得，植物和真菌细胞壁的化学组成上亦有很大差异，植物细胞的细胞壁由纤维素构成（只含 C、H、O 三种元素），而真菌的细胞壁则由肽聚糖构成（含有 C、H、O、N 四种元素）。真菌在演化分类上的关系更加接近于动物而非植物。真菌一般分布广泛，植物体为单细胞体、多细胞群体或丝状，有些种类其生殖部分可形成子实体。真菌类代表物种有：黑根霉、青霉、酵母菌、蘑菇、木耳。真菌除了作为重要的食材外，还是各类抗生素的重要来源。

【地衣】植物演化过程中一个重要环节是登陆，即从水生生境向陆生生境进军。在这一过程中，真菌和藻类的共生体——地衣起到了关键性的作用。藻类植物在水中主要营漂浮生活，登陆后需要固着在陆地表面。原始大陆仅由岩石构成，无法蓄积水分和无机盐，同时坚硬而光滑的岩石表面也使得植物难以固定其上。这样的环境对地衣来说却不成问题，地衣的结构类似菜馒头，外层是由真菌菌丝构成的壳，内部则是藻类。在岩石表面，网状的菌丝外壳可以从空气中富集水分，底层的菌丝则可通过向岩石分泌有机酸，溶解岩石中的无机盐沉淀并加以吸收，并使岩石表面产生可使菌丝附着的裂缝。真菌菌丝内部共生的藻类则可以利用真菌吸收的水分和无机盐进行光合作用，为真菌的生长提供有机物。地衣的生长活动大大加速了岩石的风化过程，加速了原始土壤层的出现。

第5—6课时：苔藓植物和蕨类植物

【苔藓植物门】距今约5亿年前，作为真正植物的先锋——苔藓率先登陆成功。苔藓植物是高等植物中最原始的类群，大多数生活在潮湿的环境中，是水生到陆生的过渡类型。高等植物和低等植物的差别在于，高等植物的受精卵会在母体上发育一段时间，直到下一代个体主要的结构雏形都出现才脱离母体，我们把暂时"寄生"在母体身上的下一代植物个体称作胚。低等植物（主要指生活在水中的藻类）则是直接将雌雄生殖细胞播撒到水中，这两种细胞随机运动相遇后，完成受精过程，合子直接在水中发育。对于生物体来说，个体体积越小，则表面积和体积之比越大，物质交换速率越快。单细胞的受精卵如果直接暴露在空气中，便会迅速脱水死亡；若受精卵经过一段时间的分裂分化，形成一定体积的多细胞结构后，则通过体表散失水分的速度大幅度下降。对于陆地缺水环境的适应，高等植物胚的发育和哺乳动物的胎生有异曲同工之妙。作为早期登陆的植物，苔藓面对的环境也和今时不同。大地表面此时尚只有一层浅薄的土壤，在此之下便是坚不可穿的岩石。虽然比之地衣登陆时的条件已改善不少，但和今日植物生长的土壤相比仍简陋得可怜——既不能保留多少水分亦不能作为百尺之木的合格根基，因此我们现今习以为常的庞大植物根系在苔藓上并不可见。为了能从空气中直接吸收足够的水分，表面积和体积之比定律决定了苔藓植物的个体只能维系在毫米尺度。同时为了吸收水分，苔藓植物外表也缺乏高级植物具有的一层角质层，这使得苔藓植物对于大气污染格外敏感，大气中氮氧、硫氧化合物浓度的少许上升便可致其死亡。较小的体积也使得苔藓不需要在体内克服重力垂直向上运输水分，因此苔藓并不具备富含木质素的输导组织。总结下来，苔藓植物的特征如下：植物体矮小，为叶状体或茎叶体，有假根，无真根，无维管束构造。在生活史中，配子体（单倍体世代）占优势，孢子体（二倍体世代）不发达，不能独立生活，寄养于配子体上。雌性生殖器官称颈卵器，雄性生殖器官称精子器，精子有鞭毛。合子萌发形成胚，胚在颈卵器内发育成具有孢蒴、蒴柄、基足三部分的孢子体。代表植物有地钱、葫芦藓。

【蕨类植物门】随着苔藓植物的出现，陆地的土壤进一步得到改善，这为距今 4.75 亿年前的泥盆纪植物物种大爆发打下了坚实的基础。生物的本能是尽可能多的繁殖后代，直到占满适合自己生存的一切空间。当整个大地表面已铺满了一层苔藓的绿毯，再无后来者立锥之地时，部分植物决定向高处博取生存空间。木质素构成的厚壁细胞开始出现在植物体内，绿色的生物第一次克服重力站立起来。为了能使植物有最大面积吸收阳光，直立的棒状茎相互愈合，叶片开始出现。为了能将高耸的植物牢固地固定住，真正的根部出现。根中央运输水分和有机物的管道系统——输导组织，自根尖一路向上穿过主茎，逐级分支，到达一片片叶内，源源不绝地将光合作用必需的水分和无机盐运送至每一个叶片，又将叶片合成的有机物运回至地下，以供深埋在泥土中无法进行光合作用的根尖细胞享用。根和叶的这种关系，同地衣中的真菌和藻类一样和谐。

"甚荒唐，到头来都是为他人作嫁衣裳！"现存至今的蕨类往往体形较小似草本植物，仅在终年气候湿润的地区出现，并多生长在高大的种子植物的树荫下。但在距今约 3.6 亿年前至 3 亿年前的石炭纪，高达 30～40 米的蕨类植物组成的森林覆盖着地表，为陆生动物的演化提供了充足的食物和栖息地。只不过随着新一轮生物大灭绝的到来，这些高大的蕨类植物被掩埋在了石炭纪随处可见的巨大沼泽中，历经数亿年的地化运动，成为推动人类迈向第一次工业革命的能量源泉——煤炭。现存蕨类植物的一般特征是：绝大多数为陆生植物；生活史具有明显的世代交替，孢子体和配子体均能独立生活；孢子体发达，植物体有根茎叶的分化，有维管束构造，配子体为小型的叶状体（称为原叶体）。代表植物有华南毛蕨、蜈蚣草、满江红。

第 7—8 课时：裸子植物和被子植物

【种子植物登场】"乱哄哄你方唱罢我登场。"随着中生代的到来，蕨类植物从演化大舞台中心退向边缘一角。蕨类植物霸主地位的丧失，在于过度押宝了无性繁殖而并未在有性繁殖上有所投入。无性繁殖不需要不同个体间的基因交换，只需要将自身个体一部分分出去，便能出现无数和自己一样的克隆。这是一种高效抢夺相同生态位的手段，但是当环境迎来巨变时，这种由克隆体形成的巨大群体会在一瞬间集体灭绝。蕨类虽然是比苔藓进化得多的维管植物，但在有性生殖方面却和苔藓别无二致。精子具鞭毛，需要自己在水中游到卵细胞上去，于是蕨类植物孢子体散布出去的孢子，需要先飘落到地表湿润多水处萌发出微小的配子体，接着若有幸碰到一场大雨，精子才能游出雄配子体，穿过地面雨水蓄积而成的水桥，游上雌配子体，钻入颈卵器内完成受精过程。当古地球的环境开始从稳定变得波动、从湿润变得干燥，这样的生殖方式显然难以适应，于是率先完成对有性生殖过程优化的种子植物开始繁盛。种子植物中又先后分出了裸子植物和被子植物两支。

【裸子植物】裸子植物在进行有性生殖时，雄配子体高度退化成了花粉。在裸子植物的受精过程中，不再需要精子在环境中随机地游动，而是成熟的花粉包裹着精子随风飘落到附近的雌配子体上。接着花粉管的萌发，将精子直接送入雌配体内部的卵细胞上。花粉和花粉管的出现使种子植物有性生殖的过程彻底摆脱了水的束缚。和蕨类相比，被子植物的雌配子体也有了显著的进化。被子植物的雌配子寄生在孢子体上，直到其中的胚发育成熟前都无需自己生长营养。在雌配子的外面，裸子植物又额外添加了数层保护性的保护结构称作种皮。一方面，待胚成熟时，借助种皮的保护，携带下一代个体的种子（种皮＋雌配子体＋胚）可以在脱离母体后，被风或者水流携带到更遥远的地方去生根发芽，这样大大降低了近亲交配的概率和同种个体间残酷的种内斗争。另一方面，在种皮的保护下，当环境恶劣时，受精卵形成的胚不必立刻萌发，可在土壤中蛰伏，等待漫长冬季退去后，萌发在新一轮的春天里。蕨类植物的雌配子体则暴露在环境中，胚一旦成熟不是萌发便是夭折。因此裸子植物通过有性生殖取得了绝对优势，在时间和空间两个维度上大幅拓展了自己的生态位，彻底取代了蕨类木本植物在地表生态系统的优势地位。

【被子植物】裸子植物的出现，使得陆地表面生产力进一步提高，为现代陆生动物的演化奠定了全面基础。在蕨类森林中称霸的两栖动物逐渐退场，爬行动物开始繁茂，脊椎动物中恐龙成为主角；无脊椎动物演化的顶点、具备外骨骼、横纹肌的陆生节肢动物开始称霸。不满足于有性生殖过程中传递花粉和种子的风和水流的随机性，种子植物中的一支开始借助拥有巨大运动能力的动物来帮助自己完成有性生殖的过程。于是在这些植物中，簇拥大小孢子叶生长的叶片开始出现了各种颜色，并且在这些多彩叶片的基部还会有腺体将叶片通过光合作用合成的糖类分泌出来，一切只是为了吸引昆虫或者其他生物在这里逗留来传递花粉，这些结构便是现代花的雏形。在雌配子体种皮的外面，这一类植物继续裹上一层厚厚的充满有机质的果皮层，吸引动物来将其吃掉。在动物体内，果皮作为奖励被动物消化吸收，而坚韧的种皮则被动物带去远方，随粪便一起落下，萌发出新一代的植物个体，这便是现今地表的优势种被子植物。曾经在中生代辉煌一时的裸子植物在同被子植物的竞争中落于下风，和恐龙一起离开了演化大舞台的中心，将聚光灯交给了被子植物和哺乳动物。

现存裸子植物的一般特征是：无子房构造，胚珠裸露，不形成果实。生活史中孢子体发达，占绝对优势，配子体简化，不能脱离孢子体而独立生活。均为多年生木本植物，有形成层和次生结构。花粉管形成，使受精作用摆脱了水条件的限制，更适应于陆地生活。雌性生殖器官为颈卵器构造，这是较为原始的特征。代表植物有：马尾松、杉木、柏木、苏铁、南洋杉。而作为植物界中最高级类群的被子植物，与裸子植物相比，主要有以下进化特征：

具有真正的花，胚珠包被在子房中，子房形成果实，种子外有果皮包被，更有利于后代的保护和传播。双受精作用是被子植物特有的现象。

第 9—10 课时：种子植物的细胞和组织

植物主要包含藻类、菌类、苔藓、蕨类和种子植物五大类群，现存植物中占优势地位的是种子植物，和人类生产生活密切相关的植物——各类经济作物也以种子植物为主。因此在高中阶段对于细胞和组织层面植物学的知识，以种子植物作为代表来学习。在植物学中，一般将植物细胞分为无生命和有生命两部分。植物的细胞壁和叶泡内的一切内含物被视为没有生命的部分，而从液泡膜到细胞膜之间的所有结构被视为有生命的部分，合称为原生质。

【原生质的结构和功能】一个成熟的植物细胞原生质包含：细胞质、细胞核、叶绿体、线粒体、内质网（内连核膜、外接细胞质膜）等结构。细胞质是由细胞器、细胞基质以及细胞质膜组成，原生质是构成细胞的生活物质，是细胞生命活动的基础。原生质成分中水含量最高，蛋白质、核糖、碳水化合物和脂类是有机物质的主体。原生质的化学组成决定原生质具有液体和胶体的特性，在生命活动中起着重要而复杂多变的作用。当原生质处于溶胶状态时，黏性小，代谢活跃，生长旺盛，但抗逆性较弱；当原生质呈凝胶状态时，细胞生理活性降低，对不良环境抵抗力高，有利于植物度过逆境。如越冬的休眠芽和成熟的种子黏性大，抗逆性强，而处于旺盛生长和开花期的植物，原生质黏性低，抗逆性弱。吸胀作用，凝胶有强大的吸水力，凝胶吸水膨胀的现象称为吸胀作用。种子就是靠这种吸胀作用在土壤中吸水萌发。

【细胞壁的结构与功能】细胞壁是植物细胞外围的一层壁，具有一定的弹性和硬度，界定细胞外形和大小。细胞在分裂时，最初形成的一层为细胞板，由果胶质组成。它将两个子细胞分开，这层就是胞间层，又称中层。随着子细胞的生长，原生质向外分泌纤维素，纤维素定向交织成网状，后分泌的半纤维素、果胶质及结构蛋白填充在网眼之中，形成质地柔软的初生壁。很多细胞只有初生壁，如分生组织细胞、胚乳细胞等；而某些特化的细胞，如纤维细胞、管胞、导管等在生长接近定型时，在初生壁内侧沉积纤维素、木质素等次生壁物质，且层与层之间经纬交错，这一层即为次生壁。次生壁质地的厚薄与形状的差异，分化出不同的细胞，如薄壁细胞、厚壁细胞、石细胞等。

【植物的组织】细胞的分化导致植物体中形成多种类型的细胞，人们一般把在个体发育中具有相同来源（即由同一个或一群分生细胞生长分化而来的）行使同一生理功能的同一类型或不同类型的细胞群称为组织。植物的组织按有无分裂能力可分为分生组织和成熟组织，再根据成熟组织的细胞类型和承担的功能继续将其分为五类。①由能持续分裂能力的细胞组成的细胞群称为分生组织，细胞小而等径，壁薄，核大，质浓，液泡小而散，缺少后含物。成熟组织覆盖于植物体表起保护作用：如减少体内水分的蒸腾；控制植物与环境的气体交换；防止病虫害侵袭和机械损伤等。②薄壁组织位于植物内部，主要承担光合作用和储存有机物的职能。③机械组织是对植物起主要支撑和保护作用的组织，机械组织的细胞有很厚的细胞壁，因此具有很强的抗压、抗张和抗曲绕的能力，使植物能挺立空间。④输导组织是植物体中担负水分（木质部）和养分运输（韧皮部）的主要组织。⑤分泌组织——能产生分泌物的有关细胞或特化的细胞组织，如蜜腺等。

其中每一种组织都具有一定的分布规律，行使一种主要的生理功能，但是这些组织的功能又是互相依赖和相互配合的。如叶子，主要为同化组织进行光合作用，但它表面覆盖着保护组织（防机械损失、阻止水分蒸发），内部又有输导组织贯穿其中（供应水分、运走同化产物）。

第 11—12 课时：种子植物的营养器官

种子植物的生长发育主要分为两个阶段，即营养生长和生殖生长。在营养生长阶段，种子植物不断扩大自身个体可进行光合作用的总面积。光合总面积的增加依赖于叶片总数的增加，同时新生成的叶片间不能叠加，这就依赖于生长叶片的茎不断向上生长并向四面分支。地上结构的增加，一方面需要根系提供更有力的支持，同时众多叶片的光合作用和蒸腾作用需要根系运输大量的水分，于是植物的营养生长是一个根、茎、叶三部分协同生长的过程。当植物的营养生长积累到足够的有机物时，植物便会转入生殖生长的阶段，在这一时期生殖器官花和果实开始出现。生殖生长往往非常短暂并且消耗大量有机物，草本植物在进行生殖生长后往往立即死亡，多年生木本植物由于根和茎内储存有大量有机物，在生殖后仍可进入下一个生长周期。营养生长和生殖生长的关系可以使用细胞周期中分裂间期和分裂期的关系来类比。由于存在世代交替现象，种子植物的生殖生长过程极为复杂，在高中阶段不做过多讨论，本节的重点在于介绍结构相对简单但是功能非常重要的种子植物营养器官——根、茎、叶。

【根的结构与功能】根尖是指根的最顶端到着生根毛的部位。根尖从顶端起依次分为根冠、分生区、伸长区、根毛区四区。根尖最顶端的帽状结构，由许多薄壁细胞组成，保护根尖的分生区细胞；能分泌黏液，起润滑作用，为根冠；根冠内侧细胞体积小、壁薄、质浓、核大、排列紧密，具有强烈的分裂能力，根中各种组织的"发源地"，为分生区；分生区上方细胞逐渐分化并纵向伸长，根尖入土的主要推动力，为伸长区；根毛伸长区上方细胞已停止生长，并且分化成熟。根吸收水分和无机盐的主要部位，为成熟区。根的生理功能包括支持与固定作用、吸收作用、输导作用、合成与转化作用、分泌作用、贮藏作用、繁殖作用。

【茎的结构与功能】茎是由茎的生长点细胞经过分裂、伸长和分化形成的。把幼嫩的茎作一横切，自外向内分为表皮、皮层和中柱（也称维管柱）三部分。表皮是幼茎最外面的一层细胞，表皮上有气孔、表皮毛或腺毛。表皮对茎的内部起着保护作用；皮层位于表皮和中柱之间，近靠表皮部位常有一至数层厚角细胞，对幼茎具有机械支持作用。幼茎呈绿色，能进行光合作用；中柱位于皮层以内，由维管束、髓和髓射线三部分组成。茎的主要生理功能有输导作用、支持作用、繁殖作用、储藏作用。

【叶的结构与功能】各种植物叶片的形状多种多样，大小不同，形状各异。叶形有针形、披针形、椭圆形、卵形、菱形、心形、肾形等。植物的叶一般由叶片、叶柄和托叶三部分组成。具有叶片、叶柄和托叶三部分的叶为完全叶；有些叶只有一个或两个部分的称为不完全叶。叶片由表皮、叶肉和叶脉三部分组成。表皮位于叶片的上下两面，分上表皮和下表皮。表皮上常有表皮毛、气孔和水孔等结构，气孔是由两个肾形的保卫细胞围合而成的小孔。叶肉位于上下表皮之间，叶肉细胞内含有大量叶绿体，是光合作用的主要场所。叶脉贯穿于叶肉中，具有输导和支持作用。叶的主要生理功能是进行光合作用和蒸腾作用，同时还具有吸收、繁殖等功能。有些植物的叶片也会因为需要承担特殊的生理功能而发生特殊的形变，称为叶的变态，常见的类型有：有鳞叶、苞叶、叶刺、叶卷须和捕虫叶等。如洋葱、百合的鳞叶，玉米的苞叶，刺槐、仙人掌的叶刺，豌豆的叶卷须，猪笼草的捕虫叶等。

◉ 课程评价方案：

本案例结合本课程课程目标及课程内容，依据新课标中科学思维的学业质量标准描述。本课程评价的主要内容为"学生科学思维的能力"，即学生是否具备了能够从不同的生命现象中，基于事实和证据，运用归纳的方法概括出生物学规律，并在某一给定情境中，运用生物学规律和原理，对可能的结果或发展趋势作出预测或解释，并能够选择文字、图示或模型等方式进行表达并阐明其内涵的能力。评价方式以课堂教学中的口头提问、课堂作业与学生交流为主，课程结束时通过撰写一篇主题为影响校园景观植物营养生长的小论文，考查学生的综合能力。

◉ 课程实施反思：

本课程是在"课程及素养"指导思想下设计的指向科学思维的选修课程，根据本课程设计指南，课程的关键词是"情境分析"和"归纳建模"。为了实现课程目标，本课程的教学内容侧重将双子叶植物与禾本科植物进行对比分析，引导学生将植物结构上的差异与其生境的差异相互联系，得出"不同植物在形态、结构、功能上的差异是生物对环境适应的结果"。本课程安排了植物标本的采集、解剖以及校园植物实地考察等活动，引导学生将抽象的理论知识同具体的实践经验相结合，充分调动了学生的主动性，加深了对科学规律的理解和运用。

◉ 学生反馈：

在本学期的发展课中，我学习了一些基本的植物学知识，比如双单子叶植物的根的初生、次生结构，以及它们的茎的结构等。研究植物要从它的营养器官和生殖器官开始。植物在生长过程中会出现次生结构为高大的躯干提供机械支撑或是提供保护功能。植物的许多结构与动物不同，但也有相似之处。例如在动物体内有血管进行营养运输，植物中有木质部和韧皮部由根部到顶部运输有机物或无机物等养料。单子叶与双子叶植物存在结构差异，但它们主要的组成部分仍然相似。植物学中有许多专业术语，通过学习了解了什么是植物根的次生加固，维管形成层的形状变化：由条状到连续波浪状再到圆环状，次生木质部向内扩张，次生韧皮部向外生长等。校园里也有许多植物，通过观察它们的结构可以让记忆更深刻，甚至可以看到树干横切面。

（2025 届　宋宇轩）

　　植物学导论课程的学习让我对植物学这门课程有了更全面的认识。植物学是从人类文明开始的生物学分支出来的一个学科，主要研究植物的形态、分类、生理、生态、分布、发生、遗传、进化等。王老师首先介绍了植物及植物学的内涵。接着让我们了解了构成植物体的植物细胞、植物组织，让我对植物体有了最基本的认识。然后，全面介绍了根、茎、叶、花的形态，结构以及功能。植物是维系人与自然的纽带，植物学的研究与人类的生产生活密不可分，直接影响着农、林、药等应用学科。它与形态学、生物化学、生物物理学、生态学、系统学等都紧密相关。世界无比广阔，自然的精妙创造人类世世代代也探索不完，它客观肯定却又变化多端，令人如此着迷，它有着永远探索不完的神秘莫测的气质，自然创造了最伟大的作品，足以超越人类文明中的全部鸿篇巨制。这门发展课的时间并不长，但让我对植物有了更多的了解，对这门学科有了更深的热爱，让我感受到了生物学令人欲罢不能的魅力。

（2025 届　奚小涵）

◎ 教研组反馈：

　　由于各种原因，植物学的内容在高中生物学知识框架体系中占比较少。因此，开设一门植物学相关的选修课程，为对植物学感兴趣的学生提供一定的帮助具有重要意义。植物相比于动物，在生命科学研究的进程中贡献了更多的案例和成果，模式植物拟南芥、水稻等也仍旧是相关科研领域离不开的实验材料。所以，植物学的知识概念对于部分学生未来的专业发展是相当重要的。王老师在本选修课中既安排了理论学习也安排了实验探究，能够充分调动学生的学习热情，同时系统全面地介绍不同门类植物的特点也能帮助学生归纳总结并建立结构与功能相适应的生命观念。从学生的反馈中可以看出，课程对学生科学、全面地重新认识植物或植物学起到了重要作用，如奚小涵同学就提到了自己对植物学学科有了"更全面的认识"。作为学校创新人才早期培育和竞赛体系的学科支撑，高中生物学有必要在开拓创新的基础上，保留本学科最原初的"味道"。因此，植物学、动物学等"经典"生物学子学科始终在校内选修课课程体系中占有重要地位。王老师对于"植物学导论"这门选修课程的设计、规划和思考值得借鉴和参考。

（教研组长　张智顺）

案例七　脑科学与人工智能方向优势潜能课程
（科学探究）

◎ **课程开发**：陈思

◎ **课程类别**：大型课程（6 学分）

◎ **课程目标**：

本课程是一门以认知神经科学为核心的多学科交叉的研究型课程，通过浅析脑科学与人工智能的思维与研究方法，使学生了解科学研究方向与前沿动态，并通过探究实践课程培训，培养学生的科学思维能力、主动探究科学问题的能力、科研论文撰写的能力等，增强学生对自然现象的好奇心和求知欲，培养学生在生活中发现问题并通过研究提出改进或优化方案的能力，增强社会责任意识。

◎ **课程由来**：

近年来，以人工智能、量子信息、集成电路、生命健康、脑科学、生物育种、空天科技、深地深海等为代表的新一轮科技革命和产业变革深入发展，正在重构全球创新版图、重塑全球经济结构。在众多极具"颠覆性"的科技领域中，脑科学无疑是走在最前沿的一个，被称为生命科学的"终极疆域"。正因如此，脑科学早已成为世界各主要经济体科技角逐的主要赛道之一。开设本门课程，一方面通过理论课程介绍脑的基本结构、脑高级功能的神经机制及脑研究的最新进展，利用神经科学和信息科学等跨学科知识，从分子、细胞、系统、全脑和行为等不同层次理解脑与认知；另一方面，通过探究实践课程培训主动探究科学问题，增强学生对自然现象的好奇心和求知欲，培养其观察能力、动手能力和团队合作能力，以及从不同视角观察问题、解决问题的能力。

◎ **课时安排：**

理论课	课程内容
第 1—6 课时	科研常识科普
第 7—9 课时	脑科学导论
第 10—12 课时	大脑与食欲
第 13—15 课时	时空认知和记忆
第 16—18 课时	神经细胞的迁移
第 19—21 课时	大脑中的体育课
第 22—24 课时	时间与空间
第 25—27 课时	基因编辑技术
第 28—30 课时	视觉信息处理
第 31—33 课时	大脑如何听见声音
第 34—36 课时	躯体感觉的神经基础
实践课	课程内容
第 37—41 课时	开题答辩
第 42—69 课时	研究实践
第 70—75 课时	中期答辩
第 76—90 课时	研究实践
第 91—96 课时	结题答辩

◎ **课程内容：**

第 1—6 课时：科研常识科普（理论课）

【科研是什么】科学研究一般是指在发现问题后，经过分析找到可能解决问题的方案，并利用科研实验和分析，对相关问题的内在本质和规律进行的调查研究、实验、分析等一系列的活动，为创造发明新产品和新技术提供理论依据，或获得新发明、新技术、新产品。科学研究的基本任务就是探索、认识未知和创新。

根据研究工作的目的、任务和方法不同，科学研究分为基础研究、应用研究和开发研究。其中基础研究是对新理论、新原理的探讨，目的在于发现新的科学领域，为新的技术发明和创造提供理论前提。应用研究是把基础研究发现的新的理论应用于特定目标的研究，它是基础研究的继续，目的在于为基础研究的成果开辟具体的应用途径，使之转化为实用技术。开发研究又称为发展研究，是把基础研究、应用研究应用于生产实践的研究，是科学转化为生产力的中心环节。基础研究、应用研究、开发研究是整个科学研究系统三个互相联系的环节。

按照研究目的来划分，科学研究又可以分为探索性研究、描述性研究和解释性研究。探索性研究对研究对象或问题进行初步了解，以获得初步印象和感性认识，并为日后周密而深入的研究提供基础和方向；描述性研究正确描述某些总体或某种现象的特征或全貌的研究，任务是收集资料、发现情况、提供信息，描述主要规律和特征；解释性研究探索某种假设与条件因素之间的因果关系，探寻现象背后的原因，揭示现象发生或变化的内在规律。

【选题及论文指导】在确定课题前，需要进行以下思考：研究什么（目标、对象与内容），为什么研究（依据与目的），怎么研究（方法与过程），期望得到什么结果（成果与成效），以及能否完成研究（条件与基础）。在拟定课题名称时，最好能够在名称中体现研究的对象（范围、领域），研究的问题（内容）和研究的类型（方法），名称切忌过大，文字要通顺，表述要简洁，避免价值判断，与目标、内容及核心观点吻合。一个好的标题，不仅要包含所述研究的重要关键字，预示研究论文的内容更要能反映作者的语气和态度，吸引读者兴趣。在构建论文标题时，尽量将标题长度限制在5～15个词，避免使用不会帮助读者/审稿人理解论文目的的词汇，避免使用搞笑、夸大或抖机灵般的措辞。另外，除非众所周知，否则应很少使用缩写词或首字母缩写词。

综述文章是一种围绕某一特定学术研究方向，并对该方向之前发表的全部或部分代表性学术文章和作品进行汇总、介绍和批判性评价的学术论文形式。确定课题研究后，要有针对性地专门搜集，找到相关的文献资料，归纳概括出主要观点，分析存在的不足，突出自己研究新意。综述类文章类型通常包括矛盾对立式综述、展望型或回顾型综述和对比型综述。矛盾对立式综述围绕一个学术主线的两个或两个以上的对立阵营展开，对一种学术现象所产生的多种不同且相互竞争的理论进行解释和阐述。展望型综述和回顾型综述没有明显区别，在一篇综述中，回顾与展望往往成对出现。此类综述即介绍某一学术主线下产生重大科学发现或学术概念的历史节点，又介绍现今所诞生的新工具、新工艺、新方法或新理论，并对未来进行合理且科学的期待。对比型综述旨在比较同一学术主线下所产生的不同测量/设计/制造/建模等方法，并评论其优缺点。这种对比也可以是跨学科的，如比较同一学术主线下不同学科的贡献。一篇综述文章的引言往往以描述背景主题和为什么这个背景主题重要而展开。然后在主题撰写中，概述当前综述主题下产生的学术争议、进展或历史发展等。综述文章中间部分的结构是根据所讲述的故事而设计的，因此很大程度上取决于作者所选择的主题。综述论文的结语部分，应该在追求结论一般化的同时给读者以更大的启迪和思考空间。在非常简短地总结了该综述和它的主要信息之后，应该强调该综述表达的含义，并指出我们目前的知识中所存在的差距与不足。

论文的撰写应包含题目、学校、摘要、前言、方法、结果、讨论、收获、致谢和文献。在前言中应阐明课题意义及国内外研究现状综述，正文中关于课题研究目标、研究内容和拟解决的关键性问题要清楚，拟采取的研究方法/技术路线/实验方案及其可行性分析要准确，课题的创新性要体现。创新性可以从问题新、方法新、角度新、效果新等角度进行阐述。参考文献是对信息或数据来源的合理引用，包括期刊文章、会议文章、教科书籍、报纸、非印刷来源（如视频资料等）、网站或其他在线资源、计算机材料（如已出版的数据、公开的数据集或光盘资料等）、专利资源、学位论文等。引用参考文献不仅为科学论文提供足够的背景，以便读者/编辑对该论文进行批判性地分析，从而让读者/编辑自己判断该论文的结论是否合理。同时也向读者提供背景资料和相关材料，以便读者既能理解当前的工作，又能根据当前工作和参考文献自主创建出一个学科网络。充足且合理的引用可以使作者在读者中建立可信度，意味着作者具备本领域扎实的学术背景，同时参考文献也能够提供给读者本领域其他相关的想法、数据或结论，以供读者/编辑比较和对比相关工作。

最后，整个课题的实施应合理分配时间，在确定课题、实验、论文节点后，按预期目标分配时间，注意轻重缓急，及时修正错误、完善实验，获取实验数据，撰写论文。

第 7—9 课时：脑科学导论（理论课）

【背景】认识大脑是认识自然的"最终疆域"，在未来 25 年人类面临的 125 个重大科学问题中有 18 个属于脑科学领域，包括记忆储存、语言、工具使用、意识的基础、合作、同理心、抉择、学习等。

【大脑的功能鉴定】古时候，人都认为用于思考的是"心"而非"大脑"。法国解剖学家加尔和施普茨海姆合著了两卷解剖学的书并提出了"颅相学"，将各色各样的心智与情绪功能，详细归属到大脑不同部位。法国生物学家皮埃尔·弗卢龙采用局部损毁法，得到了大脑功能（意志、知觉、智力）、小脑功能（运动协调）、延髓功能（生命维持）、脊髓功能（传送）及情绪功能（兴奋）。1861 年，法国神经学家保尔·布罗卡发现 8 名失语症病人的脑损伤部位均涉及左半脑额叶，并将此特定功能定位于语言区。1780 年，意大利医生路易吉·伽瓦尼发现死青蛙的腿部肌肉接触电火花时会颤动，从而发现神经元和肌肉会产生电力。他是第一批涉足生物电领域研究的人物之一，这一领域在今天仍然在研究神经系统的电信号和电模式。19 世纪，科学家们开始用微电流刺激来研究大脑的功能，例如，研究猕猴大脑的功能，利用癫痫患者研究人类大脑的功能，基于对大脑理解基础上的"脑控"，还有人工操纵大脑中的"恐惧"中枢和"价值"中枢。

【大脑如何认知客观世界】外部世界在大脑中的表征，即"认知"。在我们的感觉里，我们似乎能通过各种感官直接与世界连接，现实世界的一切似乎近在咫尺，触手可得。但是，这种触觉并非直接的体验，即使"触摸"这种感觉发生在手上，但实际上它真实地发生在大脑的感觉处理中心，所有的感官体验都是如此。虽然大脑被密闭在头骨里，从不曾直接接触外部世界，但它可以通过眼耳口鼻和皮肤这些感觉器官把检测到的各类信息源，包括压力、温度、光子等转化成大脑可以识别的电化学信号，这些电化学信号在我们大脑中由上千亿神经细胞通过百万亿个突触联结组成神经网络飞速穿梭，最终才以特殊神经环路实现感知、运动、思维等功能，生成了我们五彩缤纷的感官体验。此外，学习与记忆是大脑认知功能的基础，大脑每次的认知变化都会引起神经细胞结构的变化。

第10—12课时：大脑与食欲（理论课）

【食物的意义】俗话说，民以食为天。对人和动物而言，进食都是关乎生存的头等大事。但自有人类以来，食物就远远不只是一种维持生命的需求。马斯洛需求层次中，食物是金字塔的最下层，但同时食物也具有非常重要的社会价值，是一种快乐的源泉、语言的基础、情感的基本维度、重要的经济活动、社会组织的关键要素。食物将我们与他者、与自然、与动物之间的关系固定了下来，食物可以对我们处境的特殊性、以及性别关系的本质做出最为完美的衡量。对于单细胞生物而言，食物在进化中的意义可能仅仅只是"生存"：促进新陈代谢，为增殖提供能量；但对人类而言，食物不仅仅是维持生存的必要过程，而是承载着更高级和复杂的情感。食物与人类密切相关，由食物可以诞生愉悦和满足感，也能够促进人文环境的形成，奠定人类的社会组织关系等。

【大脑对进食行为的调控】物种在复杂多变的自然环境中，既要敏锐地发现食物线索，也要时刻提高警惕关注环境的变化。经过亿万年的变化，自然选择塑造出物种精妙的进食行为策略，并固化到了大脑保守的"古老"结构中。由于研究手段的限制，过去，研究者们大多只用"吃了多少"（即进食量）这一指标作为研究进食行为的"秤"。如今，人类已发现大脑中数十个脑区的多种神经元都可以控制动物"吃得更多或更少"，但大脑各个脑区多类神经元之间是如何协同工作，确保进食行为全过程顺利进行，至今未可知。

下丘脑弓状核中的刺鼠相关蛋白神经元（Agrp 神经元）、外侧下丘脑的 γ-氨基丁酸神经元（LHGABA 神经元）和背侧中缝核中的 γ-氨基丁酸神经元（DRGABA 神经元）是三类已知的可以促进进食的神经元。在片段化的进食行为中，三群神经元依次发挥功能，一方面保证了动物摄取食物的效率，另一方面使动物保持了对环境的警觉。此外，调控生理性进食的还有神经内分泌机制，例如由胃分泌的胃泌素，是 28 个氨基酸组成的多肽，作用于下丘脑，导致饥饿感；由脂肪细胞分泌的饱素，21 个氨基酸多肽，作用于下丘脑，抑制饥饿感，导致饱腹感。

【食物成瘾与肥胖】摄食障碍疾病（Eating disorder, ED）是一类精神疾病，最直接的表现是进食行为的异常。一方面包括暴食症等，会导致肥胖并引发其他代谢疾病；另一方面包括神经性厌食症，会导致严重的营养不良甚至死亡。世界卫生组织（WHO）的统计数据显示，2022 年中国成年人的肥胖比例达到了 16%，欧美一些发达国家的肥胖比例更是超过了 30%，给社会经济带来很大的挑战。神经性厌食症多发于青少年女性，发病率在 0.3%～1%。此外，焦虑、抑郁等情绪障碍性疾病也常伴有进食行为的异常。由于人们对摄食障碍类疾病发病机理的认识还不够清楚，目前对这类疾病的治疗在很大程度上是"头痛医头，脚痛医脚"，许多患者会出现病程的反复，难以达到有效的治疗。因此，对进食行为及其神经调控机制的详细解析，对研究摄食障碍疾病的发病机理、开发有效的治疗方法非常重要。

第 13—15 课时：时空认知和记忆（理论课）

【背景】人类的大脑无时无刻不在处理各种序列信息，无论是语言交流、动作实施还是情景记忆，均涉及对时序信息的表征。序列的执行需要一定时间，大脑需要在应用时序信息之前记住整个序列。例如，在问路时记住指路人给出的一系列方向指引，在学习新的舞蹈动作时记住老师演示的一连串动作模式。在这些情况下，不仅单个内容需要被记住，它们之间的顺序也不能混淆。认知心理学家们早在 19 世纪初就开始思考序列信息的表征方式，序列信息编码也被认为是人类语言句法结构的前提，机器学习领域对序列翻译的探索催生了如今的 Transformer 模型。但是，人们对具有时序信息记忆的大脑神经编码机制仍知之甚少。

【动物空间导航】动物导航是指动物在空间中定位和移动的能力，导航与动物生存密切相关。对于飞行距离较长，飞行路径近乎直线，飞行速度较高，飞行高度较高的一些动物，他们的导航策略包括信标导航，路径跟随，路径积分，认知地图，地磁感应等。信标导航指的是使用视觉信息来确定自己的位置和方向。路径跟随是指通过学习掌握最佳路径。路径积分是连续的累加/积分过程，需借助自身运动信息估测当前位置，无需路标或既定路径，但是过程中会有累积误差，需要对距离、方向两个信息进行实时测量。方向信号可能来源于太阳方向，天空偏振光分布模式（太阳光在大气层分布情况），风向等，而距离信息可能来源于步数和视觉光流（视网膜）。

【认知地图】认知地图是在过去经验的基础上，产生于头脑中的某些类似于一张现场地图的模型。它是一种对局部环境的综合表象，既包括事件的简单顺序，也包括方向、距离，甚至时间关系的信息。最早见于美国心理学家托尔曼所著《白鼠和人的认知地图》一文中。他在文中根据动物实验的结果认为，动物并不是通过尝试错误的行为习得一系列刺激与反应的联结，而是通过脑对环境的加工，在获得达到目的的手段和途径中建立起一个完整的"符号-格式塔"模式。因此，认知地图是空间环境在大脑中的内部表征，后引申为任何事物之间的关联在大脑中的内部表征（序列前后关系、人物关系、因果关联等），认知地图损伤伴随着空间感知障碍，临床上可基于此进行阿尔兹海默病的早期诊断。

【空间导航的神经基础】空间导航涉及的相关脑区是海马，包括海马-内嗅皮层内部的基本环路，以及海马与其他脑区形成广泛连接。海马是一个高等脑区，整合多种信息（如外部视觉信息），如果海马一处出现问题，则会引发空间记忆障碍。研究表明，海马损毁影响空间学习记忆和图片识别记忆。此外，有研究证实大脑的空间导航离不开网格细胞，大鼠的网格细胞位于大脑底部的内嗅皮层内侧，科学家发现当大鼠位于空间的某些位置时，某个网格细胞会强烈放电。不同网格细胞的六边形网格并不重叠，理论上来说，少数几个理想的网格细胞便可完整覆盖大鼠的运动空间。因此科学家认为，网格细胞的作用类似于地图上的网格，动物可以根据网格定位自身在空间中的位置，也可以确定自身与目标之间的位置关系。

第16—18课时：神经细胞的迁移（理论课）

【背景】在正常生理状态下，神经细胞发育的起始点是在脑室，但它们最终的位置却在远离脑室的灰质和白质。在病理状态下，神经干细胞可以经过长距离定向迁移到脑内病理损伤或胶质瘤区域。近年来的研究发现，在哺乳动物胚胎发育过程或者疾病状态下，神经细胞存在有序的定向迁移过程。在胚胎期，神经上皮细胞不断向大脑皮层迁移并分化为神经元以形成大脑的基本神经构成；成年后，海马齿状回也会产生大量的神经元并不断地迁移至目的区域。神经细胞的定向迁移不仅对机体的生长发育具有至关重要的作用，对于中枢神经系统的损伤修复也有重大意义。

【神经细胞迁移的细胞机制】胚胎期的大脑中包含顶端和基底类型的两种神经前体细胞，生理状态下神经细胞的迁移方式有两种：辐射式和切线式。20世纪70年代，美国耶鲁大学医学院神经科学家拉奇克通过对固定后的脑组织进行观察，提出神经细胞是沿着胶质细胞的纤维迁移的理论，后来在体外细胞培养中观察到神经细胞沿着辐射状排列的胶质细胞进行迁移，证实了这种迁移运动的存在。20 世纪 80 年代，科学家在实验中观察到，体外培养的神经细胞可以在胶质细胞的纤维上作双向的迁移，并且两个方向的几率无显著差异，提示神经细胞迁移的导向性有其他的影响因素。卢斯金等人在 1993 年提出了正切迁移模型，他们经过研究发现，鼠前脑的嗅球中间神经元的前体生胶质细胞产生于 SVZa（前脑亚室管膜层），它们在没有纤维的引导下沿头端迁移渠道向前移行数毫米到达嗅球。1996 年，美国西储大学鲁蒂绍尔等人发现前脑中线的隔区（septum）对 SVZa 的神经细胞有排斥作用。1999 年，科学家在体外的实验中证实了这种排斥性作用的存在，因此认为一些需要远距离迁移的细胞是以同一种神经细胞迁移的，并且这些神经细胞受某种排斥力沿同一方向迁移，称为正切迁移。

【神经细胞迁移的分子机制】早先人们对成纤维细胞的研究发现，细胞通过胞膜表面受体将外部信号传递到胞内，然后鉴别细胞因子的浓度梯度方向，通过在特定的方向形成伪足然后运动。但随后一些科学家否认了这一观点，通过伪足的定量分析研究后，他们认为当细胞感受到外部环境的刺激后，细胞在各个方向会随机产生伪足，然后通过回缩远离浓度梯度方向的伪足来调整自己的运动方向。但是目前，对于神经细胞如何确定自己的运动方向还不完全清楚，对它的猜测也是通过感受浓度梯度进而调整自己的运动轨迹。

第 19—21 课时：大脑中的体育课（理论课）

【背景】大脑无疑是人体最神秘的器官，无数精密元件集合成一个人的思想。但大脑也很脆弱，外力很容易就能损伤它。在哈佛大学的"大脑藏品"中有一样孤品，它来自铁路工头费尼斯·盖吉。这颗大脑，在大脑皮质的研究之路上意义非凡。它曾被铁棒贯穿，但却丝毫不影响正常生理功能，仅改变了主人的情绪和记忆。过去幽默、睿智、平易近人的盖吉，变得暴躁又专横。专职研究这个案例的学者认为，盖吉完全失去了对群体生活规范的尊重。根据许多证人的说辞：他不停说谎、暴怒而且暴力，与他原本的形象完全颠倒。脑科学家认为伤及大脑前额叶皮质，是使他丢失"道德行为"的主要原因。在盖吉这个案例中，铁棍穿过的大脑部分，正好伤及前额叶皮质。前额叶皮质能够为我们情绪进行加工，例如暴躁的时候，能够克制自我。一些精神病患者，就是因为前额叶与其他组织的信号受阻隔，无法表达正确的自我。

而盖吉同样是因为前额叶皮质受损，情绪的表达显得很原始，无法顾及他人也就无法适应社会生活。从某种程度上而言，盖吉的原人格遭到了破坏，大脑的"电路板"重组，获得了新的人格。

【中枢神经损伤后功能重建】在成年哺乳动物中，大脑皮层中的大多数皮质脊髓神经元发出轴突，直接投射到对侧脊髓，控制对侧肢体运动。因此，一侧半球的损伤往往导致对侧肢体的运动障碍，如中风或脑外伤。在损伤的急性期，大多数患者都有一定程度的自发恢复，主要表现为随着时间的推移，患者受损的功能能够得到部分恢复。但是在进入慢性期（超过 6 个月）后，有 $55\%\sim75\%$ 的患者遗留有患侧肢体的永久性功能障碍。近几十年来，许多研究致力于在损伤后的急性期对受损的运动下行通路进行保护与修复，主要的手段包括药物干预、干细胞移植、行为疗法和无创脑刺激。尽管这些早期干预措施可以部分改善运动功能，但大多数患者仍难以灵活地使用患侧的上肢完成精细运动，如抓握和操纵物体。值得注意的是，上肢的精细运动是预测患者在脑损伤后是否能完成日常生活和恢复就业能力的主要因素。最近的研究发现，健侧半球可以代偿受损半球的功能，控制同侧瘫痪肢体的运动。从健侧半球到瘫痪肢体的同侧皮质脊髓束（CST）是中枢神经系统损伤后实现精细运动功能恢复的最主要通路之一。然而，随着年龄的增长，这种同侧运动控制的代偿能力逐渐减弱。另外，这种代偿能力的强弱还取决于病变的位置和程度。近来许多新兴的技术也主要是利用健侧半球来控制瘫痪的上肢，如新型 NIBS 策略、基于脑机接口（BCI）的康复系统，以及左右颈七交叉移位术。这些策略都可有效提高瘫痪上肢的精细运动表现。

第 22—24 课时：时间与空间（理论课）

【基本概念】空间和时间是指事物之间的一种次序。空间用以描述物体的位形；时间用以描述事件之间的顺序。空间和时间的物理性质主要通过它们与物体运动的各种联系而表现出来。在物理学中，对空间和时间的认识可以分为三个阶段：经典力学阶段、狭义相对论阶段及广义相对论阶段。

【不同尺度的时间及生物基础】在时间轴的微观这一端，人类对时间的感知能力有限，有很多非常快的生命现象无法被我们察觉，比如真菌抛射孢子、水母蜇刺时射出刺丝囊只需几微秒。蜂鸟每秒振翅 50 次，这种频率处于我们的视觉感知极限处。自然选择做了权衡，让人类成为现在的样子，专注于最常见的危险事物所在的时间尺度。所以，动物心跳的数量级是秒，而昼夜节律和近年节律这两个内置生物钟分别以天和年为单位。人的心脏每秒跳动一次，有时快，有时慢，但不会相差太多。当我们屏住呼吸时，这个内在的节拍器会强行作用于我们的意识，而脉搏可能就是我们经常把秒用作时间量度的首要原因。秒对我们来说非常重要，但是秒并不是一种自然存在，而是人类在 17 世纪发明的。

【时间感知的理论模型】尽管时间知觉是意识的一个基本维度，但人们对于大脑是如何产生时间知觉这一现象的过程却仍然知之甚少。在最新的一项研究中，研究者基于非时程的感知分类加工对人类的时间知觉是如何实现的这一问题提供了一个全新的解释视角。为了阐释这一理论，研究人员基于前馈图像分类网络构建人造神经网络，其功能类似于人类视觉加工过程。在这一系统当中，输入信息为包含自然场景的视频，其使得神经网络的活动发生改变，活动不断发生显著改变的信息会不断累积，后续且被用于估计刺激时间的呈现长度。该系统对时间的估计长度与人类被试看这些视频内容所报告的时间长度基本一致，且其验证了一些关键特征，例如在忙碌城市中行走的场景与坐在咖啡厅和办公室之间对时间估计的差异。这一研究提供了一个知觉时间长度的工作模型，并为检验人类意识这一核心因素提供了新的方向。

第 25—27 课时：基因编辑技术（理论课）

【基因的简介】基因是指携带有遗传信息的 DNA 序列，是控制性状的基本遗传单位，亦即一段具有功能的 DNA 序列。基因支持着生命的基本构造和性能，储存着生命的种族、血型、孕育、生长、凋亡等过程的全部信息。环境和遗传的互相依赖，演绎着生命的繁衍、细胞分裂和蛋白质合成等重要生理过程。生物体的生、长、衰、病、老、死等一切生命现象都与基因有关，它也是决定生命健康的内在因素。因此，基因具有双重属性：物质性（存在方式）和信息性（根本属性）。基因结构由增强子、启动子和蛋白编码序列组成，人类大约有 3 万个基因。

【基因治疗的摸索】基因治疗是指将外源正常基因通过基因转移技术导入靶细胞，以纠正或代偿基因缺陷和异常引起的疾病，最终达到治疗目的的一种生物治疗方法。基因治疗最早由美国科学家迈克尔·布利兹于 1968 年提出，但直到 1989 年，美国食品药品监督管理局（FDA）才首次接受将载体导入的基因治疗方法用于晚期恶性黑色素瘤患者，标志着基因治疗临床试验的开启。此后，基因治疗经历了"螺旋式"的发展历程。在 2012 年欧洲药品管理局（EMA）批准了第一个基因药物——格利贝拉上市，用于治疗一种罕见性遗传病——脂蛋白脂肪酶缺乏症，但该药物最终因定价过高，需求量低而退市，但其标志着基因药物正式作为疾病治疗的新方法应用于临床。在长期的科研和临床实践和摸索中，基因治疗的基本策略主要包括两类：体内治疗和体外治疗。体内治疗是直接通过使用载体将修复基因导入局部和全身进行治疗。体外治疗是将患者的体细胞从体内分离，在体外进行培养并使用携带有正常基因片段的载体修复突变基因，最后通过注射的方式回输至患者体内以进行疾病的治疗。体外治疗一般使用整合型载体，对诸如造血干细胞一类具有持续分裂能力的细胞进行基因插入。而体内治疗则使用非整合性载体，大多通过静脉注射等与一般药物类似的给药方法，更加便于实行。但基因治疗也存在一定的问题，例如引起的免疫反应可能导致患者去世，病毒基因组的随机插入会引发意想不到的后果。

【基因编辑技术的发展与应用】基因编辑是一种新兴的能够较为精确的对生物体基因组特定目标基因进行修饰的基因工程技术。基因编辑工具是一个由序列特异性的 DNA 结合结构域和非特异性的 DNA 修饰结构域组合而成的序列特异性核酸内切酶，基因编辑的过程可以概括为一找、二剪、三修补，识别染色体上的 DNA 靶位点（找），进行切割并产生 DNA 双链断裂（剪），诱导 DNA 的损伤修复（修补），从而实现对指定基因组的定向编辑。简单来说，基因编辑就是利用一个经过改造的蛋白作为工具，对指定的基因进行定向改造。目前常用的是第三代基因编辑技术——CRISPR - Cas 技术，CRISPR - Cas 是基于原核生物（细菌和古生菌）一种免疫系统而开发的，称之为 Clustered regularly interspaced short palindro-mic repeats-CRISPR-associated proteins（规律成簇间隔短回文重复及其相关蛋白），简称 CRISPR - Cas 系统。由于该技术具有合成简单、周期短、操作灵活、效率高等优点，目前备受人们关注。CRISPR/Cas 的设计难度和构建难度小，成本低，开发周期短，靶向修饰效率更高，此外 CRISPR/Cas 还具有可以多靶点编辑和可以编辑 RNA 的优势。

第 28—30 课时：视觉信息处理（理论课）

【视觉信息处理过程】视觉信息的处理涉及多个区域和神经回路，包括眼睛、视觉皮层和下丘脑等部位。眼睛可以感知视觉信息，并通过视网膜传递到大脑，每个研究都可以接收到不同的角度，而视觉皮层则将这两个角度的信息对比，并将左眼和右眼的信息，合并成较为立体的三维图像。人类便可以通过这样的视觉信息来感知和理解周围的环境。视觉皮层是大脑中的一个关键区域，它包括多个处理信息的区域，根据功能组织方式，可将其分为多个层次和区域，这些区域包括初级视觉皮层，其功能在于简单的分离视觉信息，如边缘和方向信息；中级视觉皮层和背侧通路，负责检测和分离更复杂的信息，如形状、颜色和运动等；顶侧通路和大脑后额叶负责高级信息的处理，如人脸识别、物体识别和语义信息处理等。此外，大脑处理视觉信息的过程，也伴随着多个神经回路的合作与协调。比如，我们视觉信息处理的速度，并不是单纯的个体快慢差异，而更多取决于视觉皮层中的扁平细胞和长柱形细胞等神经元间相对独立的分工和相互协作。

【光转导】黑暗条件下，视杆细胞上的视紫红质（视黄醛＋视蛋白）不活跃，暗电流，细胞去极化，突触终末释放谷氨酸，cGMP 含量高，钠离子通道打开。光照时，视黄醛变为全反构型，与视蛋白分离，开始工作，cGMP 含量少，钠离子通道关闭，细胞超极化，谷氨酸含量下降。

第 31—33 课时：大脑如何听见声音（理论课）

【声音是什么】声音是一种波动。当演奏乐器、拍打一扇门或者敲击桌面时，声音的振动会引起介质——空气分子有节奏的振动，使周围的空气产生疏密变化，形成疏密相间的纵波，这就产生了声波。音调越高，频率越大；音调越低，频率越小。人的听觉频率范围是 $20\sim20\,000\,\text{Hz}$，高于这个范围的波动称为超声波，而低于这一范围的称为次声波。（韦伯定律）

【听觉传导：声波如何变成神经电信号】当声音更响的时候，毛细胞的震动更明显，也就能够产生更密集的动作电位，编码响度可能存在两种方式：对于单个细胞来说，产生更高频的放电；对于一群细胞来说，更多的细胞开始放电，即宏观上总的放电频率上升。对于不同声音频率，不同位置的毛细胞会放电。关于耳蜗中声音频率和响度的编码，则是六级神经元将耳蜗的信号高保真地传输到大脑皮层，在进入大脑皮层之前，声源的位置信息已经能被分析出来。频率、带宽、响度、反应延时等均在初级听皮层有各自的分布图，当信号传递到听皮层后，听皮层会将信息继续传递到其他高级脑区进行进一步的信息加工，比如，汇总位置信息给后顶叶皮层，再把内容信息一起传递给负责认知决策的前额叶皮层。

【听知觉的通感调节】20 世纪 70 年代中期，英国的心理学家麦格克发现了一个很有趣的现象：让志愿者观看视频，一个音节 ga，在配音时发出的音为 Ba，而志愿者表示听到的声音是 da，这个现象表明视觉和听觉获取到的信息不一致共同创造出了第三种全新的声音。麦格克把这种现象成为麦格克效应（McGurk effect），即观察讲话者的表情会影响听觉语音的识别，当视觉观察到的唇部运动与听觉听到的相应的声音不匹配时，大脑会对眼睛和耳朵提供的矛盾信息进行努力猜测，自己创造出新的音节。

第 34—36 课时：躯体感觉的神经基础（理论课）

【嗅觉介绍】据估计，人们能够区分 10 000 到超过一万亿种不同的气味。1990 年初，人们已经知道气味通过激活一系列 G 蛋白偶联受体来刺激鼻子中的神经元，但没有人知道以嗅觉为中心的 GPCR 的身份，即需要多少种不同的受体才能实现哺乳动物巨大的嗅觉能力。哺乳动物基因组中嗅觉基因多达 1 000 种，约占基因组基因的 3%。然而，并非所有这些潜在的气味受体基因都被表达和发挥作用。根据来自人类基因组计划的数据分析，人类有大约 400 个编码嗅觉受体的功能基因，其余 600 个候选基因是假基因。每个嗅觉感受神经元只表达一种气味受体，表达相同气味的受体汇聚到相同的嗅小体。

【味觉介绍】味觉是人体重要的生理感觉之一，在很大程度上决定着动物对饮食的选择，使其能根据自身需要及时地补充有利于生存的营养物质。味觉在摄食调控、机体营养及代谢调节中均有重要作用。人类主要有五种基本味觉：甜、苦、鲜、咸、酸。味觉的感受器是味蕾，主要分布在舌表面和舌缘，口腔和咽部黏膜的表面也有散在分布。味蕾是由味觉细胞组成的，其上表达味觉受体，可检测和辨别各种味道。不同部位的味蕾对不同味刺激的敏感度不同，一般舌尖对甜味比较敏感，舌两侧对酸味比较敏感，舌两侧前部对咸味比较敏感，而软腭和舌根部则对苦味敏感。味觉的敏感度常受食物或刺激物本身温度的影响，在 20～30℃之间，味觉的敏感度最高。另外，味觉的辨别能力也受血液化学成分的影响，例如，肾上腺皮质功能低下的人，由于血液中低钠而喜食咸味食物。因此，味觉的功能不仅在于辨别不同的味道，而且与营养物质的摄取和机体内环境稳定的调节也有关系。

【痒觉介绍】痒觉是指能引起搔抓渴望或搔抓反应的不愉快感觉，是皮肤感觉的一种。痒觉的发生机制非常复杂，许多体内、外因素，如机械性的搔抓、强酸、甲酸、醋酸、弱碱、甲基溴化物、芥子气、某些植物及机体细胞受损后所产生的一些物质等，都可以引起痒感。一般认为痒觉与痛觉关系密切，可能是通过游离神经末梢或毛囊周围末梢神经网传导。也有研究认为，痒觉主要是通过表皮、真皮交界处的感觉器官和浅层皮肤丛感受传导。

第 37—41 课时：开题答辩（实践课）

明确选题，撰写开题报告，阐明与选题有关的国内外研究综述、选题的理论意义和实际意义，说明所要解决的主要问题及研究途径与方法，规划研究进度及具体时间安排，并完成开题答辩。

第 42—69 课时：研究实践（实践课）

按照已定的研究计划开展研究实践。

第 70—75 课时：中期答辩（实践课）

课题研究中途，撰写中期研究报告，写明课题完成情况及研究进展，并完成中期答辩。

第 76—90 课时：研究实践（实践课）

根据中期研究报告和专家意见，继续完成后续的研究实践。

第 91—96 课时：结题答辩（实践课）

撰写结题报告，完成结题答辩，并整理成一篇完整论文，包含题目、学校、摘要、前言、方法、结果、讨论、致谢和文献等。

◎ **课程评价方案：**

本案例结合本课程的课程目标及课程内容，依据新课标中科学思维、科学探究的学业质量标准描述。本课程评价的主要内容为"学生科学思维的发展"和"学生科学探究的能力"，即学生是否逐步养成科学思维习惯，运用归纳与概括、演绎与推理、模型与建模、批判性思维、创造性思维等方法，探讨、阐释生命现象及规律的能力；是否具备了观察能力、发现问题的能力、设计和实施探究方案以及探究结果的分析交流等能力。评价方式主要为论文，通过对学生论文的选题、论据、材料、数据、格式等方面进行评价，主要考察学生学习态度和能力、学习热情及情感体验，学生的动手操作能力和科研潜力。教师可以用谈话、鼓励、评语等形式及时反馈评价情况，促进师生互动，激发学生的潜能。

◉ **课程实施反思：**

本课程是在"课程即素养"指导思想下设计的指向科学思维和科学探究的选修课程。本课程是针对上海中学科技班、工程班的学生而设计的，根据本课程设计指南，课程的关键词是"好奇心、求知欲"，主要指向的课程目标是通过浅析脑科学与人工智能的思维与研究方法，让学生了解脑科学研究方向与前沿动态，并通过探究实践课程培训，使学生进一步形成科学思维，主动探究科学问题。据统计，当前，全球有超过 5 000 万阿尔茨海默病患者、3.5 亿抑郁症患者，近 10% 的儿童患有多动症。据世界卫生组织的统计，包括各种神经类和精神类疾病在内的脑相关疾病已经超过心血管病、癌症，成为人类健康面临的最大威胁。虽然人类已经可以"上九天揽月""下五洋捉鳖"，但对大脑这个由上千亿神经细胞组成的 3 磅重的器官仍知之甚少。因此，越来越多的科研机构和科学家正在投入到脑科学的研究中。21 世纪以来，脑科学研究呈现百花齐放、百家争鸣的局面。科学家们不但揭开了五觉（视觉、嗅觉、味觉、听觉、感觉）的工作原理、脑信息传递和优化处理的机制，揭示出精神疾病（如抑郁症、帕金森症、癫痫等）的产生机理，还成功绘制出大脑的动态发育蓝图，破译了人类大脑的两个组织轴，以及脑神经元网络结构适应环境的动态机制等。本课程为中学生入门脑科学提供了渠道，通过向学生介绍前沿的脑科学知识，激发学生进一步探究大脑宇宙的欲望，达成了指向核心素养之科学思维和科学探究的选修课程的课程目标。

◉ **学生反馈：**

本学期的讲座从不同的角度介绍了脑科学领域乃至有关人体生物学的方

方面面。

在最小的分子、离子层面，讲座介绍了纳米材料是什么，以及不同种类的纳米材料是如何检测、调控生物的神经活动的。一次神经活动伴随着质膜上离子通道的打开与关闭，这会导致不同离子（K^+、Na^+、Cl^- 等）在细胞内外流动，造成质膜内外离子浓度及电位差的变化。纳米材料探针可以对这种离子浓度的变化作出反应，从而检测神经活动。纳米材料调控原理类似于将检测过程反向进行，即在特定温度、压力条件下释放化学药物（化学遗传）或光信号（光遗传）来人为创造神经活动，帮助神经系统存在异常的人完成一些任务。

再大一点的基因层面，讲座里也介绍了基因治疗技术。一种是将 AAV 病毒注射到相关器官内，将功能正常的基因转入细胞基因组成为其一部分，替代有缺陷的基因行使功能。治疗时，AAV 病毒会感染相关细胞，进入其细胞核放出基因信息形成附加体，细胞可通过此附加体合成出功能正常的蛋白质。另一种是使用基因编辑技术 CRISPR，在原位修复有缺陷的基因，做到永久性的治疗。治疗时，具有特异性的编码 Cas9 蛋白会被输入目标细胞的基因组中，寻找、识别靶基因，并进行单链或双链切割，破坏异常基因序列并插入正常基因序列，从而激活或者抑制基因表达，达到治疗效果。

到了更大的细胞层面，讲座中介绍了负责视觉、嗅觉、味觉、触觉的不同细胞是如何相互联系、共同工作的，如视觉系统中视杆和视锥细胞感受外界的光后，交给水平、双极、无长突三种细胞处理信息，再由神经节细胞沿视神经传到相应脑区处理储存。

最后到了整个神经系统层面，讲座介绍了生物体的时空感知以及中枢神经系统损伤的治疗等内容。如对于脊髓严重受损（伤及中枢神经）的患者，就不能用普通的神经元细胞移植或基因治疗，而要建立闭环深部脑刺激系统来修复其运动功能。其基本工作原理是，先记录下功能正常的肌肉与皮层的运动及放电模式，进行解码，再在患者脊髓上相应的部位释放相同的刺激，使患者可以做出相同的动作。这与脑、脊髓、肌肉等部分的研究都有关系。

人体从分子、基因，到细胞、组织、器官、系统，一切互动与合作都十分精妙，甚至可以说是世界上最精妙的一种存在。所以，当人体出现各种疾病时，对原本的系统进行修复或仿制自然是最有效的方法。若能不断探索我们人体自身，许多疾病，甚至是在生活中、社会上出现的各种问题，都是有可能解决的。脑科学、生命科学的意义或许就在于此。

（2025 届　蒋闻恺）

　　"时间与空间"这节课给了我很大的启发。目前，基于卫星的空间定位系统还存在一些缺陷，所以我认为可将生物体本身的空间感知原理应用于实际。比如对于视力障碍或空间感知能力受损的人群，可类比昆虫与鸟类，在身上佩戴传感器接收外界信息，再用信标导航、路径积分等方式处理，得出合适的运动路径，帮助这些人出行。此外，在经过更多研究后，有可能在神经层面直接帮他们获得空间感知能力，如神经的修复或感官互通等。总之，这项工作对脑神经的研究有很高的要求。此外，我也认识到了神经方面的研究并不是孤立的，而是和生物学许多其他领域联系在一起的，如解码脑电波所用的数学模型、机械臂涉及的计算机与工程技术等。回到具体问题，这些研究对神经或肢体受损的人群也有重大生理和心理意义。但如同视神经再生这样问题的研究仍有很大空间，我们不能停止探索的步伐。

　　另外，"神经细胞的迁移"这节课也给我留下很深的印象，教授个人特点很明显，讲解深入浅出，虽然专业词汇较多使我在理解上略有困难，不过知识体系非常完整。神经细胞迁移，体现了神经细胞的有序性对于生命活动的重要性。关于细胞迁移的分子层面的原理，教授用了大量图片来解释说明，主要是微管微丝起到了主导作用，同时还有相关分子帮助细胞延伸。而对应的脑部疾病，大部分是先有症状，后通过做 MRI 来观察脑部情况，这也有可能是由于神经细胞迁移异常导致的，为医学上脑部疾病的治疗提供了参考。

（2025 届　金子越）

　　"大脑与食欲"这节课采用通俗易懂的方式介绍了摄食、大脑与肥胖的关系，使我们认识到进食背后还有这么大的学问和奥秘。食物的价值和作用在各方面都是巨大的，也是人类生存的基本保障。同时，与食物相关的疾病也不在少数，诸如肥胖症、厌食症等。这些与食物相关的疾病看似不是大问题，但实际上与肥胖有紧密联系的癌症就有 13 种，而厌食症患者中更是有约 1/5 的人会自杀，与饮食相关的医疗科学的重要性可见一斑。现在，肥胖已然成为全球性健康问题，中国成年人中已有超一半的人超重或肥胖。在这次课程中，我意识到生活中习以为常的进食行为可能也在某种程度上反过来塑造着自己的神经活动——习惯能够改变一个人的大脑面对刺激时的反应。俗话说"玩物丧志"，锦衣玉食或消磨人的心智，这都是有科学依据的。我们在日常生活中一定要注意节制，为自己的身体健康负责。同时，瘦素的发现与使用让我明白：没有一个东西是完美的，所有的事物都有其优点与缺点，万灵药是不符合科学现实的。我们在面对一个新潮的理念时，第一反应一定也应该是冷静地了解背后的原理，而非跟风凑热闹。

　　"大脑中的体育课"这堂课中所花时间最多，也让同学们最感兴趣的问题应该就是大脑移植了。如果可以解决这个问题，很多高位截瘫、终身残疾的病人便可以恢复一些能力。但这项工作解决的前提是解决脊髓损伤的问题，而目前相关技术还十分不成熟。要解决换头的问题，首先要解决的就是换头后如何呼吸。而截至目前，所有进行过换头手术的动物都没能长时间存活，所以这项技术要发展到先在一般动物身上试验成功，再到灵长类动物，然后到人类身上成功，最后到通过临床实验得以推广还有很长的路要走。除了换头术，这节课中还有那些通过解码技术使猴子通过大脑控制拿到食物，以及高位截瘫病人喝到可乐的例子也让我印象深刻。这些看似十分复杂的技术原理也不算太复杂，而是通过计算 x，y，z 方向，以及抓取的向量完成的。这项技术如果能发展成熟，也能为更多病人提供便利。但在发展技术、进行科学研究以造福人类的同时，还有如动物实验等涉及伦理的问题有待平衡和解决。关于大脑的科学总是神秘和复杂的，还有很多未解之谜等待探索。

（2025 届　闫小琪）

　　本次关于"基因编辑"的课程由罕见病引入，再说到 DNA 的突变导致的基因疾病。DNA，脱氧核糖核酸，携带着遗传信息，有着引导生物发育与生命机能运作的功能。作为 20 世纪最伟大的发现之一，在生物学、医学等领域发挥着非常重要的作用，也催生了伟大的基因技术。基因技术帮助人类治愈疾病，增大植物产量，检测病毒等，在各个领域都发挥着重要作用。虽然基因编辑技术有会脱靶、涉及敏感的伦理问题等缺陷，但仍大大地造福人类和人类生活。这次讲座对于基因疾病的治疗，主要从将功能正常的基因转入细胞基因组的某一部位以替代缺陷基因来发挥作用的角度来切入。目前基因治疗最大的问题就是免疫反应和病毒基因组的随机插入，若能得到控制将在医学上大有作为。目前的研究方向是由 AAV 病毒根据特异性来运输基因片段，通过 CRISPR、Cas9 蛋白、dCas9 等蛋白来改变原有基因，但其安全性有待提高，可能会导致染色体重排和 DNA 大量缺失。最重要的是我们还应注意到人胚胎编辑引发的巨大的伦理思考，这些问题都还未被攻克。

在赞叹于 DNA 的神奇和基因编辑技术的广泛应用之时，我也不禁想到也许基因编辑技术可以发展出更多应用，比如改造动物应用于试验等。在伦理学问题划定的框架之下，未来人类一定能利用这种技术做出更多的改变。也许作为中学生我们在这方面能做的课题范围很少，但我深信这种技术未来一定能更好地造福社会。

（2025 届　朱韬宇）

◎ **教研组反馈：**

大型专门课程是为上海中学"拔尖创新人才早期培育"项目量身打造的。脑科学与人工智能方向是 2018 年为科技班、工程班的学生增设的课程，得到了华山医院、中国科学院神经科学研究所、中国科学院自动化研究所等机构部门的大力支持。作为该课程的主理人，陈思老师对课程的内容进行了细致的规划和编排。早期以讲座课、理论课等形式为学生铺垫相应的基础知识，同时提供脑科学下的各个热门"子板块"的引入，如"时间与空间""大脑与食欲""大脑中的体育课"等极大地刺激了学生们的神经，部分学生就直接选定了相关领域进行个人的探究性学习。本课程作为重点培育学生"科学探究"能力的选修课，教师选定了以"科研论文"的形式进行课程的评价是适切且合理的。学生只有在充分理解科学研究的基本规律，掌握了科学探究的基本方法，且亲身经历科学问题的提出、研究方案的制订、实验实践的进行、实验结果的汇总及分析等过程才有可能撰写出一篇结构清晰、结论科学严谨的论文。自本方向课程开设以来，已经有相当多的论文获得了市级以上的荣誉，如《基于机器学习的三维空间关键点追踪和特征轨迹搜索算法及其程序设计》获第 37 届上海市青少年科技创新大赛一等奖，《探究音乐对狨猴行为的影响》获第 37 届上海市青少年科技创新大赛二等奖。可见，该类型的选修课程能够真正培养学生全面的科学探究能力，同时也促进了科学思维、社会责任、生命观念等核心素养的进一步发展。

（教研组长　张智顺）

案例八 生物（医学）方向优势潜能课程
（科学探究）

◎ **课程开发**：耿芳

◎ **课程类别**：大型课程（2 学分/学期，共 4 学期）

◎ **课程目标**：

通过 1～36 课时的理论课程，拓展学生对于生物学和医学领域前沿科研成果的了解，加深其对相关知识的学习，提高科研兴趣和热情，培养创新思维。通过 37～96 课时的实践课程，以任务为驱动进行项目式培育，增强学生的动手实践能力和科学探究能力。

◎ **课程由来**：

上海中学于 2008 年起面向科技和工程实验班学生开设了"专门课程"，旨在培养高中生的科学素养，帮助学生聚焦其志趣。本方向为上海交通大学与上海中学联合打造，在科技和工程实验班开展的"高中生创新素养培育项目"之一，已经累计有数十位专家教授参与了本专门课程的讲授与指导，培养了大批英才，成果斐然。生物学是自然科学中的一门基础学科，是研究生命现象和生命活动规律的科学，它是农业科学、医药科学、环境科学及其他有关科学和技术的基础。生物学的研究经历了从现象到本质、从定性到定量的发展过程。当今，它在微观和宏观两个方向的发展都非常迅速，并且与信息技术、工程技术的结合日益紧密，正在对社会、经济和人类生活产生越来越大的影响。而医学是处理生命的各种疾病或病变的一种学科，促进病患恢复健康的一种专业，其研究进展与生物息息相关。因此，开设生物学和医学方向的专门课程能够提高学生对于生命科学和医学领域科学研究的认知，对培养学生的科学探究能力和创新思维具有积极意义。

◎ **课时安排：**

理论课	课程内容
第 1—6 课时	科学研究的艺术
第 7—9 课时	选题及论文指导
第 10—12 课时	微生物与绿色地球
第 13—15 课时	细菌信号转导
第 16—18 课时	乳酸菌及其特性研究
第 19—21 课时	基因的结构与功能
第 22—24 课时	合成生物学
第 25—27 课时	肿瘤的前世今生
第 28—30 课时	疾病的检测
第 31—33 课时	核酸分子检测技术
第 34—36 课时	从蚊子到诺奖
实践课	课程内容
第 37—41 课时	开题答辩
第 42—69 课时	研究实践
第 70—75 课时	中期答辩
第 76—90 课时	研究实践
第 91—96 课时	结题答辩

◎ **课程内容：**

第 1—6 课时：科学研究的艺术（理论课）

【背景】自然的奥妙与人类的好奇心是揭示规律的良方，也是科学研究的趣味。好奇心是对新事物、新环境所产生的注意、操作、提问的心理倾向，是认知与情感相互作用的产物，是一种原始内在的冲动，对创造力的发展具有重大作用。一切科学发明和创造都来源于提出问题。养成提问的思维习惯要经历提问、解答、再提问、再解答的过程。物理学家杨振宁提出科学是一门猜想的学问。科学研究三部曲包括提问、假设与设计。

【提出科学提问】科学并不神秘，科学并不遥远，真理常常就在你的身边，就看你有没有一双敏锐的眼睛，有没有一个善于思考的头脑。要学会提出科学问题。爱因斯坦指出提出问题往往比解决问题更重要，因为解决问题也许是一个数学上或试验上的技能而已，而提出新问题，则需要有创造性和想象力，而且标志着科学的真正进步。好的科学问题一般具有以下特点：科学性/前沿性、创新性、可验证性、重要价值/社会需求、符合年龄特点。

【建立并验证科学假设】假设包含一种对结果的预料或预测、一种猜想到的答案或者没有被验证的理论。好的科学假设能够被验证、预见性高、准确性强、逻辑清楚简单。科学研究需要找到科学问题的原因，将其转化为科学猜想。具体提出问题的方法有大脑风暴、讨论、分析和争辩。假设验证是通向科学发现的金钥匙。科学实验的目标即为验证或证明基于科学问题建立的科学假设。科学的方法可用于探索未知的真实性和验证理论的正确性。

【设计科学实验】研究计划需包含确立研究的题目、介绍研究的背景及目的、描述主要的研究内容、研究内容的实施方案与流程、安排实验的进度及时间节点和列出预期的研究成果。

【科技创新】中学生阶段的科技创新使学生形成科技实践中的合作精神和创新精神，能主动获取与生活和周围环境有关的现代科技基础知识，并对一些科学现象进行描述，培养学生的参与能力、动手能力和解决社会实际问题的能力，掌握一定的科技技能。

第7—9课时：选题及论文指导（理论课）

【选题准备】选题应从真实问题出发，聚焦学科目标，围绕学生兴趣，注重原创，关注自然、家人和中国文化。前期准备包括通过网上或科技文献检索部门建立查新报告、实验日志用于关键信息和重点内容的记录、实验记录本用于清晰全面和真实的数据记录。

【科学思维与实验】科学思维是指为了正确认识客观世界所具有的思辨模式和认识方法，它是连接实践与理论的桥梁。或者可以说，科学思维是指符合认识规律、遵循一定的逻辑规则，并能够达到正确认识结果的思维。一般说来，科学思维有以下几个主要特点：客观性、精确性、可检验性、预见性和普适性。实验过程中要设立生物学重复、数据分析要科学、培养学生们严谨的科学态度、试验结果详实、做好记录。

【论文撰写】论文组成应包含题目、学校、摘要、前言、方法、结果、讨论、致谢和文献。注意前言涉及文献大于 10 篇，前言要具有先进性（2010 年以后的文献要有；国内外论文），结果分析正确、科学、不要太繁琐，论文要具有可读性。

第 10—12 课时：微生物与绿色地球（理论课）

【背景】生命科学是研究生物（包括植物、动物和微生物）的结构、功能、发生和发展规律的科学，是自然科学六大基础学科之一。生命科学研究的目的是阐明和控制生命活动，改造自然，为农业、工业、环境和医学等实践服务。生命科学的特点是基础科学和应用技术涉及面广，学科交叉性强。生命科学为生物产业的快速发展提供强有力的支撑。微生物组学已成为国际研究热点，微生物组研究热点众多，肠道、口腔、土壤、大气、污泥等都得到了广泛研究。环境健康是人类健康的前提，被污染土壤及水体会严重危害人体健康。

【环境问题】环境问题是人类在生存和发展过程中与周围环境之间的矛盾和相互制约。人类的活动一方面创造了舒适的生活条件，另一方面由于认识能力和科学水平的限制以及某些不合理的行为，使人类所处的环境明显恶化，出现环境问题。当今全球重大的环境问题很多，例如：人口膨胀导致过度开发、能耗过大，导致大气污染、淡水匮乏和水质变坏、垃圾成灾。工业生产环节中，如原料生产、加工、燃烧、加热和冷却、成品整理过程，排放的废水、废气和固体废弃物造成环境污染。工业污染源排放的有毒化学品数量大、种类多，一直受到人们的广泛关注。近年来在我国农村星罗棋布的乡镇工业的污染对生态造成的破坏不容忽视。交通污染物指汽车、飞机、船和内燃机车等造成的污染，主要是因为汽油、柴油不完全燃烧所引起的。汽车排放的尾气含有 CO、NO_2、碳氢化合物、醛类和苯并芘等；还有运输容器的清洗水和压舱水污染。生活污染包括燃煤污染、污水污染和固体废弃物污染。近年来合成洗涤剂和一次性塑料包装制品的用量猛增，生活废水中表面活性剂、磷酸盐所占的比例提高。大量废弃的塑料制品以及农业生产使用的塑料薄膜造成了"白色污染"。

【微生物】微生物是典型环境有机污染物降解的最佳"选手"。微生物是存在于自然界的一大群体型微小、结构简单、肉眼直接看不见，必须借助光学显微镜或电子显微镜放大数百倍、数千倍，甚至数万倍才能观察到的微小生物。微生物包括原核类的细菌、放线菌、支原体、立克次氏体、衣原体和蓝细菌；还包括真核类的真菌、原生动物和纤维藻类；也包括非细胞类的病毒、类病毒和朊病毒。微生物组指一个特定环境或者生境中所有微生物，包括其种群、数量、遗传及非遗传物质。微生物组学研究微生物组的功能、形成机制，以及微生物之间或者与宿主、环境的关系。微生物包括有土壤微生物资源、海洋微生物资源、动物肠道微生物资源和太空微生物资源。

【微生物与环境问题】造纸黑液是一种公认的强碱性人工废水和严重的环境污染源，来源于麦草原料的造纸黑液具有很高的 pH 值和 COD 负荷（即化学需氧量负荷），目前还没有一种经济有效的方法对其进行彻底治理。研究人员利用自然形成菌群中的一些分离菌株构建了一个高效处理造纸黑液的人工菌群，突破了一直以来微生物不能够直接处理高 pH 值、高 COD 负荷的造纸黑液的瓶颈。本项目产品喷洒价格仅为国外同类产品的二三十分之一，所以短短 3 年内，快速在全国 16 个省 43 个地级市内推广开来，受到各地应用单位和当地政府的肯定和好评，产品应用于全国 100 多个垃圾中转站、20 多个城市生活垃圾填埋场、10 余个垃圾焚烧厂以及 40 多个公共厕所等的臭气治理。难降解有机污染物微生物分解代谢机理研究框架包含高效降解资源挖掘（高效降解微生物资源挖掘＋高效降解基因资源挖掘）和微生物降解机理研究（代谢途径＋分子机制＋生化机制＋调控机制），从而实现杂环有机污染物高效降解及资源化利用，为改善地球生态环境提供理论与应用支撑。

第 13—15 课时：细菌信号转导（理论课）

【细菌群体感应】群体感应是指细菌通过信号交流，监测自身或其它细菌群体密度的一种联络方式。细菌群体感应信号发现于 20 世纪 70 年代，科研人员推测发光菌可以产生一种信号分子，"自我诱导"启动发光现象，乌贼鱼可与费氏弧菌共生。一种微生物可能拥有多套群体感应系统、产生多种群体感应信号分子，协调或调控微生物的生物功能。AHL 酰基高丝氨酸内酯家族是目前研究最多的一种群体感应通讯信号分子，已知有超过 200 种细菌产生 AHL 家族信号，AHL 信号分子均有一个保守的高丝氨酸内酯，但脂肪酸侧链长度和取代基则变化不一。AI－2 被认为是一种广泛存在的种间通讯信号，基于 luxS 同源基因可以在数百种微生物中找到，并且若干具有 luxS 同源基因的其他种类细菌可以诱导哈维氏弧菌产生荧光，AI－2 家族群体感应信号合成依赖于 LuxS。

【细菌信号传导机制的利用】植物病原菌语言和通信联络机制的研究将为培育新型抗病新种开辟新的方向。以 QS 系统作为细菌病害防治的靶点，其作为一种新型抗生素不以杀死细菌为目的，可干扰病原菌致病因子的正常表达，特异地抑制病原菌的致病性，干扰 QS 的制剂可与已有的杀菌剂混用，对病原细菌存活生长的压力较小，不易产生抗药性。QS 系统作为细菌病害防治的靶点有利于延缓抗性菌株的流行并相应地减少环境污染以及病虫害防治费用。在医学方面，工程菌"SLC-hly"产生溶血素分子通过破坏肿瘤的细胞膜，达到摧毁肿瘤细胞的目的。工程菌"SLC－cdd"产生 CDD－iRGD，诱导肿瘤细胞细胞凋亡即"肿瘤自杀"。工程菌"SLC－ccl21"产生趋化因子mCCL21，激活人体免疫系统，调动人体 T 细胞和 DC 细胞等围攻肿瘤。

【黄单胞菌与植物间的"攻防战"】黄单胞菌体外培养过程中，只有在细菌生长后期（高群体密度），致病因子才大量产生，其在植物叶片表面水孔或伤口周围形成菌落，在植物维管束内形成菌脓。高群体密度环境下，通过群体感应机制调控致病因子产生，致病因子表达受群体感应信号 DSF 严格调控。黄单胞菌通过感应胞内外 DSF 信号分子的浓度，监测群体密度，当群体密度超过某一阈值，通过 RpfC/RpfG 双组分信号系统、二级信使 cyclic di－GMP、全局性调控因子等信号传导途径，调控致病与适应相关基因表达。植物代谢产物水杨酸能诱导群体感应信号降解，其机制是诱导黄单胞菌胞内外pH 升高，提高 RpfB 酶活性，导致 DSF 降解。黄单胞菌感应和降解酚酸类代谢产物，促进致病性。黄单胞菌快速感应酚酸，并启动酚酸降解和利用途径，是植物病原黄单胞菌的一类新型致病机制。黄单胞菌与植物之间的"攻防"非常精细，是长期自然进化的结果，两者之间的关系并不是"你死我活"，而是一种复杂的交织。

第 16—18 课时：乳酸菌及其特性研究（理论课）

【乳酸菌的益生功效】乳酸菌主要发酵产物为乳酸，属于革兰氏阳性菌，广泛存在于动、植物中，有 18 个属，200 多种。乳酸菌属于益生菌，往往定植于人体耐受特定环境，在摄入适当量后能够对人体产生有益作用。乳酸菌的益生功效体现在：①调节胃肠道失调，抑制有害菌生长，治疗腹泻、便秘、溃疡性结肠炎、肠易激综合征等。②调节免疫力，促进特异性和非特异性免疫抑制过敏反应。③通过促进乳糖代谢，增强乳糖耐受。④保护心血管系统，降低血清胆固醇，降低血压，调节血糖和抗氧化。⑤抗结肠癌，减少次级胆汁酸合成和降低 β-葡萄糖醛酸酶活性。⑥具有营养作用，可增加钙离子吸收。益生菌产品出现在人们生活的方方面面，例如酸奶、乳酸饮料、益生菌制剂和日用品等。

【乳酸菌的安全性问题】益生菌有潜在的致病性和感染能力，实验证据表现为在易感人群的病灶中分离到了益生菌。感染是指细菌、病毒、真菌、寄生虫等病原体侵入人体所引起的局部组织和全身性炎症反应。菌血症是指细菌经创口等方式进入血液，并在血液中繁殖，引起的一种全身性感染疾病。除此之外，益生菌可能还具有耐药性问题。益生菌的潜在安全问题研究可通过全基因组测序进行，具体流程为大规模测序、Contigs 排序、填补空白和测序结果拼装。基于基因组学的安全性评价包括表型分析（16 种抗生素耐药性分析、有害代谢产物合成）、基因组序列分析（抗生素耐药性基因、致病性相关基因、有害代谢相关基因）和基因组稳定性（可转移元件分布、安全性相关基因转移能力）。

第 19—21 课时：基因的结构与功能（理论课）

【什么是基因】生命的本质是生物在形态、生理和行为上发生的世代之间十分缓慢、可遗传的变化。达尔文的"物种起源"提出所有生物都是相互关联的，源于同一个祖先。孟德尔的研究则从机制上给予了解释。摩尔根发现遗传学第三定律——基因连锁和交换定律。1933 年，因摩尔根发现了染色体在遗传学中的作用而荣获诺贝尔生理学或医学奖。基因是控制一个特定表型的遗传信息。基因的载体是染色体。在分子水平上，基因由脱氧核糖核苷酸链组成。

【基因的结构和功能】基因在特定的时空表达，调控特定的发育过程。表观遗传调控影响基因的功能。H2A、H2B、H3 和 H4 各两分子组成组蛋白八聚体，构成核心组蛋白。双螺旋 DNA 以左手超螺旋的方式绕核心颗粒 1.75 圈，缠绕在核心组蛋白表面，构成核心颗粒。核心颗粒和连接区 DNA 及附着在连接区 DNA 上的组蛋白 H1 构成核小体。基因序列包含调控区、启动子结合区、5′端、外显子、内含子、3′端。基因序列与组蛋白组成核小体，基因的表达受到严格的调控。基因转录产生 mRNA，mRNA 翻译产生蛋白，蛋白调控发育过程。基因调控的应用有：医学上开展基因治疗、工业上利用基因工程生产新物质、农业上通过基因改良创制更多粮食。

第 22—24 课时：合成生物学（理论课）

【何为合成生物学】2000 年，美国化学年会首次提出合成生物学，是指基于系统生物学的遗传工程和工程方法的人工生物系统研究，将工程学原理与方法应用于生物技术领域，从基因片段、DNA 分子、基因调控网络与信号传导路径到细胞的人工设计与合成，让它们像电路一样运行，具体包括对自然界中不存在的生物原件或者生物系统的设计和组装、对于现有生物系统的重新设计或者建造。合成生物学是将生命系统工程化的技术。合成生物学的三大底层技术有基因测序、基因合成和基因编辑。

【合成生物学应用】合成生物学应用在化妆品、食物、健康、能源、环保、信息等方面。在食物中，目前实现了人工淀粉合成。首先，利用计算生物学从 6 568 个化学反应和生物合成途径中，设计出了一条只需 11 步反应的从二氧化碳到淀粉的人工路线。然后，通过蛋白质生物工程改造催化酶，挖掘了来自动物、植物、微生物等 31 个不同物种的 62 个生物酶催化剂，最终优中选优挑出 10 种并加以改造。人造肉以植物来源的蛋白为原料，通过物理方法将植物蛋白排列成肉类的纤维结构，或者利用动物干细胞在实验室培育出动物组织，使其在口感和成分上接近于传统肉类。DNA 折纸技术是指将长的单链 DNA 在数百条短 DNA 链的帮助下折叠成指定形状，尺寸主要集中在几纳米到 200 纳米之间。目前发展了一种通用的"元 DNA"（M - DNA）策略，研制出了一种新型元 DNA 结构。该结构与人头发丝的宽度相当，直径是原始 DNA 纳米结构的 1 000 倍。

第 25—27 课时：肿瘤的前世今生（理论课）

【肿瘤在古代】古代中国已经形成食、疾、疡、兽四大医学专业，其中疡医"掌肿疡、溃疡、金疡、折疡"，"肿疡"多半包括肿瘤。早在公元前约 3 000 年，古埃及《艾德温·史密斯纸草文稿》记载中就描述了 8 例乳腺癌肿瘤或溃疡的患者，当时人们试图通过器具灼烧来移除病灶。关于这种疾病的治疗，记载中显示"无治疗方法"。在公元前约 400 年的古希腊时期，人们用"carcinos"和"carcinoma"来描述"非溃疡型肿瘤"和"溃疡型肿瘤"。公元前 28～50 年，古罗马医师塞尔苏斯用"oncos"这个词来描述肿瘤，在希腊语中意为"膨胀、肿胀"。

【癌症近代史及研究现状】1894 年，美国外科学家霍尔斯特德在约翰霍普金斯医院主刀了第一个为了治疗乳腺癌而切除乳房的手术。当时的手术步骤作为这类手术的标准流程一直延续到 20 世纪后半期。20 世纪初，德国生物学家西奥多·博韦里设计了一个海胆卵实验，诱导多级有丝分裂和染色体异常分离。他发现并命名了有丝分裂纺锤体，推测染色体是遗传物质的载体，对于每个个体在质上都是相似的。他认为异常分裂导致染色体不平衡分离，这在多数情况下会产生有害基因。由此说明，肿瘤是一种遗传性疾病，染色体异常和基因组不稳定是癌症发生的始动因素。1903 年，戈德堡和叶菲姆·伦敦用镭成功治疗了两名患皮肤基底细胞癌的病人，标志着放射治疗技术的出现。1910 年，佩顿·劳斯在母鸡身上发现了一个梭形细胞肉瘤，并鉴定出了鲁斯肉瘤病毒 RSV，说明病毒与肿瘤存在潜在关系。此后，科学界相关研究成果不断。1937 年，分离出了肿瘤干细胞。1953 年，提出二次突变假说，发现肿瘤抑制基因。1972 年，发现细胞凋亡与肿瘤的关系。1986 年，成功克隆出 HER2 致癌基因。1989 年，Car－T 细胞免疫治疗出现。1990 年，发现肿瘤遗传不稳定性的机制。2013 年，使用基因编辑技术治疗肿瘤。2014 年，开发出治疗癌症的新药——Pembrolizumab（全称帕普利珠单抗，一种 PD－1 和 PD－L1 抑制剂）。2018 年，PD－1 和 PD－L1 研究者获得诺贝尔生理学或医学奖。

【癌症的治疗方法】癌症的治疗方法思路有生长因子抑制剂、抑制 DNA 复制、抑制微管聚合和解聚以及抑制蛋白质降解。常见的微管抑制剂有 20 世纪 60 年代第一个抗肿瘤药物长春花碱类、20 世纪 70 年代被分离的紫杉醇以及 20 世纪 90 年代研发的大田软海绵素 B。近年来，免疫治疗成为肿瘤治疗的新热点。免疫系统在肿瘤发生发展中发挥双重作用，免疫细胞攻击肿瘤细胞抑制肿瘤生长，而肿瘤微环境促进肿瘤的发生。

第 28—30 课时：疾病的检测（理论课）

【背景】医学是处理各种疾病或病变的一种学科，是促进病患恢复健康的一种专业。疾病指在一定病因作用下自稳调节紊乱而发生的异常生命活动过程，可引发一系列代谢、功能、结构的变化，表现为症状、体征和行为的异常。医学检验是对取自人体的材料进行微生物学、免疫学、生物化学、遗传学、血液学、生物物理学、细胞学等方面的检验，从而为预防、诊断、治疗人体疾病和评估人体健康提供信息的一门科学。检测结果是临床诊断和治疗相关疾病的重要依据。常见的医学检验项目有血清学检验、微生物学检验和免疫学检验等。

【临床医学检验】血液广义上被定义为一种包含液体和细胞的结缔组织，细胞包括血小板、白细胞、红细胞。组织器官的联系极为密切，其通过神经体液调节和连接，使机体成为一个整体，保证机体生理活动正常。所以造成血液病变的不仅含有造血系统疾病，还包含了机体局部或者全身性的病变，可能会使血液成分、质量改变。血液检验不仅能够为各类血液系统疾病诊断提供依据，对于其他系统的疾病诊断也有着重要意义，这也使得血液检验在临床诊断中应用广泛。尿常规主要是检查泌尿系统方面的问题，因为尿液是血液经过肾脏代谢以后形成的终末产物，尿液的组成和性状可以反映出机体的代谢状况，并受机体各系统功能状态的影响。

【研究实例——不同疾病患者肾损伤的研究及早期检测】N-乙酰-β-D-葡萄糖苷酶（NAG）是肾小管近曲小管特有的一种酶，在肾小管损伤中具有非常高的敏感性和特异性。研究证明，在肾小管疾病或病变的条件下，肾小管细胞对 NAG 的过滤、吸收作用发生变化，引发尿液中 NAG 排出量明显升高。因为尿 NAG 酶具有较高敏感性，可将其作为早期诊断急性肾损伤的标志物。而健康体检者尿样 NAG 活性参考范围为 $1.33\sim11.17$，若超出这一范围，肾脏功能有可能损伤。上述研究结果为肾小管疾病诊断奠定了坚实的理论基础，也使对各种 NAG 底物的合成与检测有着深刻的实际意义。面对医疗用药和疾病并发症等可能对其他疾病产生影响的事实，研究打算从肾损伤这一角度出发，对不同疾病患者尿液中 N-乙酰-β-D 氨基葡萄糖苷酶（NAG）的活性进行检测，来判断患者肾损伤的程度，从而分析肾损伤是否与某种疾病及该疾病患者在治疗过程中所用药物具有关联性。目的是研究不同疾病患者肾脏疾病的情况，探究其与其他疾病或是在治疗过程中所用药物的关联性，为临床早期干预肾脏疾病做依据，为进一步开展研究肾损伤疾病发生的机理铺垫。检测原理是底物法。由本实验数据可分析得出：胆囊炎、肝恶性肿瘤、高血压等三种疾病可能与肾损伤有关联性，而在这三种疾病中，高血压患者中超过标准范围的比例高达 83％，因此就本实验数据分析，高血压相较于另外两种疾病，与肾损伤存在关联的可能性更高，有继续进行科学实验研究与探究的价值；输尿管结石、乳房良性肿瘤、慢性胃炎、结肠息肉、冠心病、糖尿病、肺炎、脑梗塞、白血病等疾病可能与肾损伤不存在关联性，但仍需更大量的实验数据与研究支持；心脏病由于样品数据少，所以无法判断是否与肾损伤有关，后续需要进一步加强对案例的分析研究。

第 31—33 课时：核酸分子检测技术（理论课）

【DNA 的基础介绍】基因具有双重属性，即物质性（存在方式）和信息性（根本属性）。DNA 是所有细胞生物和大部分病毒的遗传信息的载体。人类基因组共性达 99.9％，差异为 0.1％。遗传多态性决定了人与人之间的差异，包括身高、容貌、性格、健康状况等。遗传多态性是指在一个生物群体中，同时和经常存在两种或者多种不连续的变异型或基因型或等位基因。

【DNA 鉴定技术的原理与应用】基因多态性是指在一个生物群体中，同时和经常存在两种或多种不连续的变异型或基因型或等位基因，亦称遗传多态性。从本质上来讲，多态性的产生在于基因水平上的变异，一般发生在基因序列中不编码蛋白的区域和没有重要调节功能的区域。对于个体而言，基因多态性碱基顺序终生不变，并按孟德尔规律世代相传。人类遗传多态性分为长度多态性和位点多态性两类。DNA 鉴定技术的历史，是人类逐步利用不同类型的遗传多态性来鉴定样本和定位个体的过程。基于长度多态性分析的技术是小卫星分析，小卫星 DNA 又称可变数目串联重复（VNTR），由 15～65 bp 的基本单位串联而成，总长通常不超过 20 kb。小卫星在人类基因组的座位约 1 000 个，每个座位上小卫星的重复次数在人群中高度变异。小卫星 DNA 的应用有 DNA 指纹技术和亲子鉴定。微卫星 DNA 是比小卫星 DNA 具有更短重复单元的卫星 DNA，又称短串联重复或简单序列重复。微卫星 DNA 可用于新生儿疾病早筛、肿瘤早筛、病原体检测等。

第 34—36 课时：从蚊子到诺奖（理论课）

【背景】疟疾被世卫组织列为和艾滋病、结核病同等危险的传染病，疟疾的症状包括发热、疲乏、贫血，有时甚至危及生命。屠呦呦因为研制出治疗疟疾的青蒿素，荣获 2015 年的诺贝尔生理学或医学奖。

【由蚊子传播的典型疾病及预防】①流行性乙型脑炎：高热，意识障碍，惊厥，强直性痉挛，重型患者有后遗症。②登革热和登革出血热：发热，皮疹，肌肉和骨关节剧烈酸痛，淋巴结肿大，白细胞减少；登革出血热还会出血，休克，病死率高。③黄热病：发热，剧烈头痛，黄疸，出血，蛋白尿。④疟疾：间歇性寒战，高热，出汗，脾肿大，贫血，恶性疟疾可侵犯内脏，病死率高。⑤丝虫病：淋巴管炎症及阻塞，形成象皮肿，腹水。⑥寨卡病毒病：新生儿小头畸形，成人低热、皮疹、关节疼痛、结膜炎，影响神经系统。预防措施包括避免被蚊子叮咬、免疫接种（世界上第一种疟疾疫苗已经于 2019 年投入使用）以及杀灭蚊子。

【灭蚊方式】目前世界上最有效的杀蚊药物是 DDT（滴滴涕），保罗·穆勒因发现了 DDT 的杀虫功效，获得了 1948 年的诺贝尔生理学或医学奖。DDT 作用于昆虫神经轴突，使神经传导出现故障而痉挛、麻痹导致死亡。细胞接收到信号后，突触后膜 5 组门控离子通道依次激活，从而实现化学—电信号转换，完成兴奋—收缩耦联，最终细胞质 Ca^{2+} 浓度突然升高引发肌纤维收缩。然而，由于 DDT 巨大的副作用，20 世纪 70 年代开始，被世界各国禁止生产和使用。随着杀虫剂的使用，2010～2020 年，有 78 个国家向世界卫生组织报告当地蚊子至少对一种杀虫剂有抗药性，有 29 个国家报告当地蚊子对所有杀虫剂都产生了抗药性。除了化学方法外，还可以采取其他方式灭蚊，比如通过 X 射线或 γ 射线照射，令雄蚊失去繁殖能力。科研人员发现携带了新型沃尔巴克氏体的雄蚊与自然界的雌蚊交配后，所产的卵不能发育。还可以利用基因编辑技术进行蚊子的基因改造，使蚊子携带控制疟原虫传播的基因。当雌性蚊子叮咬时，该基因会表达一种蛋白质，结合至疟原虫表面，阻止其通过血液传播至人体。

第 37—41 课时：开题答辩（实践课）

确立科学研究问题，撰写开题报告，阐明与选题有关的国内外研究综述、选题的理论意义和实际意义，说明所要解决的主要问题及研究途径与方法，规划研究进度及具体时间安排。依据开题报告，完成开题答辩，并根据答辩专家意见对选题方向进行修改和调整。

第 42—69 课时：研究实践（实践课）

根据开题报告和研究计划，在导师的指导下开展研究实践。

第 70—75 课时：中期答辩（实践课）

撰写中期研究报告，写明课题完成情况及研究进展。依据中期报告，完成中期答辩，并根据答辩专家的意见对课题内容进行修改和调整。

第 76—90 课时：研究实践（实践课）

根据中期报告和专家意见，在导师的指导下，继续完成研究实践。

第 91—96 课时：结题答辩（实践课）

撰写结题报告，完成一篇完整版论文，包含题目、学校、摘要、前言、方法、结果、讨论、致谢和文献等。依据结题报告，完成结题答辩，展示课题内容及结果，为后续的进一步研究打下良好的基础。

◎ **课程评价方案：**

本案例结合课程目标及课程内容，依据新课标中科学探究的学业质量标准描述，本课程评价的主要内容为"学生科学探究的能力"，即学生是否具备了观察能力、发现问题的能力、设计和实施探究方案以及探究结果的分析、交流等能力。评价方式主要为包括开题答辩、中期答辩、结题答辩等实践课程，结合开题报告、结题报告等书面内容主要评价学生的学习态度和能力、学习热情及情感体验。教师可以用谈话、鼓励等形式，及时反馈评价情况，促进师生互动，激发学生的潜能。具体评价等第分为"优秀""合格"和"待提高"。获得"优秀"的同学主要表现为主观能动性较强，积极投入科学探究过程，在开题、中期和结题等环节表现优异，具有较强的科学探究素养。"合格"表明学生能够基于给定条件设计并实施探究实验方案，较为主动地推进探究方案或工程实践的实施，顺利完成课题结题。"待提高"的同学能够提出问题，在给出的多个方案中选取恰当的方案并实施，基本完成科学探究过程。

○ **课程实施反思：**

本课程是在"课程即素养"指导思想下设计的指向科学探究的选修课程。根据本课程设计指南，课程的关键词是"任务驱动、创新思维"，主要指向的课程目标是为学生营造良好的科学探究氛围，引导学生在生物医学领域发现问题，并以问题为核心，开展科学探究，体验并完成完整的科学探究过程，培养创新思维。本课程高度关注学生学习过程中的实践经历，以学生为主体，以任务为驱动探讨或解决现实生活中的某些问题，譬如探究微生物高效降解塑料的可能性、个人饮食对口腔溃疡的影响、设计基于微生物降解的家装污染吸收装置等贴合生活实际的课题。经过本课程的学习，学生能够针对特定现象进行观察、提问、实验设计、方案实施以及对结果的交流与讨论，完整体验科学探究过程，掌握科学探究的基本思路和方法，提高实践能力和培养创新思维。在"双新"背景下，高中学业水平测试注重创设真实情境、合理设问，而本课程的学习使同学们能够自主创设实际情境，极大帮助同学们在情境中运用学科知识分析和解决实际问题，同时使同学们的核心素养——科学探究能力得以提升。

○ **学生反馈：**

有幸参与专门课程的学习，给我带来了无穷的收益。

在刚刚进入上海中学时，我对于科学研究尚未明确理解，对于许多科学领域也仅有粗浅的认知，而通过每周二、四下午的广告课，有不同学科的教授将许多领域的前沿内容和知识体系介绍给我们，使我对许多学科有了初步的认识，并进一步培养了我对科学的探索兴趣，同时为我最终确定自己的研究方向提供了思路，开拓了视野。

确定进入生物医学方向后，学校为我们提供了更多生物医学方向的课程，这些课程聚焦不同的分支学科，比如免疫学、营养学、医学统计、植物学、遗传学等，教授们娓娓道来，内容比先前的广告课更加细致深入，不仅拓展了自己的知识面，与教授的互动也锻炼了我的思维反应能力，让我体会到了举一反三、思维碰撞的快乐。

在开始做课题时，我初步定下的课题的主题和研究目标不够明确，老师和我进行探讨，又帮助我联系导师、组织谈话，让我对自己的研究内容有了更加明晰的想法。而一开始我的课题涉及的领域对我来说较为陌生，许多在当时看来艰涩复杂的内容需要自学，在老师们的鼓励下，我寻找不同的学习平台，从 CSDN、知乎等网站到《深度学习》等大部头的相关教材，起初是艰难的，但是在逐步啃下这些"硬骨头"的过程中，我越发体会到学习过程中"豁然开朗"的喜悦，最终对所需要掌握的技术知识有了相当深度的理解，并在教授的指导下制订了研究思路，着手准备开展自己的实验。

暑假里，我借助电脑软件完成了自己课题的实验部分。在一进入高二时的专门课即开始了结题报告的撰写，一开始我感到毫无头绪，由于课题涉及的内容偏向学科交叉，前言和实验描述等部分中需要进行较为简明扼要又具体全面的说明，这对我来说是一个挑战，而老师帮助我不断对自己的论文进行修改完善。在这一过程中，我的语言表达能力得到了极大的锻炼，在不断理清思路、调整论文结构的过程中也提升了自己的思维能力。

总之，专门课程给我各方面带来了全面提升，科学探索的过程其乐无穷。

（2024 届　张清宁）

身在上海中学的科技工程班，我感到十分幸运。幸运有优秀的同学与老师相伴，更幸运的是能够参加学校组织的专门课程，让我有机会真正了解前沿科技，亲身投入科研工作。

用每周二、周四的大半个下午来上专门课程，在课业繁重的高中，实在是一种"奢侈"。但我想这种奢侈是绝对值得的。

在专门课上，学校请来了各大高校的专家、教授，讲解的是相关领域的基础知识、研究方法与最新成果，而这些绝不是泛泛而谈。记得当时上海交通大学的周莲老师讲了有关群体感应现象的原理以及应用，她有趣而深入的讲解一下子吸引了我，后来周莲老师便成为我的课题导师之一，我也选择了"群体感应抑制剂"作为研究对象。若没有各位专家的介绍，其实我们是很难了解生物学究竟是如何进行研究的，研究的内容是什么；只有有的放矢，才能称作真正的科创。

我们利用专门课程的时间，赶赴高校进行课题实验。在上高中前，我对科研工作的认知是非常幼稚的，以为无非是瓶瓶罐罐、老鼠猴子，而在实验室的经历，使我明白科研不是拍拍脑袋的事，而是要以一丝不苟、慎终如始的心态完成的。由此我也对科研产生了更加坚定的热爱。其实几乎每个高中生都有从事正式的（虽然是比较粗浅的）科研工作的能力，只是苦于没有机会与闲暇，实验室成为许多人百闻而不得一见的地方。我在高中能够踏入顶尖学府的实验室，感受科研的魅力，实在要归功于学校对培养学生综合素质的重视。

写论文是十分吃力不讨好的活，但却是每份课题必须过的关。在论文撰写上，老师们给予了我们莫大的帮助。要知道，一开始我们是连引用文献、插入图表的格式都不懂，经常一整个课都上完了，屏幕上的字数还是寥寥无几。对我们初学者的惰性与困难，老师们都给予了最大的包容和真诚的鼓励。每一版论文写好后，老师们都及时地提供修改意见，指出其中的疏漏之处，于是一篇上万字结构谨严的论文得以顺利成形。

最终，我的课题完成了，同时也获得了诸多奖项，不过获奖于我而言，不是唯一重要的事情，我觉得更可贵的是这次专门课程的经历。虽然，近两年的专门课程占用了不少学习时间，但是在讲座、实验室、论文中增长的见闻，培养的能力却是其他任何课程都无可替代的。因此，在学业繁忙的高三回首这段经历，我的感觉仍然是：十分有幸。

（2023 届　常思量）

高一、高二期间，我有幸参加了学校开展的研究性课题探究。在丰富多彩的课题方向中，我对生物尤感兴趣，加之从小对科学实验的热衷，于是，我报名了生物、医学方向的专门课程。在近一年半的研讨学习中，我感到收获满满，硕果累累。

一周两节的专门课，让平日沉浸在课业学习上的同学们，有机会追寻自己的兴趣，通过课题研究培养科学素养。起初，我不明确自己要选择什么课题，与身边的同学都是"两眼一抹黑"。但幸运的是，学校为我们请来了许多相关领域的专家，给我们介绍不同的学术前沿；还为我们请来了高校杰出的教授，指导我们的课题研究。逐渐的，我对植物生长产生了浓厚的兴趣，在与老师的讨论和思考中，确定了研究在"海水稻"研发阶段，以一种新型农药促进水稻盐胁迫适应性的课题。

相比其他方向，生物课题尤其考验具体的实验与分析。在教授的指导下，我购置了新型农药，并在上海交通大学实验室完成了稀释与配置。在高一暑假的关键进展时期，利用教授提供的仪器，我亲自浸种、水培，定期拍照、仔细分析。实验中不乏枯燥无味的重复环节，甚至有不少意料之外的偏差，其中或惊喜，或不解，或失望，但我的坚持与信心从未改变。

我经受的最大挑战是在水培实验中，添加了农药却反倒抑制了稻种的生长。但在观察稻种的枯坏后，我大胆猜测这是因为最初农药浓度设置过高、盐胁迫程度不足。在与教授讨论后，我立刻设计了预实验进行弥补，选定了合适的盐浓度，并适当降低了农药浓度，最终取得了预期的结果。的确，在最初就把所有都设计到最完美是不可能的，唯有一次次反思才能带来进步。

课题的研究并非一时一刻之重，贯穿其中的，是长此以往的思考、试错、判断……从开始天真懵懂、零碎不齐的构想，到后来有条不紊、完整清晰的答辩，须感谢老师们对我的悉心指导，感谢学校与家长的支持！未来我必会接触更繁琐、更困难的科学探索，那时回顾当初，一定会觉得高中课题之旅不虚此行！

（2023 届　郭诣丰）

◎ 教研组反馈：

如何创设一个大情境、提出一个需要持续投入研究的科学问题是生物学教学的难点和"痛点"。四十分钟的课堂，包括"双新"改革实践中强调的单元化教学仍不能满足一部分具有拔尖创新能力的学生进一步在科学海洋中遨游的需求。因此，学校多年来一直在先行探索培育路径，"专门课程"正是其中一种行之有效的培育模式。多年来，生物教研组的许多老师都参与了该项目，经过数年的更新迭代，如今由耿芳老师主理本课程。学生在长达两年的持续课程培育过程中，亲身经历了科学问题的提出，也自行制订了可行的研究计划并予以落实，数据收集整理后通过各类平台进行交流展示。可以说，该课程是一个"全周期、全链条"的培育课程，目标包括但不限于科学探究能力的提升。从学生的反馈中可以明显看出，学生学会了"如何思考"，也学会了"怎样行动"，并且在研究的过程中体会到了科研的乐趣，切实打破了"教师教、学生学"的固有模式。这类教师与学生共同学习、相互促进的课程范式，对于实验性、创新性高中的课程建设具有重要的参考价值。

（教研组长　张智顺）

案例九 免疫学应用
（科学探究）

○ **课程开发**：张智顺

○ **课程类别**：微型课程（0.25 学分）

○ **课程目标**：

通过课时 1、课时 2 的实验探究活动，增强学生对自然现象的好奇心和求知欲，提高实践能力。通过课时 3 拓宽视野边界，初步学习免疫学研究的基本思路和方法，主动进行进一步探究。

○ **课程由来**：

免疫学是一门既古老又新兴的学科。免疫学的发展是人们在实践中不断探索、不断总结和不断创新的结果。免疫学的发展经历了数个时期，其间不停产生对人类生存发展做出重大贡献的突破，如微生物致病的理论、抗原抗体概念的建立、免疫网络学说的提出、抗体多样性的研究等。21 世纪是免疫学借助工程学大规模发展的特殊历史时期，例如疫情或后疫情时期疫苗的研发和生产、抗原检测试剂盒的生产和原理等。因此，开设免疫学及免疫学应用相关的选修课程能够加深学生对免疫学概念和免疫学发展的印象，对培养学生的生命观念、社会责任具有积极的意义。

○ **课时安排**：

课时	课程内容
第一课时	抗原抗体反应及血型鉴定（实验）
第二课时	单克隆抗体及金胶体试纸（实验）
第三课时	免疫学前沿及探究

◎ 课程内容：

第一课时：抗原抗体反应及血型鉴定（实验）

【ABO 血型介绍及盐水凝集法实验】A、B、O 血型鉴定是指 A、B、H 血型抗原的检测。红细胞表面具有不同的抗原类型，其中含 A 抗原的为 A 型血，含 B 抗原的为 B 型血，同时含有 A 抗原和 B 抗原的为 AB 型血；不含 A、B 抗原而含有 H 抗原的称为 O 型血。本课程使用盐水凝集法检测红细胞上存在的血型抗原，依据抗原存在的情况判定血型。正向定型即用已知抗体的标准血清检查红细胞上未知的抗原。凡红细胞出现凝集者为阳性，呈散在游离状态为阴性。

【安全输血原则】输血时若血型错配就会使输入的红细胞发生凝集，引起血管阻塞和血管内大量溶血，造成严重后果，所以在输血前必须作血型鉴定。正常情况下只有 A、B、O 血型相同者可以相互输血。在缺乏同型血源的紧急情况下，因 O 型红细胞无凝集原，不会被凝集，可输给任何其他血型的人，因此也被称为万能输血者。A、B 型的人，血清中无凝集素，可接受任何型的红细胞，因此也被称为万能受血者。但是异型输血输入量大时，输入血中的凝集素未能被高度稀释，有可能使受血者的红细胞凝集，所以同型输血依旧是首要原则。

【A、B、H 抗原本质】分子层面剖析 A 抗原决定簇在糖链的终末端是一个 N-乙酰半乳糖胺，而 B 抗原决定簇在糖链的终末端是一个 D-半乳糖。红细胞上的糖链是通过神经鞘氨醇与脂肪酸结合在一起，而不是与蛋白质结合，所以红细胞上的 A、B、H 抗原是糖脂而不是糖蛋白。

【临床应用及分析】交叉配血是确定能否输血的重要依据。将献血人的红细胞和血清分别与受血人的血清和红细胞混合，观察有无凝集反应的方法称为交叉配血法。交叉配血分为主侧反应（献血人红细胞与受血人血清）与次侧反应（受血人红细胞与献血人血清）。若主侧反应发生凝集应禁止输血、主侧不凝集但次侧凝集，必要时可少量、慢速输血（辅以网络视频资源）。

第二课时：单克隆抗体及金胶体试纸（实验）

【背景】2022 年，国内新冠抗原自测试剂盒获批上市。国家药监局先后批准 19 个新冠病毒抗原检测试剂产品（截至 2022 年 3 月），这些产品涉及多家上市公司，包括万孚生物、明德生物、华大基因、诺唯赞、热景生物、万泰生物、乐普医疗、东方生物等。居民进行抗原自测，即按照产品说明书指示，自行采集前鼻腔拭子或者鼻咽拭子样本，等待 15～20 分钟即可确认结果，无需去医院，可以节省大量时间和成本。

【实验原理】新型冠状病毒抗原检测试剂（胶体金法）是一种体外免疫层析检测法。新型冠状病毒抗原的结构蛋白有：刺突蛋白（S 蛋白）、HE 蛋白和核衣壳蛋白（N 蛋白）。抗原检测的是核衣壳蛋白，其特点是表达量较高，不容易突变。新冠感染以后在咽部病毒有非常活跃的复制，此时检测可以间接反映是否感染新冠病毒。

检测新型冠状病毒的胶体金免疫层析试纸条包括 PVC 底板及其附着在底板上从左到右依次搭接样品垫、胶体金垫、硝酸纤维素膜和吸水滤纸。胶体金垫上包被有胶体金标记的新型冠状病毒单克隆抗体-2；硝酸纤维素膜上包被有新型冠状病毒单克隆抗体-1，第一检测线（测试区 T），羊抗鼠 IgG 多克隆抗体作为第二检测线（质控区 C）。检测时，样本中的新型冠状病毒抗原与抗体-2 结合形成复合物，在层析作用下沿着硝酸纤维素膜向前移动，经过测试区（T）时与膜上包被单克隆抗体-1 结合，在测试区形成红色反应条带（T 线）。抗体-2 移动到质控区与包被的多克隆抗体结合形成红色反应条带（C 线）。阴性样本只出现 C 线，阳性样本同时出现 C 线和 T 线。

【多克隆抗体与单克隆抗体】多克隆抗体是由异源抗原（大分子抗原、半抗原偶联物）刺激机体产生免疫反应，有机体浆细胞分泌的一组免疫球蛋白。多克隆抗体由于其可识别多个抗原表位、可引起沉淀反应、制备时间短、成本低的原因广泛应用于研究和诊断方面。单克隆抗体是由单一 B 细胞克隆产生的高度均一、仅针对某一特定抗原表位的抗体。单克隆抗体的优点是：特异性强、灵敏度高，稳定性好并可大量制备。小鼠单抗的制备流程主要包括：抗原制备、小鼠免疫、细胞融合、细胞筛选、细胞亚克隆、腹水生产、腹水纯化。

第三课时：免疫学前沿及探究

【背景】免疫学主要探讨免疫系统识别抗原后发生免疫应答及清除抗原的规律，并致力于阐明免疫功能异常所致疾病的病理过程及机制。当今，免疫学与生物医学广泛交叉融合，并服务于临床诊疗和高科技产业。特别是肿瘤免疫疗法的高速发展，已经成功应用于前列腺癌、黑色素瘤、白血病等多种肿瘤的治疗，显著提高了患者的生存质量。面对免疫系统的复杂性，传统的单维度、单因素分割式研究难以揭示各种免疫机制的全貌，开展多维度和系统性的研究将成为这一学科领域的主要趋势。

【免疫器官和细胞的再认识】BCR 的免疫活化是启动体液免疫的关键步骤。BCR 具有丰富的多样性，国外研究者对成年人和婴儿的 BCR 进行了全面测序，构建了 BCR 库，并测定了不同个体之间的序列共享程度。研究发现不同个体之间的抗体序列共享程度很高，其中德国研究人员发现 B1 细胞的典型 BCR 可以将成熟的 B2 细胞重编程分化为 B1 细胞，为探究 B 细胞起源分化作出了又一贡献。我国海军军医大学等机构对趋化因子受体 CCR7 介导的树突状细胞迁移和炎症反应机制进行研究，发现了长链非编码 RNA 可以抑制 H1F1α 依赖性糖酵解来抑制 CCR7 介导的 DC 迁移，揭示了表观遗传修饰与代谢的交叉调控在天然免疫应答中的重要作用。

【疫苗与抗感染】瓦拉尔大学等机构人员通过对 14 个国家接种人乳头瘤病毒 HPV 疫苗后 8 年随访数据进行系统回顾和分析，发现了 HPV 疫苗的接种大大降低了女孩和妇女的 HPV 感染率和宫颈上皮内瘤样病变的发生，以及女孩、男孩、妇女及男性生殖器官疾病的发病率，且多剂量疫苗接种计划和疫苗接种的高覆盖率带来了积极的群体效应。

【肿瘤免疫】法国研究者利用 TALEN 基因编辑技术设计出了能够适应肿瘤微环境变化的"智能"CAR－T 细胞，CAR－T 细胞能对白细胞介素 IL－12 进行调节性表达，延长了荷瘤小鼠的生存期。国外癌症研究所的研究人员发现肿瘤微环境中高浓度的钾离子会限制 T 细胞的营养吸收从而抑制其发挥免疫效应，还能引发 T 细胞代谢重编程，激发 T 细胞的干细胞特性"干性"。因此，研究人员用钾离子处理 T 细胞后，将处理过的细胞回输进黑色素瘤的荷瘤小鼠，结果显示这类 T 细胞可以发育为杀伤性 T 细胞，为改善免疫疗法的疗效提供了新策略。耶鲁大学的学者发现了新的免疫检查点 Siglec－15，开发针对性的抗体是 PD－1/PD－L1 抗体疗法的有效补充，相关临床试验或将成为新免疫疗法的研究热点。北京大学等机构构建了 CD19－BBz（86）CAR－T 细胞，并在早期临床试验中验证了其治疗 B 细胞淋巴瘤的安全性和有效性，为开发低细胞因子风暴的 CAR－T 疗法奠定了基础。

◎ **课程评价方案：**

　　本案例结合课程目标及课程内容，依据新课标中科学探究的学业质量标准描述。本课程评价的主要内容为"学生科学探究的能力"，即学生是否具备了观察能力、发现问题的能力、设计和实施探究方案以及探究结果的分析、交流等能力。评价方式主要为实验报告及课堂行为观察，主要评价学生的学习态度和能力、学习热情及情感体验。教师可以用谈话、鼓励等形式，及时反馈评价情况，促进师生互动，激发学生的潜能。根据学校的整体规划，微型选修课程不涉及纸笔检测，能起到"减负增效"的效果，进一步促进学生的自主发展和个性化学习，贯彻"立德树人"的指导思想。

◎ **课程实施反思：**

　　本课程是在"课程即素养"指导思想下设计的指向科学探究的选修课程。根据本课程的设计指南，课程的关键词是"好奇心、求知欲"，主要指向的课程目标是给学生提供一定的体验实践，并以此激发学生兴趣，引发进一步的探究。新冠疫情为学生提供了核酸检测和抗原检测的"真实体验"。抗原检测试剂盒内附有说明书，其中有对于抗原检测原理的表述，但是学生或使用者没有足够的生物学知识作为基础，很难通过阅读就能完全理解其中的原理。因此，教师将抗原检测试剂盒作为实验对象，让学生亲自动手拆解试剂盒，窥探其内部构造，并通过知识传授引导学生思考抗原检测试剂盒背后的原理和工艺，既能满足学生的好奇心、也能激发学生进一步探究的欲望，达成了指向核心素养之科学探究的选修课程的课程目标。鉴于上海中学资优生的知识与技能水平相对较高、探索欲望强烈等特点，除了两个课堂实验外，在第三课时教师还设计了面向免疫学前沿发展的介绍，以引导学生根据个人的发展和志趣，进一步学习或主动探究免疫学的其它领域。

◎ **学生反馈：**

　　抗原检测试纸，外部大部分区域由塑料外壳覆盖着，测试者只需将样品滴入样本区，显出一道杠或两道杠，便可判断阴性或阳性。整个过程大约只需要 15 分钟。在学习了它的原理后，我们发现这个小小的试剂盒好像也没有那么"玄幻"——在层析作用下，样本顺着硝酸纤维膜流动，先遇到胶体金标记的新冠病毒抗体，然后流至 T 线和 C 线，体内抗原的有无决定是否发生 N 蛋白和 T 线抗体的特异性结合，C 线则是必然发生的抗体与抗体的特异性结合。这类检测试纸其实早已出现并有了广泛应用，例如检孕试纸、血型检测试纸等。然而这也不禁让我们叹服于生命科学的神奇。随着许多复杂的检测开始变得简单化、生活化，这些"奥秘"也在潜移默化地影响着我们。同样的原理能够推广到对不同物质的检验上，由于它们都遵循着某种本质上的特点——特异性和专一性，有时候越是简单的测量原理反而普适性更强，更能在多方面得到应用。然而，同一检测原理的推广也并非只是替换一种抗体，一种酶那么容易。新冠检测试纸目前面临的一个问题就在于它并没有核酸检测精确，因为前者仅仅是蛋白质的检测，后者则是对遗传物质的检测。比较耳熟能详的例子还有血糖仪：利用酶电极催化血糖发生反应，测量逸出的电子以确定血糖浓度——按理说能够推广到更多物质浓度的检测，然而不同酶在稳定性、电子介导能力上的差异却让结果判若云泥，这时候就需要对特定物质进行分析，找到有特殊性的解决方法。在这节课中，我们学习到的不仅是抗原检测试纸的原理，更是一种生物学思维。利用生物的共性找出普适性较高的检测方式，再依据具体情况做出相应调整。

（2023 届 晏樾鸿）

这堂课介绍了课内的"细胞融合技术"中生产单克隆抗体的具体应用——制作抗原试纸。疫情当前，每家每户都发到了新冠病毒抗原试纸，抗原检测无需出门，无需专业人员协助就可以完成，结果也会在几分钟内立即出来，非常方便高效，节约了人力物力，为疫情防控工作提供了很多帮助。我以前以为如此方便的试纸肯定蕴含着高深的知识，因此我很惊讶抗原试纸的"纳米金法""乳胶法"竟然可以通过课内的知识来解释，而且科学原理很清晰，理解起来难度不大：它其实就是通过单克隆抗体把可以显色的纳米金颗粒和病毒的抗原联系在一起，此时再通过固定的单克隆抗体与抗原结合，在结合的地方纳米金积累显现出条带。课内的知识也可以解释为什么所有的试纸的 C 条带都会显色，以及为什么要设置 C 条带。这类不难且贴近生活的科学知识吸引了同学们，也使我们对生物知识更感兴趣，更实际地了解我们所学生物知识的用处。我在和外公聊天的时候也和他科普了这个原理，他老人家也可以较透彻地理解。我觉得对于老百姓来说，了解像抗原试纸原理这类的科学知识是很有意义的，这样可以让他们更加理解一些政策，减少谣言与恐慌，而或许学生就是知识传播的重要一环。这次课让我更加深刻地认识到：生物书本上的冰冷的知识与生活其实走得很近，我自己所掌握的知识有很大的现实意义。

（2023 届　王邵言）

我惊异于生命科学能将肆虐的新冠病毒以一个小小的自测盒，在很短的时间内就能较为精准地检测出来，也在老师将自测盒的结构剖析清楚后感到了科学的奥妙所在。老师以轻松的口吻、质朴的语言、形象的图例将看似复杂、高级的自测盒背后的原理解释得十分透彻。很多人说："21 世纪是生命科学的世纪。"这不仅在于其实用性，更在于其普适性。相较于了解一个公式的推导和人体内血型的鉴定过程，我想大部分人都会选择后者，因为这个知识是能运用于生活且与人本身息息相关的。老师在课程中为我们拓展了教科书上关于血型的知识。除了常见的 A、B、O 血型、稀有的"熊猫血"Rh 阴型血外，还有三十几种血型分类系统，之后老师在一个小小的载玻片上为我们演示了简易的鉴定血型的实验，通过课内凝集原和凝集素的知识判断载玻片上两滴血液的形态，进而鉴定血型。在 1949 年新中国成立初期，中国人的人均寿命只有 35 岁，而如今已经达到了 77 岁，这一方面得益于中国经济的发展、国民生活质量的提高；另一方面要归功于生命科学在其中的作用。癌症作为如今人类健康的第一号杀手，许多生命科学的前沿技术都聚焦于癌症的治疗，课程中的肿瘤免疫治疗疗法便是其一。它利用机体自身免疫系统杀伤癌细胞，相较于传统的放化疗，免疫治疗副作用小、作用时间持久。生命科学作为一门年轻的自然科学正迸发着其强烈的生命力，本课程也让我对这门学科产生了浓厚的兴趣与热爱。

（2023 届　相少龙）

◎ **教研组反馈：**

在科学探究的基本过程中，首先要提出一个值得探究的科学问题。而很多人却忽略了提出问题的内在动力应是一个人的好奇心和求知欲。采用长课时的选修课程（持续一学期或一学年以上）固然是一种行之有效的途径，但鉴于每个学校的师资、仪器、人员的配置并不一致，如何利用较短的课时达成科学探究能力的培育是所有高中生物学教师的共同议题。"免疫学应用"选修课程就是希望能够利用与"时事热点"相关的生物学议题，尽可能地激发学生的兴趣。从学生的反馈中可以发现，本次课程达成了指向科学探究的微型课程的课程目标，即提供给学生"真实体验"，达到培养兴趣的目的。晏樾鸿同学感叹于必修课程中所学习的"特异性"是如何被工程化地运用到检测试纸中，并对生物检测原理的普适性进行了深入思考。王邵言同学则主动与家人科普相关原理，自觉承担起了社会责任。相少龙同学则对免疫学手段运用于肿瘤治疗产生了浓厚的兴趣。可见，该类微型选修课程可以起到"引进门"的作用，让学生一窥生物学的奥秘，促进学生继续深入学习。

（教研组长　张智顺）

案例十　人类基因组 DNA 提取及 ACE 基因多态性检测
（科学探究）

◎ **课程开发**：朱婷婷

◎ **课程类别**：小型课程（0.5 学分）

◎ **课程目标**：

通过实验方案的设计与讨论，完成人类基因组 DNA 的提取实验，利用 PCR 技术扩增 ACE 基因并通过琼脂糖凝胶电泳检测扩增结果；引导学生亲身经历 DNA 提取、PCR 实验、琼脂糖凝胶电泳实验，掌握相应的实验原理及方法，为选修本课程的学生拓展分子生物学知识，培养分子生物学相关实验技能。

◎ **课程由来**：

本课程为必修课程"遗传与进化"及选择性必修课程"生物技术与工程"的拓展和延伸。教师在课内讲解 DNA 的结构和中心法则时，学生们经常会对核酸检测的具体过程提出疑问，对涉及 DNA、RNA 等的分子生物学相关实验表现出浓厚的兴趣。为了给学生提供理论联系实际的机会，提高学生的科学探究能力及其他核心素养，本课程以提取到的细胞基因组为分子材料，对运动耐力相关的 ACE 基因多态性进行检测，基于理论课程学习的分子生物学实验基础知识与概念，利用实验、实践提高学生的科学探究能力。通过理论与实验相结合的形式，在拓展视野、延伸课堂知识的同时，促使学生在实验实践过程中掌握基本的分子生物学实验技能，如移液枪、离心机、PCR仪及电泳仪等设备的使用方法。鼓励部分学生在掌握了基本知识和实验操作技能后，能够提出合理的探究课题并结合所学设计完整且可行的实验方案。

◎ **课时安排：**

课时	课程内容
第一课时	人类基因组及 ACE 基因简介（理论课）
第二课时	DNA 粗提取（实验课）
第三课时	PCR 技术简介（理论课）
第四课时	人类 DNA 提取（实验课）
第五课时	PCR 实验（实验课）
第六课时	DNA 提取检测（实验课）

◎ **课程内容：**

第一课时：人类基因组及 ACE 基因简介（理论课）

【人类基因组】核酸是重要的生物大分子，由 C、H、O、N、P 元素组成，分为脱氧核糖核酸 DNA 和核糖核酸 RNA 两类。在真核细胞中，DNA 主要分布于细胞核、线粒体和叶绿体中，RNA 主要分布在细胞质中。核苷酸通过脱水缩合形成长链，DNA 分子通常通过碱基相互配对形成双链，DNA 分子中脱氧核苷酸排列顺序蕴含了遗传信息。基因就是有遗传效应的 DNA 片段。人类基因组由 23 对染色体组成，其中包括 22 对常染色体，1 对性染色体。人类基因组含有 31.6 亿个 DNA 碱基对。人类基因组计划是美国科学家于 1985 年率先提出的，旨在阐明人类基因组 30 亿个碱基对的序列，发现所有人类基因并搞清其在染色体上的位置，破译人类全部遗传信息，使人类第一次在分子水平上全面地认识自我。计划于 1990 年正式启动，这一价值 30 亿美元的计划的目标是为 30 亿个碱基对构成的人类基因组精确测序，从而最终弄清楚每种基因制造的蛋白质及其作用。

【ACE 基因及基因多态性】ACE 基因为血管紧张素转换酶基因。ACE 蛋白（血管紧张素转化酶）的功能是在血管内皮细胞表面催化无生物活性的血管紧张素 I 转化为有生物活性的血管紧张素 II，后者的功能是刺激血管平滑肌收缩、促进醛固酮分泌，在维持动脉血压中发挥着重要作用。基因多态性指遗传多态性，是在同一群体中某个基因座上存在两个或两个以上的等位基因，且等位基因的频率大于 0.01 的现象，其形成机制是基因突变。ACE 基因位于 17 号染色体长臂端 2 区 3 带（17q23），长度为 44 784 bp，包含 26 个外显子和 25 个内含子。ACE 基因第 16 内含子存在一段长度为 287 bp 的 Alu 序列的插入/缺失（I/D）多态性片段，形成三种基因型，即 DD 型（缺失纯合子）、DI 型（插入缺失杂合子）和 II 型（插入纯合子）。研究提示，中国汉族人 ACE 基因多态性分布为：DD 型 13.7％～32.95％；DI 型 31.82％～41.2％；II 型 35.23％～45.1％。

【ACE 多态性的意义】ACE 基因多态性导致个体血管紧张素酶表达水平的巨大差异。研究表明，DD 型基因血管紧张素酶水平最高，II 型基因最低，DI 型居中。此外，心肌梗塞、IgA 肾病进展、慢性肾功能不全、脑卒中患者中 DD 型基因发生频率较高，所以认为 DD 型是上述疾病的风险基因，相比之下 DI 型风险次之，II 型无风险。但 D/I 型基因多态性与原发性高血压的关系尚有争议，各研究结论不一致。ACE 基因是决定人体有氧耐力素质的关键因素，通过影响人体的心肺功能，从而影响人体的有氧耐力素质。I 基因型使人体血液中的 ACE 水平较低。拥有 I 基因型的人，其耐力比拥有两个 D 基因型的人要强。由此可以推测，I 基因能增强肌肉吸收氧和营养成分的能力，有助于增强人的有氧耐力。此外，运动员肌肉毛细血管与肌肉横截面积增加以及动静脉氧压差的提高，也可以说明携带 II 型 ACE 基因的登山运动员对高海拔训练的适应性比较强。

第二课时：DNA 粗提取（实验课）

【实验材料】一次性杯、洗洁精、果汁、75％酒精、牙签。

【实验原理】

（1）唾液中脱落的口腔上皮细胞为实验材料。

（2）洗洁精可溶解细胞质膜、核膜等脂质类生物膜。

（3）果汁溶解、中和细胞质基质中的蛋白质。

【实验步骤】

（1）取样：漱口，用一次性杯收集唾液。

（2）提取：依次加入洗洁精、果汁、75％酒精，轻轻混匀。

（3）结果观察：可观察到白色絮状物，即为 DNA，DNA 不溶于酒精溶液，可以析出。

第三课时：PCR 技术简介（理论课）

聚合酶链式反应简称 PCR，是一种用于放大扩增特定 DNA 片段的分子生物学技术，它可看作是生物体外的特殊 DNA 复制，PCR 的最大特点是能大幅增加微量的 DNA。

【PCR 原理】DNA 在体内为半保留复制，PCR 技术的原理类似于 DNA 在体内的复制过程。在实验中发现，DNA 在高温时也可以发生变性解链，当温度降低后又可以复性成为双链。因此，通过温度变化控制 DNA 的变性和复性，加入设计引物，DNA 聚合酶、dNTP 就可以完成特定基因的体外复制。PCR 扩增技术由变性—退火—延伸三个基本反应步骤构成：①模板 DNA 的变性：模板 DNA 经加热至 93℃ 左右一定时间后，使模板 DNA 双链或经 PCR 扩增形成的双链 DNA 解离，使之成为单链，以便它与引物结合，为下轮反应作准备；②模板 DNA 与引物的退火（复性）：模板 DNA 经加热变性成单链后，温度降至 55℃ 左右，引物与模板 DNA 单链的互补序列配对结合；③引物的延伸：DNA 模板‑引物结合在 72℃、DNA 聚合酶（如 TaqDNA 聚合酶）的作用下，以 dNTP 为反应原料，靶序列为模板，按碱基互补配对与半保留复制原理，合成一条新的与模板 DNA 链互补的半保留复制链，重复循环变性—退火—延伸三过程就可获得更多的"半保留复制链"，而且这种新链又可成为下次循环的模板。每完成一个循环需 2～4 分钟，2～3 小时就能将待扩目的基因扩增放大几百万倍。

第四课时：人类 DNA 提取（实验课）

【实验材料】Ezup 柱式唾液、尿液基因组 DNA 抽提试剂盒、水浴锅、无水乙醇、1.5 ml 离心管、一次性纸杯、移液枪、唾液、清水。

【实验原理】利用试剂盒中的 Buffer CL 裂解口腔上皮细胞释放出基因组 DNA，在结合液的作用下产生特殊吸附膜选择性吸附释放的基因组 DNA。

通过洗涤液的清洗完全洗去吸附膜吸附的少量杂质，在洗脱液的作用下吸附膜释放吸附的基因组 DNA。

【实验步骤】

（1）取样；量取 250 μl 唾液至 1.5 ml 离心管中。

（2）向离心管中加入 350 μL Buffer CL 试剂和 20 μL 蛋白酶 K，振荡混匀，65℃水浴 20 min，间或混匀。

（3）向离心管中加入 300 μL 无水乙醇，充分混匀，然后将全部溶液和沉淀物转移至硅胶膜吸附柱内，1 000 rpm 离心 1 min，倒掉收集管中溶液，将吸附柱放回收集管中。

（4）向吸附柱中加入 500 μL 洗涤溶液，1 000 rpm 离心 1 min，倒掉收集管中的溶液，将吸附柱放回收集管中。

（5）重复步骤（4）一次。

（6）将吸附柱放回收集管，1 200 rpm 离心 2 min。

（7）取出吸附柱，放入一个新的 1.5 ml 离心管中，在吸附膜中央加入 50 μLTE 缓冲液，静置 3 min，12 000 rpm 离心 2 min，得到的 DNA 溶液用于后续实验或－20℃保存。

第五课时：PCR 实验（实验课）

【实验材料】PCR 仪、DNA 模板、引物、PCR 预混液（含染料和酶）、移液枪、0.5 ml 离心管、去离子水。

【实验原理】见 PCR 理论课

【实验步骤】

（1）加样，向 0.5 ml 离心管中依次加入 DNA 模板、引物和 PCR 预混液。

（2）调整 PCR 仪程序。

（3）将加好样的离心管放入 PCR 仪，盖好盖子，开启程序。

（4）PCR 结束后取出样品妥善保存。

第六课时：DNA 提取检测（实验课）

琼脂糖凝胶电泳是用琼脂或琼脂糖作支持介质的一种电泳方法。

【琼脂糖凝胶电泳原理】琼脂糖凝胶具有网状结构，分子通过时会受到阻力，大分子物质在泳动时受到的阻力大，因此在凝胶电泳中，带电颗粒的分离不仅取决于净电荷的性质和数量，而且还取决于分子大小，这就大大提高了分辨能力。核酸会根据 pH 值不同带有不同电荷，在电场中受力大小不同，因此泳动的速度不同，根据这个原理可将其分开。常用 1% 的琼脂糖作为电泳支持物。琼脂糖凝胶约可区分相差 100 bp 的 DNA 片段，其制备容易，分离范围广。普通琼脂糖凝胶分离 DNA 的范围为 $0.2 \sim 20$ kb，利用脉冲电泳，可分离高达 10^7 bp 的 DNA 片段。DNA 分子在琼脂糖凝胶中泳动时有电荷效应和分子筛效应。DNA 分子在高于等电点的 pH 值溶液中带负电荷，在电场中向正极移动。由于糖-磷酸骨架在结构上的重复性质，相同数量的双链 DNA 几乎具有等量的净电荷，因此它们能以同样的速率向正极方向移动。

【实验材料】琼脂糖、电泳槽、TAE 缓冲液、DNA 样品、移液枪。

【实验步骤】

（1）制备 1% 琼脂糖凝胶，称取 0.5 g 琼脂糖放于锥形瓶中，加入 50 ml $1 \times$ TAE，放置在微波炉中加热完全融化琼脂糖。

（2）胶板制备，将冷却到 65℃ 左右的琼脂糖胶混匀倒入准备好的模具内，待其冷却后垂直拔下梳子，将胶板放入电泳槽内，添加 $1 \times$ TAE 电泳缓冲液直至没过胶板为止。

（3）加样，分别用移液枪取 5 μl 样品和对照物，加入胶板槽内。

（4）电泳，加样后将电泳槽通电，样品由负极向正极方向移动，根据样品移动情况停止电泳。

◉ 课程评价方案：

本案例结合课程目标及课程内容，依据新课标中科学探究的学业质量标准描述。本课程评价的主要内容为"学生科学探究的能力"，即学生是否具备了观察能力、发现问题的能力、设计和实施探究方案以及探究结果的分析交流等能力。为减轻学生们的课后负担，本次课主要根据学生在理论课程学习阶段的课堂表现、实验实践过程中的表现以及实验结果进行评价。在理论课中主要通过与学生课堂互动过程中关注学生的课堂表现和反馈进行评价。实验课中可通过观察学生在实验操作中的表现、实验结果和对实验结果的分析情况进行评价。

◎ **课程实施反思：**

　　本课程是在"课程即素养"指导思想下设计的指向科学探究的选修课程。本课程设计最初的目的就是满足学生们对实验课程的好奇和热情，让学生们在课堂知识的基础上更加深入地了解分子生物学及其实验操作，利用所学知识和实验技能完成之后可能涉及的科学探究过程。在课程实施过程中充分感受到了学生们对实验课程的热情，很渴望进入实验室。在实验操作过程中为了使学生能在使用仪器时更快上手并熟练掌握，适当的讲解和恰当的演示非常重要。相比于实验结果，更重要的是实验操作过程中关注学生的操作规范，促进其养成良好的实验习惯，以及通过对实验结果的分析，总结实验中的经验和教训，学会反思并解决实验中遇到的问题，提高科学思维和科学探究能力。

◎ **学生反馈：**

　　本学期下半段，我选修了发展课"人类基因组 DNA 提取及 ACE 基因多态性检测"。两节理论课内容丰富，从课本内容延伸拓展至日常的核酸检测，我了解了 PCR 基因扩增技术的原理，以及 ACE 基因多态性检测实验的实验原理。实验课是此次课程最为精彩的部分。第一节实验课，在老师的带领下我们利用洗洁精、橘子汁等生活中常见的试剂粗提取了自己的 DNA，我成功地看到了自己的 DNA 是白色的絮状物，并将其装在试剂管中带回家。第二、三节课中，我们借助实验室的众多精密仪器获得了纯净的 DNA。同时我也认识了许多以前从未见过的仪器，如移液枪、离心加速器、PCR 扩增仪等，并掌握了它们的使用方法。通过这次发展课程的学习，我收获颇丰，了解了先天基因的多样性会对个体日常活动模式产生显著影响。这也是我进入上中以来上过的最有趣的发展课，让我看到了生物学科贴近实际生活富有趣味的一面，激发了我学习这门学科的兴趣。

（2024 届　刘小禾）

　　在人类基因组 DNA 提取及 ACE 基因多态性检测这门拓展课程开始的第一节课，我们首先了解了这门拓展课会做些什么。老师幽默地告诉我们：因为设备容纳量有限，起这样一个拗口的名字，是为了吓退一部分同学。在课程刚开始的时候，我们先花了一节课的时间，通过视频和 PPT 了解了怎样进行 DNA 提取和 ACE 基因多态性检测是如何进行的。ACE 是血管紧张素转换酶基因，是决定人体有氧耐力素质的关键因素，其中拥有 I 基因的人比拥有两个 D 基因型的人在有氧耐力上更好。实验过程很开心，也很有体验感。

（2024 届　江可璇）

在本次发展课程的第一课时中，我进行了 DNA 粗提取的实验，我看到那悬浮在小塑料杯中的如丝一般的白线，至今对此记忆犹新——不曾设想，DNA 居然也能用肉眼看到。

在接下来的理论课中，我学习到关于 ACE 基因的多态性的相关知识。ACE 基因，即血管紧张素转化酶基因，与人的运动有关。这让我也很想通过接下来的实验，知道自己的基因型如何，是否测得的基因能够解释我从小到大一直不是表现很好的运动水平。除了 ACE 基因以外，我还学习了何为遗传多态性以及检测 ACE 基因多态性的重要方法——PCR 技术。遗传多态性是指同一群体中，某个基因至少存在两个等位基因且频率大于 0.01 的现象。要想检测 ACE 基因多态性，则必须先从人类基因组 DNA 中找到 ACE 基因，并利用 PCR 技术扩增 ACE 基因片段。PCR 分为三个过程：变性、退火、延伸。其原料包括：DNA 模板、TaqDNA 聚合酶、脱氧核糖核苷三磷酸、引物、缓冲液。在课堂上，我们通过视频来学习其具体的过程与步骤，虽然我现在只能记得其大概，但着实令我受益匪浅。以前天天做的核酸检测似乎就是通过 PCR 来实现的，这让我感叹，我们日常生活里这些看上去高深，甚至原以为只存在于实验室这类场所中的技术，原来离我们的生活是如此之近，关系如此之密切。

在实验课中，我们通过自己的 DNA 来检测 ACE 基因的多态性。虽然其中所用的试剂已经不太记得了，但是其中有一种仪器深深地烙印在我的脑海中——移液枪。不同于移液管，移液枪的量程更小更精确，且量程可以改变。在实验课上，我们频繁地使用了移液枪，可见在像 ACE 基因多态性检测这一类生物学实验中，移液枪是一个非常重要的仪器。

从这门课程中学到了很多，我感谢能够学习这门发展课。

（2024 届　汤彦勋）

在理论课上，老师主要解释了提取人类基因 DNA 的原理、实验所需材料和步骤，在学习过程中我了解了生物这门学科的基本特点。生物学以实验为基础，仅仅停留在前人经验积累出来的理论知识上是不够的，诸多新的发现都是起源于实验中的"异常情况"；除此以外，严格遵守试剂用量和添加顺序也是保证实验能够完成的必要条件，从中我感受到了生物学的严谨性。到了实验课动手实操时，遇到的情形和上课所讲也有所出入。例如，在选取合适的人类 DNA 样本过程中需要采集唾液，若是直接吐唾液会因为过于浓稠而无法使用移液枪吸取，而漱口后又会因为浓度太稀导致实际采取的 DNA 含量过少，不便观察，影响实验效果。又如，即使某些试剂有规定取用量，最后试管内又会多出许多液体造成浪费，如果处理不当还易造成污染。总而言之，这门课作为一门小型的探究性课程，为我打开了科研领域的大门，初步让我感悟到了科研精神的重要性。

（2024 届　王尚杰）

在本发展课中，我们先进行了理论学习，学习了 DNA 的简单提取方法，即运用生活中的物品进行 DNA 提取，也学习了人类基因组 DNA 提取的原理与 ACE 基因多态性检测的原理。从这些理论的学习中，我更加理解了 DNA 的结构，同时也对生物学的实验理论有了进一步的了解。以理论为基础，我们进行了相应的实验。虽然每次实验前都要吐口水，感觉有些恶心，但通过简单实验，第一次从唾液中提取出 DNA 时，我们都很兴奋。经过自己动手实验，我们认识了很多实验用具，例如离心机、移液枪，也学会了如何使用这些仪器。我认为生物中实验是必不可少的部分，经过动手实验能让我们更深刻地了解实验背后的原理，引发我们对学习生物的兴趣，也能学习到求真务实的实验精神。

（2024 届　濮欣韵）

最初选择这门发展课的原因兴许是因为它的标题，基因工程一直是近年来的研究热点之一，在初中刚刚接触生物时便听闻 20 世纪的人类基因测序工程，于是乎见到这样看起来很"硬核"的发展课便毫不犹豫地选了它。在理论课上，朱老师向我们详细介绍了人类 ACE 基因的三种基因型及其表征，又讲解了使用 PCR 聚合酶链式反应检测 DNA 中的特定 DNA 片段的方法，即使用引物和 Taq DNA 聚合酶大量复制特定基因片段，再使用凝胶电泳观察结果。实验课因为一些原因而重复了两次，又因疫情未能完整完成，属实是留下了遗憾，但这两次实验都充满了欢乐。为了得到口腔上皮细胞的碎片，需在一次性塑料杯中吐唾沫，场面略有滑稽。在操作过程中，我们也学会了加样枪以及离心机的使用方法，提高了我们的动手能力。总之，整个发展课的学习过程是轻松愉悦的，给我留下了深刻的印象。

（2024 届　倪宇哲）

◎ **教研组反馈：**

实验实践是生物学作为自然科学中的一分子不能被忽视的重要特点及特色。不论是早期的"知识与技能"，还是如今"双新"改革中的"科学探究"都将实践技能的提升、探究能力的提高作为重要的课程目标及培育方向。朱婷婷老师在参与华东师范大学的相关培训过程中学习和掌握了 ACE 基因多态性检测的全套实验方法。作为一个"有心人"，朱老师将这门课带回了学校实验室，匹配我校的仪器设备并做了改进与优化，使其成为一门校内的选修课程。学生在反馈里幽默地指出，实验设备的覆盖人数有限让教师不得不把课程名称写得不那么"吸引人"。但事实是，这门实验课程一经推出就成了学生"必选"榜单上的常驻课。通过学生的真实反馈可以看出，这门课程的成功在于解决了两个重要的学科"痛点"：其一为用实验的"具象"弥补了理论课程的"抽象"；其二为落实并固化了"做中学"的教学范式。从实践效果来看，有汤彦勋同学惊叹于 DNA 分子的"可见"，有王尚杰同学自己提炼的许多实验心得，一把小小的移液枪点燃了学生们心中的火苗，契合了学校"聚焦志趣、激发潜能"的办学理念。

（教研组长　张智顺）

案例十一　生殖与发育
（社会责任）

◎ **课程开发：**张智顺

◎ **课程类别：**小型课程（0.5 学分）

◎ **课程目标：**

通过讨论或辩论对涉及生殖与发育的相关议题进行深入解读和剖析，客观评价民间流传说法的科学性和背后的原因；通过学习相关的发育生物学的知识，掌握发育生物学常见的研究方法和思维角度，分辨"伪科学"的观点或迷信，加以驳斥的同时主动积极宣传，科普相关知识。

◎ **课程由来：**

每个生物个体包括人类在内都需要面对生老病死。人类文明上千年，无数智者对人类的生殖和发育过程提出了诸多猜测，其间"鱼龙混杂"，甚至不乏贻害无穷的歪理邪说。现代社会，生命科学的相关知识普及率也并没有达到可以帮助大多数人区别科学与伪科学的程度，高中生物课堂仍有必要开展对相关议题的分析与讨论。

动物发育是从受精卵开始，向身体多种细胞类型分化及建造功能性整合器官。发育是生物体从基因型出发到表型产生的一个途径，可以从分子到生态系统的任何组织水平上进行研究，包括受精、卵裂、原肠胚形成、器官发生、变态、再生和衰老等。对发育过程的研究有助于当代人理解"生命周期"，破除迷信、辨别伪科学以及掌握发育生物学特有的研究思路。

◎ **课时安排：**

课时	课程内容
第一课时	脑的发育
第二课时	男女有别
第三课时	生殖细胞知多少
第四课时	卵裂
第五课时	胚层
第六课时	表观遗传

◎ **课程内容：**

第一课时：脑的发育

【课内讨论】核桃形状如大脑，尤其是表面沟壑复杂且密集，像极了人类大脑皮层的形态。因此，多吃核桃能补脑成了很多人深信不疑的"以形补形"的案例。

【脑的发育】神经上皮细胞是胚胎中最初的局限性多能神经干细胞，它们只存在于早期胚胎，最终转变成室管膜细胞和放射状胶质细胞，它们是脑生长的根本机制。人类在出生时皮质神经元只有极少的树突。然而，在发育的第一年里，这些细胞的突触数目会大幅度增加，达到平均每一个神经元可以与多达 1 万个其他神经元产生连接。室管膜区、套区和边缘层这种基本三区图式维持在脊髓和延髓的整个发育过程中。而对于大脑，来自套区的一些神经祖细胞向脑外表面迁移，聚集成一个新层，形成新皮质，是哺乳动物脑的显著特征。新皮质最终分成 6 层神经元细胞体。这些层的成体形式直到童年中期以后才成熟。人类和猿类的脑在出生前都有一个惊人的生长速度。但是在出生后，猿类脑的生长速度显著下降，而人类脑的快速生长仍然持续大约两年时间。

【脑发育的前沿探索】脑外层放射状胶质细胞的增加以及它们的放射状纤维排列的生物力学为放射状胶质细胞直接参与皮质折叠的进化机制提供了有利的支持。有研究者通过电穿孔法将 ARHGAP11B 基因导入发育中的小鼠脑皮质，使小鼠脑的皮质产生了类似脑回的折叠。人类的 ARHGAP11B 基因来自 ARHGAP11A 基因（动物中普遍存在的一个基因）的部分重复，在早期原始人偏离黑猩猩谱系后产生于人类谱系。

第二课时：男女有别

【话题讨论】在重男轻女的封建思想的影响下，民间个别地方仍旧流传着通过孕期做一些特殊的仪式甚至服用特殊食物以达到控制胎儿性别的目的。你如何看待这个现象？对于胚胎发育中的性别决定机制，你有多少了解？

【初级性别决定】人体的生殖腺原基在发育时期有两个选择：发育成卵巢或者睾丸，这两个器官具有非常不同的组织结构。两个生殖腺原基在胚胎发育第 4 周出现，直到第 7 周仍旧保持性别未分化状态。生殖细胞，即精子或卵子的前体，在胚胎第 6 周迁移到生殖腺中并被中胚层细胞包围。

【男性发育路径】如果胎儿的染色体是 XY，中胚层细胞继续增殖至第 8 周时，一部分细胞向支持细胞分化，环绕进入其中的生殖细胞并将自身组织成睾丸索。生殖细胞进入雄性生殖腺时将在睾丸索内发育，位于器官的内部。

在发育的后期（青春期），睾丸索开始成熟以形成生精小管。生殖细胞迁移到这些小管的外围，在那里它们建立精原干细胞群体，在雄性的整个生命过程中产生精子。在成熟的生精小管中，精子通过睾丸网从睾丸内被转运出来，而睾丸网与输出小管相连接。在雄性发育过程中，沃尔夫管分化成位于睾丸附近的附睾和输精管，精子通过这个管进入尿道并排出体外。因此，精子和尿液都将使用尿道离开身体。同时，另一组中胚层细胞分化为间充质细胞类型，即分泌睾酮的间质细胞。每个初期的睾丸被一个厚的细胞外基质（白膜）所包围，这对睾丸具有保护作用。

【女性发育路径】如果胎儿染色体是 XX，生殖腺中心的性索退化，而生殖腺表面的性索仍被保留下来。每个生殖细胞被一簇性索上皮细胞包裹。生殖细胞将变成卵细胞或卵子，周围的皮质上皮细胞将分化成卵泡细胞，或称为颗粒细胞。其余的间质细胞分化成卵泡膜细胞。卵泡膜细胞和卵泡细胞形成卵泡，包围生殖细胞并分泌类固醇激素，如雌激素和孕酮。每个卵泡都含有一个生殖细胞，即卵原细胞，这个细胞此时将进入减数分裂。

【SRY 基因与 Sox9 基因】科学家发现人类睾丸决定的主要基因位于 Y 染色体的短臂上，靠近短臂末端的 35 000 个碱基对区域。在这个区域，有学者发现了一个雄性特异的 DNA 序列，编码含有 223 个氨基酸的蛋白质。这个基因被称为 Y 染色体性别决定区 SRY。英国科学家库普曼于 1991 年将包含 SRY 基因的 DNA 区域显微注射到小鼠受精卵的原核，注射了该序列的 XX 胚胎发育出睾丸、雄性附属器官和阴茎。SRY 合成的蛋白是一种转录因子，其主要作用似乎是激活 Sox9 基因。Sox9 位于常染色体上，参与多个发育过程，在骨骼形成和睾丸发育调控中扮演着重要角色。在 XY 小鼠的生殖腺中敲除 Sox9 基因导致完全的性逆转。因此，Sox9 似乎是脊椎动物中最古老和更关键的性别决定基因。

第三课时：生殖细胞知多少

【精子结构】虽然在 17 世纪 70 年代就发现了精子，但直到 200 年后才知道人类是如何形成的。每个精子细胞都含有一个细胞核、一个移动细胞核的系统和一个酶囊。在哺乳动物中，精子的分化在睾丸中并没有完成。虽然射精活动释放的精子能够运动，但还没有结合卵子并使其受精的能力。精子获能是精子成熟的最后阶段，在哺乳动物中只发生在精子进入雌性生殖道内的一段时间之后。

【卵子结构】精子和卵子具有相等的单倍体核组分，但是卵子在成熟期间积聚了一个丰富的细胞质库，如营养性蛋白质、核糖体与 tRNA、早期 mRNA（受精后激活）、保护性化合物等。大多数卵的细胞膜内紧贴着凝胶样的皮质，含有皮质颗粒，可以防止第一个精子入卵后其他精子再进入卵。哺乳动物卵的细胞外被是一层独立的厚基质，称为透明带。哺乳动物的卵还被一层细胞（卵丘）包围。紧邻透明带的最内层卵丘细胞称为放射冠。

第四课时：卵裂

【左旋与右旋】椎实螺属蜗牛中，其壳的螺旋方向仅受一对基因控制。在椎实螺中发现有左旋的突变体，将这种突变体与野生型右旋蜗牛进行交配后显示右旋等位基因 D 对于左旋等位基因 d 呈显性。然而卵裂的方向却不是由发育中的蜗牛的基因型所决定，而是取决于母本蜗牛的基因型。这一效应称为母体效应。DD 和 Dd 基因型的母本产生具有活性的形成蛋白。但 dd 基因型的雌性中形成蛋白质的基因在其编码区出现一个移码突变，导致其 mRNA 失去功能，进而被迅速降解。

【蚌蛤的创新与钩介幼虫】与大多数蛤类不同，珠蚌及其近亲生活在湍急的溪流中。水流会引起幼体扩散的问题。珠蚌为此发生了两种发育的变化以适应这一环境，分别为①珠蚌胚胎的卵裂使 2d 小分裂球获得了最大量的细胞质，后分裂产生大部分的幼体结构，包括一个能够产生大壳的腺体，这样的幼体被称为钩介幼体，像一个微型的捕熊夹。钩介幼体具有敏感的毛，当这些毛被鱼的鳃或鳍触碰时，它们能使壳迅速闭合，附着在鱼的身上，直到脱落后经过变态长成成体。②许多蚌发育出一个薄的外套膜，围绕壳摆动并环围孵育囊。孵育囊的形状及外套膜的摆动与小鱼的形态和游动行为相似，有很好的欺骗效果。当一条捕食性的鱼被引诱到这一"猎物"的范围内之后，蚌便从其孵育囊中释放出钩介幼体，使其附着在鱼鳃上。

第五课时：胚层

【桑椹胚与囊胚】致密的 8 细胞胚胎产生一个 16 细胞的桑椹胚，由一小组将来形成胚胎的内部细胞和一大组围在外部的细胞（滋养层）组成。内细胞团的每个细胞可以产生身体的任何细胞类型，但不能形成滋养层。内细胞团中的这些多能性细胞是胚胎干细胞。小鼠中，到 64 细胞期，内细胞团（大约由 13 个细胞成）和滋养层细胞已经变成独立的细胞层，互相不为对方贡献细胞。滋养层细胞具有钠离子泵，可将钠离子泵入中间的空腔，提高的渗透压将水吸收进来，形成囊胚腔。随着囊胚腔的扩大，内细胞团开始定位于滋养层细胞环的一侧，形成独特的哺乳动物胚泡。

【原肠胚】原肠胚形成是动物的重要特征。植物和真菌没有原肠胚形成。在原肠胚形成过程中，囊胚的细胞有了新的定位，即形成内胚层和中胚层器官的细胞被带入胚胎内部，而形成皮肤和神经系统的细胞在胚胎的外部表面扩展。因此，三个胚层在原肠胚形成过程中首先产生。三个关键轴分别是前-后轴、背-腹轴和左-右轴。

【咽弓与耳】在成体鱼中，咽弓细胞形成舌骨颌和鳃弓。在两栖类、鸟类、爬行类动物中，同样的细胞形成上颌的方骨和下颌的关节骨。在哺乳动物中，方骨内移形成中耳的砧骨。关节骨仍与方骨相接触，变成中耳的锤骨。因此，在鱼中形成鳃支架的细胞，在哺乳动物中形成了中耳。后来发现，所有脊椎动物胚胎都有鳃弓、脊索、脊髓和原始肾。

第六课时：表观遗传

【DNA 甲基化与表观遗传】在发育的人和鸡的红细胞中，珠蛋白基因的启动子 DNA 完全没有被甲基化，而相同的启动子在不产生珠蛋白的细胞中却被高度甲基化。胞嘧啶及组蛋白被甲基化后，核小体与 DNA 能形成紧密复合物，使转录因子及 RNA 聚合酶 Ⅱ 无法找到相应的基因。新建立的甲基化图式 Dnmt1 传递到下一代（细胞）。这个酶识别一条 DNA 链上的甲基化胞嘧啶，并在新合成的反义链上添加一些甲基基团。

【基因组印记】在一些情况下，来自雄性的染色体与来自雌性的染色体是不均等的。一些甲基基团在精子或卵子发生过程中被一系列的酶添加在 DNA 上，这些酶首先将原有的甲基基团从染色质上去除，然后在 DNA 上添加性别特异的甲基基团。例如，在小鼠的早期胚胎发育过程中，编码胰岛素样生长因子的 Igf2 基因只在来自精子的 7 号染色体上被转录。差异性甲基化是表观遗传变异的最重要机制之一，也提示我们不能只用基因去解释一个生物体的表型。

【卵母细胞的表观遗传调节】在减数分裂前，卵母细胞通常合成和储存受精后才使用的 mRNA。这些信使 RNA 在被某些离子信号激活之前一直处在休眠状态。在很多生物如海胆、果蝇、斑马鱼等，早期细胞分裂的正常速度和图式的维持并不需要 DNA，但却需要储存的母体 mRNA 进行不间断的蛋白质合成。

◎ **课程评价方案：**

本案例结合课程目标及课程内容，依据新课标中社会责任的学业质量标准描述。本课程评价的主要内容为"学生的社会责任意识"，即学生是否具有关注社会重要议题的意识和社会责任感，以及开展生物学实践活动的意愿和能力等。评价方式主要为课堂行为观察、课堂讨论及课后实践，主要评价学生对社会生活中设计生物学相关内容的态度、对生物学社会实践性活动的参与热情及情感体验。教师可以用组织讨论、辩论或一同参与宣传等形式，及时反馈评价情况，促进师生互动，激发学生潜能。根据学校的整体规划，小型选修课程不涉及纸笔检测，主要为过程性评价以及学生自评，能起到"减负增效"的效果，进一步促进学生的自主发展和个性化学习，贯彻"立德树人"的指导思想。

◎ **课程实施反思：**

本课程是在"课程即素养"指导思想下设计的指向社会责任的选修课程。根据本课程设计指南，课程的关键词是"辨别伪科学"，主要指向的课程目标是提供给学生一些广泛的生物学相关的社会议题并以此激发学生的兴趣，引发对长久以来形成的民间迷信或非科学性认知的探讨。本课程选取了"以形补形"的饮食观念、后代性别决定的迷信认知、父母对后代表型的"贡献度"等与生殖发育相关的社会议题进行剖析和探讨。通过平等的讨论使学生对于民间说法形成正确认识，通过发育生物学相关内容的学习进一步审视相关说法或习俗的谬误。

◎ **学生反馈：**

在老一辈人眼中，"生殖"一直是被避讳的一个词语。社会上也流行着许多从以往传承下来的一些有关于"发育"的错误说法，例如：脑袋大的孩子聪明，穷生儿富生女。在这堂发展课上，老师利用生物学知识，给我们解释了这些错误说法背后的生物学原理，并给我们介绍了一些有关发育的基本知识和胚胎发育的基本过程。例如，人在妊娠六周之前性别具有一定"可塑性"。六周后，胚胎才会在 Y 染色体 SRY 基因的引导下分化成男性或是女性。张老师还分享了一些有关于性别决定的特殊案例，如拥有 XXX 染色体的女性、拥有 XXY 染色体的男性等，并解释了形成这些特例的染色体事件。这次课使我深刻地认识到，某些流传下来的说法并不一定都是正确的，我们要立足于科学，理性地对这些东西进行分辨，并以一种客观理性的态度去看待人类繁衍这一问题。

（2025 届　黄楚涵）

本学期的"生殖与发育"发展课程十分有趣，让我们了解了一些其他课上无法接触到的生物学内容，开拓了眼界，增长了知识。记得在第一节课上，老师向我们介绍了人类发育过程中性别决定的不同机制。我们通过观察减数分裂不同过程的电镜照片更深入地理解了这一过程的细节及细胞学基础。老师问我们：性染色体为 XXY 的是男性还是女性呢？经学习后，我可以理解为什么这类染色体异常的患者通常表现为男性的生理特征。但是，他们长大后可能会在就医时被发现异常而产生很大的心理阴影。在半学期的课程中，我们学习了苗勒式管等性别发育的重要细节，对于一些性别决定相关的疾病也有了新的认识，收获颇丰。回家后，我将课堂上学习到的知识分享给家人，并宣传不要对患者怀有偏见，应当以一种体面的方式称呼那些不幸的患者。

（2024 届　王菁义）

"生殖与发育"这门发展课充满着逻辑与理性，同时老师以生动的例子，把复杂的学术知识深入浅出地讲述给学生，使这门课不乏趣味性。课程是对平常生活中人们一以贯之思想的挑战与纠正，它从微观角度让我们从根源上探究人体的某一特定功能在特定时间条件下的具体的运作方式，体现与功能结构相适应的生命观念。课程以由现象到本质这样一个顺序，破除学生以往在生活中的"刻板印象"，更具体地了解了人体如何一步步发育成如今的样子。例如神经系统发育过程中，有过外胚层下凹形成神经沟、合拢形成神经管等；男女性别决定其实与 SOX9 基因有关，而并非简单地由 XY 染色体决定。这些问题都是平常人们很少去思考，却十分有意思，它们呈现了人体生命的奇妙，让大自然的神奇熠熠生辉，很有幸能在这门课上对这些问题涉及一二，从一个全新的、更高层次的角度看待这一系列的问题。

（2025 届　徐涵博）

◎ **教研组反馈：**

现代生物学面临的"时代挑战"源自生命科学在宏观和微观两个维度上的重大突破。尤其是微观领域，从 DNA 双螺旋结构的发现到 PCR 和测序技术的发明，从光学显微镜的发明到低温冷冻电镜的运用，这些技术的突破和更新迭代都让学者对生命现象有了新的认识。但是，因为各种历史因素，生物学的"大踏步"发展没有通过合适快捷的科普通道"惠及百姓"，民间仍旧留存着大量的伪科学或者生物学相关的谬论。破除迷信、揭穿伪科学是高中生物学"双新"改革实践中明确的社会责任。通过开设选修课程"生殖与发育"，教师尝试以发育生物学相关的议题作为突破口，引导学生辩证而全面地看待问题、学会对既有的所谓"民间习俗"等进行再剖析、再认识。从学生们的积极反馈中可以看出，通过这门课程的学习，学生们发现并且认识到了生活中的"刻板印象"往往是对生物学知识和概念的了解不足或知之甚少。徐涵博同学指出本课程提供给了学生"全新的、更高层次的"视角。然而认识问题只是承担社会责任的第一步，希望同学们课下积极交流，及时指出诸如"穷生儿富生女""吃核桃补脑"等言论中的科学逻辑漏洞，在行为上达成了新课标中对于社会责任的要求。

（教研组长　张智顺）

第四章

实践反思与未来展望

刍议"双新"背景下的课程体系化构建

一、正确认识选修课程与必修课程、选择性必修课程的关系

1. 选修课程与必修课程的关系

新课标的修订核心工作之一就是凝练学科的核心素养。既然是"凝练"，就是一种体量上的缩小，需要回答的问题包括什么样的教学内容承载了学科的核心，什么样的教学内容是学生的共同基础，什么样的教学内容将成为学生发展的必需。新课标给出的答案是：必修课程。就生物学学科而言，必修课程选择的内容是现代生物学的"核心内容"，这些内容与社会、生产、生活关系紧密，也是学生进一步进行生物学后续学习的基础。本轮"新课程、新教材"改革实践中，高中生物学的必修课程内容限定在了"分子与细胞""遗传与进化"两个板块，共 4 学分。按照学分与课时的对应关系理解，学生在高一、高二两年的必修课程学习中每周仅需要 1 课时便可以完成相关学习任务，迎接合格性考试。对学生而言，生物学学科的"学业压力"明显下降，有更多的时间可以进行个性化的探索。那么，学生获得的"额外时间"可以投入到哪些地方，答案必定是选修课程。

选修课程对于必修课程而言，成为了一种"有选择性的时间投入"，是承接学生"时间溢出"的试验田。新课标中提出本轮改革需要突出课程的基础性和选择性。必修课程是基础性的载体，那么选修课程就是选择性的完美体现。值得思考的是，基础性和选择性课程的搭配有没有先后顺序，学生一定

要先完成基础性课程的学习才能获得选择性课程的学习权利？答案自然是否定的。基于此，才出现了本校学生在高一、高二年级必修课程与选修课程的"嵌合"模式。我们不必强调选修课程的知识性前提，大部分选修课程也应该更加关注如何设计"普适的""学生友好的"学习和体验内容，这是对教师的考验，不是对学生的要求。例如朱婷婷老师开设的"人类基因组 DNA 提取及 ACE 基因多态性检测"课程，没有要求学生一定要先了解和掌握实验的原理，甚至学习完必修二中关于基因、基因组、基因多态性的所有相关知识。相反，正是因为学生选择了这门课程，在实验实践的过程中产生了疑问和探究的渴望，才进一步推动学生在必修课程中去认真学习和反思总结。

2. 选修课程与选择性必修课程的关系

根据新课标中关于选择性必修课程的描述，选择性必修课程的教学内容服务于学生未来职业与专业发展，有助于学生进一步加深对生物学大概念的理解，拓展生物科学与技术视野，提高实践和探究能力。可以确认的是，选择学习生物学选择性必修课程进行学习的学生一定是高三升学考试中需要参加生物学等级性考试的学生。这些学生因为"选择"而产生了学习的"义务"，三本选择性必修教材（《稳态与调节》《生物与环境》《生物技术与工程》）的内容学习将使得这一批学生获得更为"进阶"的生物学学科能力，比如能够运用模型和建模的思维表征并阐释内环境稳态的含义；能评估多种生活方案并认同健康文明的生活方式；能基于植物激素等知识提出生产实践方案；能运用数学模型分析和解释种群数量变化的规律；能针对人类某一需求提出工程学构想并进行简单设计等。

在为这些选考生物的学生"叫好"之余，作为生物学教师也感慨，那些喜欢生物学但出于选考策略或个人能力的考虑而"被迫放弃"选择性必修课程的学生是否再无机会了解或学习相关的生物学内容呢？这个问题的解决之道或许就隐藏在理清选修课程与选择性必修课程的关系之中。在学校的课程体系内，选择性必修课程的"选修"与"选考"是捆绑关系。学生选择了三门学科（物理、化学、生物学、历史、地理、政治）的选择性必修课程就等于放弃学习其他三门学科所有选择性必修课程中的学习内容。就上海中学的情况而言，即使选修生物学等级性考试的学生占比已经超过了年级总数的 50%，每一届仍有一百多人无缘领略生理学、生态学、生物工程科学的精妙。那么，这一百多人中是否仍有学生是渴望学习到部分生物学学科"进阶内容"

的呢？比如某学生对医学十分感兴趣，但对生态学的内容兴趣不大。这位同学是否还有机会在高中阶段学习到神经生物学、免疫学、内分泌学的相关内容呢？显然，选修课程就是满足这部分学生需求的解决方案之一。选修课程将"选修"和"选考"剥离，极大程度上尊重了学生作出选择的"纯粹"动机。为此，教研组开发了十余门小学分、短课时的选修课程（微型课程、小型课程），为学生提供聚焦某一具体子学科的机会。而长跨度、大学分的选修课程往往还能在一定程度上培育或提升某一具体的生物学核心素养，如陈思老师、耿芳老师等开设的优势潜能课程带领学生亲历科学问题的提出、实验设计、方案实施及对结果的交流和讨论，对学生掌握科学探究的基本思路和方法，提高科学探究的实践能力具有积极意义。

3. 选修课程与选修课程的关系

新课标中明确了必修课程、选择性必修课程、选修课程的功能定位及与高考综合改革的关系，即必修课程面向学生全面发展（全修全考）、选择性必修课程面向学生个性发展和升学考试（选修选考）、选修课程面向学生就业由学生自主选择（学而不考）。但是，新课标对选修课程与选修课程之间的关系则没有给出具体的指导。原因有二：第一，选修课程需要学校根据当地和本校的资源进行开设，而全国各地的中学在资源上的差异使得全国性的课程标准无法给出统一且具体的选修课程开设建议。第二，学生的需求随着时代的发展有着明显的改变，十年前生物制药行业领域存在很大的就业缺口，鼓励并推动一部分学生向该领域发展对他们未来的职业规划有着重大意义。如今，生态保护、"碳达峰、碳中和"成为热门，学生聚焦的领域也出现了海洋生物学、景观生态学等方向。因此，选修课程一定是具有"动态"属性，它处于"学校育人""时代需求""学生兴趣"三者的中心位置。

那么选修课程的开设就需要同时面向三位"潜在用户"：时代、学校、学生。面向时代需求，选修课程与选修课程之间需要互为补充。在时代发展的漫漫长河中，学科知识概念有些成为了"经典"或"里程碑"，有些则已经被更新的研究证伪或替代。选修课程既可以走经典路线也可以当时代"弄潮儿"，两者之间并不矛盾。面向学校需求，选修课程与选修课程之间也要相互配合，例如上海中学承担"拔尖创新人才早期培育项目"的国家课题，生物教研组开设了面向科技、工程实验班的优势潜能课程，物理教研组也开设了物理方向的优势潜能课程。不同学科的优势潜能课程在学生探究实践过程中存在探究工具的差异、探索路径的差异，但最终都是指向科学思维的培养、探究能力的提升，也都体现了"聚焦志趣、激发潜能"的学校课程理念，可谓殊途同归。面向学生需求，选修课程与选修课程就像一道道"菜品"组成了一桌完整的"宴席"。不同口味的佳肴，虽然口感各不相同，但其本质都是给人体补充糖类、蛋白质、脂类、维生素、矿物质等各类营养。不同选修课程也正是从各种维度全面提升学生的综合能力和素养水平。没有哪一门选修课程能够"一课全包"满足所有学生的所有需求，也没有哪一门选修课程独立于其它所有选修课程的知识体系和能力体系，更没有哪一门选修课程能"一竿子到底"完成学生从无到有、从有到精的素养培育。因此，构建一个选修课程体系或"网络"，是研究与完善课程体系的必需。

二、选修课程与必修课程、选择性必修课程的"体系化"构建

1. 基于学科知识的体系化构建

任何学科教学的基础都是该学科庞大但彼此关联的知识体系。"双新"改革提炼了各个学科的"大概念"，但不可否认的是，概念的形成是在知识经过学习、归纳、总结之后逐步形成的。精简教学内容不等于否认或推翻原有的知识体系。以生物学教学为例，必修课程（"分子与细胞""遗传与进化"）中的每一条概念都是由具体的知识内容通过一定的"体系结构"构建起来的。为了让学生阐述"基因中碱基序列的改变有可能导致它所编码的蛋白质及相应的细胞功能发生变化，甚至带来致命的后果"，需要学生理解基因的本质、碱基编码蛋白质的过程、蛋白质与细胞功能的关系等。

但是，恰恰是这种基于学科知识本位的选修课程构建模式，往往会催生出一种课题体系的"怪胎"，即选修课程看上去琳琅满目，但基本都是课内知识的"再学习""炒冷饭"。在某些教师眼里，选修课程的课时就是"正规课时"，不用来上一些考试考察的内容，不用来复习巩固必修课程、选择性必修课程的学习成果，简直是"暴殄天物"。其实，将选修课程当成必修课程的附属品，甚至是某些课程的"复习课"，才是把"双新"改革好不容易还给每个学生的自由时间给白白浪费。

2. 基于能力培育的体系化构建

"双新"改革凝练的核心素养，其本质就是一种"关键能力"。只有学科教师领会了何为"学科关键能力"，才能设计出合理的培育路径。这也正是本

书希望与读者进行交流和探讨的核心内容。从本书提供的学校选修课程案例中不难发现，仅从课程选取的角度而言是五花八门的，如耿芳老师的"哈利·波特的遗传学世界"是从一套畅销小说书引入的；肖书生老师的"认识大闸蟹"是从一个江南地区的传统美食入手的；朱婷婷老师的"诺贝尔奖背后的故事"则是利用每年一度的生理学与医学诺奖进行剖析的。如果从教学内容的引入来判断生物教研组的课程开发思路，可以说是"毫无章法"。

但是，这正是我需要跟读者强调的："双新"改革提出的评价学生核心素养水平的显性特征，并不是学生对某一具体生物概念的记诵水平，一位能背出"生物多样性对维持生态系统的稳定性及人类生存和发展具有重要意义"的学生未必就达到了新课标中描述的"积极参与绿色家庭、绿色学校、绿色社区等行动"（核心素养"社会责任"的四级水平）。所以，我们的课程需要构建一个庞大的系统，使得学生能够在"不同的情境下"，面对"不同的对象时"，表现出个性化的能力。

我们需要构建一个课程体系，让学生能够"识别身边的虚假宣传"、能够"指导、解决生产和实践中的具体问题"、能够"采用适当的科学思维方法揭示规律"、能够"在面对生物学相关的问题时作出决策"、能够"基于资料设计并实施恰当可行的方案"、能够"运用科学术语精确阐明结果并展开交流"、能够"制订并践行健康生活计划"……以上这些课程"需求"真的可以在必修课程和选择性必修课程上全部予以落实吗？对此，我个人表示怀疑。因此，我希望生物教研组的每一位任课教师能够从学生的能力培育出发，选择"合适的角度"，采用"合适的手段"，开发出学生有兴趣的选修课程。当然，目前学校教研组的课程体系还谈不上"完善"，也需要进一步的梳理和优化。但是明确了课程体系的构建方向，对于课程体系的构建具有极为重要的意义。

3. 基于产业逻辑的体系化构建

本书撰写于 2023 年初，此时一款人工智能技术驱动的自然语言处理工具"ChatGPT"正吸引着全世界的目光。人类生活的方方面面有可能因为这项突破的技术而发生巨变。同样，2023 年的生命科学也经历了一轮又一轮的革命：生物测序技术已经进入了"又快又准又便宜"的时代（1990 年至 2005 年的人类基因组计划花费 30 亿美元，如今全基因测序不超过 1 万元），抗体药物、CAR－T 治疗等标志着人类已经进入了"精准医疗"时代。整个生物学（生命科学）的体系正在经历巨大变革，生物产业毫无疑问就是"高新产业"之一。

虽然本书无法总结或给出基于产业逻辑的课程体系化构建案例，但我强烈地感受到了产业逻辑对于我国高等教育和基础教育的影响力正与日俱增。在上海，许多大中合作（高校与中学合作）、校企合作（学校与企业合作）的课程正在中学慢慢兴起。如果一家生产"抗体药物"的生物技术公司参与到学校的课程体系研发，那么比较适宜的课程开发逻辑就应该符合这家企业现实的生产规律："抗原与抗体的本质""抗体药物的设计原则""抗体药物的研发""抗体药物的规模化生产""抗体药物的检测与效果评估""抗体药物的应用及市场推广"……不难发现，这些课程的设置完全遵循了生物医药公司的产业逻辑。学生能够在课程中收获更多"接地气"的实践经验，甚至有可能为其未来成为相关从业人员"埋下伏笔"。但是，这样的课程开发方式对学校的资源组织能力也提出了极高的要求，甚至成为一种"可遇而不可求"的契机。或许未来的某一天，当产业发展到达一定的水平，校企合作成为普遍现象的时候，这种课程的体系化构建将成为一种"全新范式"。

初探课程实践中的"跨学科"学习实现路径

一、浅析生物学课程中的"跨学科"属性

1. 知识体系的"跨学科"属性

"跨学科"学习要求打破学科之间的壁垒，达到跨越多个学科的学习体验。有趣的是，在"课程即学科"的课程观念影响之下，我们曾将原本就"同气连枝"的学科进行划分，典型的就是同属于"自然科学"的物理、化学、生物学。它们彼此相互设立边界，有意识地避开彼此研究的领域。彼时，生物学还很年轻（近代生物学以 20 世纪中期 DNA 的发现为起点），在物理、化学攻占了夸克、电子、原子等诸多领域后，生物学的研究边界便成了他人口中的"花花草草"。如今，生命科学蓬勃发展，物理、化学的诸多研究手段和仪器设备也成为生命科学探究的"有效工具"。在科研院所中，物理、化学、生命科学再次"联手"，在众多领域齐头并进，如冷冻电镜技术、激光共

聚焦显微技术等。

遗憾的是，由于长时间的学科设置，在基础教育阶段和高中阶段，物理、化学、生物学仍旧处于"分而治之"的状态。

> "物理学是自然科学领域的一门基础学科，研究自然界物质的基本结构、相互作用和运动规律。物理学对化学、生命科学、地球与宇宙科学等自然科学产生了重要影响，推动了材料、能源、环境、信息等科学技术的进步……"
>
> 《普通高中物理课程标准（2017 年版 2020 年修订）》

> "化学不仅与经济发展、社会文明的关系密切，也是材料科学、生命科学、环境科学、能源科学和信息科学等现代科学技术的重要基础。"
>
> 《普通高中化学课程标准（2017 年版 2020 年修订）》

"双新"改革背景下，"跨学科"学习受到重视，基础教育阶段甚至要求跨学科学习的课时比例需要达到 10%。从上述物理和化学的课程标准中关于本学科的论述，"自然科学"彼此促进、相互协作、重新达成统一的共识正在逐步被确立。下一步，或可以组建"自然科学"的团队，研究开发打破物理、化学、生物学边界的自然科学课程，在知识体系上重构教学内容。例如，关于生物大分子的概念在生物学、化学课程标准中均有论述：

> "认识糖类和蛋白质的组成和性质特点。了解淀粉和纤维素及其与葡萄糖的关系，了解葡萄糖的结构特点、主要性质与应用。知道糖类在食品加工和生物质能源开发上的应用。认识氨基酸的组成、结构特点和主要化学性质，知道氨基酸和蛋白质的关系，了解氨基酸、蛋白质与人体健康的关系。了解脱氧核糖核酸、核糖核酸的结构特点和生物功能。认识人工合成多肽、蛋白质、核酸等的意义，体会化学科学在生命科学发展中所起的重要作用。"
>
> 《普通高中化学课程标准（2017 年版 2020 年修订）》

> "1.1 细胞由多种多样的分子组成，包括水、无机盐、糖类、脂质、蛋白质和核酸等，其中蛋白质和核酸是两类最重要的生物大分子。1.1.4 概述糖类有多种类型，它们既是细胞的重要结构成分，又是生命活动的

主要能源物质。1.1.6 阐明蛋白质通常由 20 种氨基酸分子组成，它的功能取决于氨基酸序列及其形成的空间结构，细胞的功能主要由蛋白质完成。1.1.7 概述核酸由核苷酸聚合而成，是储存与传递遗传信息的生物大分子。"

《普通高中生物学课程标准（2017 年版 2020 年修订)》

从以上两段论述中可以发现，化学和生物学都对生物分子如糖类、蛋白质的分子结构、化学性质、生理作用等有教学要求。在知识体系上，这部分内容属于生物学与化学的"重叠"部分，天然上不存在显著的"学科分界线"，完全可以重新组织进行统一教学。

2. 能力培育的"跨学科"属性

仅仅根据学科知识的天然联系，生物学会因为一张"自然科学"的标签而难以与更多学科实现交流互通。从能力培养角度，高中生物学课程并不需要培养出"生物学家"，而仅仅是希望学生能够具备生物学学科的"基本素养"，或者按新课标中的说法，即必备品格和关键能力。那么，什么是生物学学科的关键能力？根据新课标中列举的核心素养，即生命观念、科学思维、科学探究和社会责任，我认为可以概括为"科学观念、科学精神、科研能力"。按照这个分类方法，可以把物理、化学、生物学的核心素养进行重新划分，如表 4-1 所示。

表 4-1　物理、化学、生物学核心素养要求

	生物学	化学	物理
科学观念	生命观念	宏观辨识与微观探析 变化观念与平衡思想	物理观念
科学精神	社会责任	科学态度与社会责任	科学态度与责任
科研能力	科学思维 科学探究	证据推理与模型认知 科学探究与创新意识	科学思维 科学探究

表 4-1 中的"科学观念"具有较为显著的学科属性，是不同学科探究未知世界的方法论的凝练概括，其中化学学科的表述比较具体，但也可以看出"宏观与微观""变化与平衡"是化学学科科学观念的根本基础。"科学精神"和"科学探究"是物理、化学、生物学高度一致的素养培育目标。相信从表

4-1的对比中，可以看出自然科学高度一致的育人理念。那么，不属于自然科学的其他科学课程是否具有能力培育上的跨学科基础（见表4-2）？

表4-2　生物学、化学、物理、信息技术和通用技术的核心素养要求

	生物学	化学	物理	信息技术	通用技术
科学观念	生命观念	宏观辨识与微观探析 变化观念与平衡思想	物理观念	信息意识	技术意识
科学精神	社会责任	科学态度与社会责任	科学态度 与责任	信息社会 责任	
科研能力	科学思维 科学探究	证据推理与模型认知 科学探究与创新意识	科学思维 科学探究	计算思维 数字化学 习与创新	工程思维 创新设计 图样表达 物化能力

　　表4-2中新增了信息技术与通用技术两个学科的核心素养。可以发现，除了保留学科特点的观念意识（如信息意识、技术意识），两门学科都将学生素养的培育指向了"探索未知"的科学探究能力和"实现突破"的创新能力。目前，教研组内有部分课程已经需要借助信息技术学科或者通用技术学科的"工具"，例如朱婷婷老师的"人类基因组DNA提取及ACE基因多态性检测"选修课程需要学生去检索国际相关的信息数据库，是一种"信息意识"和"数字化学习"能力的培养。张智顺老师的"认识酶标仪"（未在本书案例中）带学生认识并使用现代工程技术创造出的"高新仪器"，背后也可体现"工程思维"与"创新设计"理念。

　　3.基于终生发展的"跨学科"属性

　　学生是教育的主体，用"工业思维"理解，学生就是经历学校各种课程"加工"（教育）后的"产品"。以制作一款面包为例，面粉、水、油、酵母、食品添加剂是其主要原料，我们很难通过化学组成、采购渠道、口感口味将以上这些"核心原料"进行归类。如果硬要分为天然来源（面粉、水、油、酵母）和化工来源（添加剂），或者活原料（酵母）和死原料（面粉、水、油、食品添加剂）不免有些滑稽，不同就是不同。同理，学校课程体系也是如此，有的学科之间有天然的联系，比如自然学科（物理、化学、生物学）或者科学学科（自然科学、信息科学、技术科学）等，它们是口味相近的"原材料"。但是，有的学科与其他学科之间无论是从学科思维角度，还是能力培育角度都是"互为补充"，即没有过多重叠和联系（见表 4-3）。如果硬是找"共性"进行归类，似乎也没有必要。

表 4-3　数学、语文、英语和生物学核心素养要求

学科	数学	语文	英语	生物学
核心素养	数学抽象 逻辑推理 数学建模 直观想象 数学运算 数据分析	语言建构与运用 思维发展与提升 审美鉴赏与创造 文化传承与理解	语言能力 文化意识 思维品质 学习能力	生命观念 科学思维 科学探究 社会责任

表 4-3 中列出了高中数学、语文、英语、生物学四门学科的"核心素养"表述。通过对比，我们很强烈地感觉到，表中所列出的各种素养都"非常重要"，但这些素养之间的差异也比较大，唯一的共性就是所有的素养都服务于学生的"终生发展"。作为高中十几门学科共同产出的"产品"，其出厂"配料表"上应该印着各学科的"成分含量"。学生与学生之间的"产品"差异应该是各种"成分含量"上的差异，比如有的学生数学运算能力突出、有的学生审美鉴赏水平高、有的学生语言能力强。

"跨学科"学习希望打破学科之间的壁垒，但不是消除学科本身具有的属性。不同学科相互配合，共同打造一种"课程生态"，让学生调用各种学科的"关键能力"解决真实问题，从而循环式或者融合式发展各种核心素养才是"跨学科"学习真实的意图。

二、讨论生物学课程开发的"跨学科"学习路径

1. 路径一：基于学科本位的"辅助式"跨学科学习

2021 年上海市初中学业水平考试（俗称中考）改革落地，其中一项重大改变就是新增设了"跨学科案例分析"。该题型命题以上海市中学地理、生命科学课程标准为依据，考查学生在解决真实问题中信息提取与处理、问题分析与质疑、结论阐释与创新的能力，关注跨学科素养。在此，我们试举一例：

题干："上海国际马拉松赛"于每年 11 月份开赛。据世界跑步领域的权威杂志《跑步者世界》调查，马拉松比赛最适宜的气温是 16 到

20℃，这是为什么？如果按上述标准来为"上马"开赛选择备选时间，你会选择哪几个月份？其中最合适的是哪个月份？

参考答案：根据气温判断，4月、5月、10月均温在16到20℃，都适合开展马拉松比赛。但4月和5月降水较多，不利于马拉松比赛的有序开展，而且湿度较高时运动员也会产生气闷等不适现象；10月份降水少，晴天多，相对比较干燥，比较适合马拉松比赛。

从以上案例分析，中考背景下的"跨学科案例分析"考察的是一种基于学科知识本位的"跨学科"学习能力。当然，从对"初中生"的要求水平上衡量，已经处于较高的能力要求。就此案例，学生必须将"降水较多"，合理推测到"空气湿度高"，又要进一步推测其对运动员"身体状态"或"运动表现"的影响，从而排除4月、5月，选择10月作为较好的办赛时机。上海地区四五月份闷热多雨，以及人体需要通过排汗维持体温，都属于学生在地理和生物学两个学科中的储备知识，借助情境"联想记忆"并不困难，但可以有逻辑地"串联"线索，推测出正确结果，已经是较高素养水平的显性表现。

以初中的案例举例是为了说明，在"跨学科"学习的组织路径中，存在这种以学科知识"回忆复现"并进行"逻辑串联"的基本范式。该范式也是课程组织"跨学科"学习体验的较为"简单"的路径。其简单之处体现在，只需要选择合适的研究对象或者创设合适的情境，激活两个以上学科的"本体知识"，便可以达成"跨学科"的学习体验。以生物学课堂为例，如果教师上课时候使用的材料是全英文的（如原始文献），那么学生是不是需要先回忆起学习过的英文单词，然后通过语言组织理解英文语句和段落表达的意思，最后将翻译出的语句再进行生物学学科的理解。如"We wish to suggest a structure for the salt of deoxyribose nucleic acid（D. N. A.）. This structure has novel features which are of considerable biological interest."其中文翻译为"我们希望提出脱氧核糖核酸（DNA）的结构。这种结构包含具有重要生物学意义的新特征。"这句话是科学家沃森和克里克于1953年发表的论文的第一句话。但是，翻译这句话的过程算不算得上是一种"跨学科"学习体验，我想结论是会有争议的。将某门学科的"工具"或者"工具化"的技能服务于另一个学科的学习路径是否等同于"跨学科学习"？在"双新"改革背景下的高中学习阶段，值得课程组织者思考。

2. 路径二：基于能力培育的"综合式"跨学科学习

为了避免"知识＋知识"以及"知识＋工具"的跨学科学习设计，本书更推荐一种基于能力培育的"工具＋工具"的跨学科学习路径。简单而言就是以某一关键能力或者必备品格为目标，而将两个或多个学科的知识、概念、技能等均视为"工具"。例如本书中我开设的课程"生殖与发育"，课程目标是"辨别伪科学"的关键能力。在课程中，我并未拘泥于生物学的知识与概念，而是让学生在课程中有大量的自主"资料查询"和"课堂交流讨论"，有的学生在辩论和交流过程中提升了"逻辑思维、辩证思维"（语文核心素养），有的学生提升了对各种渠道"信息来源的可靠性、内容的准确性"的判断能力（信息科学核心素养），有的学生则深感"辨别伪科学，崇尚健康文明的生活方式"的重要性（生物学核心素养）。

本书提供的案例并不都符合"跨学科"学习，主要原因是大部分高中教师才刚刚开始对"跨学科"学习有初步的理解，而"跨学科"学习需要教师本人对至少两门学科有较为深刻的理论理解和实践经验。但可以肯定的是，随着未来越来越多的"跨学科人才""复合性人才"流入中学，以及现在的教师对"跨学科"学习探究的逐渐深入，未来中学课程体系中的"跨学科"比例将会显著提高。

3. 路径三：基于终生发展的"融合式"跨学科学习

假使"跨学科"学习已经不再停留在简单的知识拼凑（"辅助式"），进入了将各个学科能力进行综合运用（"综合式"）的阶段。相对于跨学科学习的最终形态而言，也只是一个"尚未发育成熟"的阶段。之所以能够认定上述"综合式"路径并非"跨学科"学习的最终形态，根本原因之一便是跨学科学习被提出的初衷。根据本书第一章的论述，将学生的学习任务分割成各种不同的学科是源自于"课程即教学科目"的课程理论。如今，这一理论已经受到了足够多的批评，各个学科的教学内容越来越"深奥"，考试越来越"难"，学生的负担与日俱增。"新课程、新教材"的全面推行从一定程度上也是在削弱"学科壁垒"，使得各学科门类在有限课时的前提下只能保留学科的"基础核心"，而将"剩余"的时间和资源用于服务每个学生的个性发展。

上海中学多年来以"聚焦志趣、激发潜能"作为各级、各类课程的目标。本书虽然仅仅展示了部分生物教研组在服务学生个性发展、特长发挥上的思考和实践，也确实能从一个角度展示学校多年来积累的课程开发经验。虽然

"跨学科"学习是一个新名词，但是其背后多学科整合、全方位培养的底层逻辑却始终是学校课程开发的源动力。未来的课程组织者，将真正以"完全组织者"的形象出现在学生面前，引导学生"利用一切工具、寻找一切角度、尝试一切可能"去解决某个真实复杂情境下的"大问题"，并且在整个过程中，全面提升多个"关键能力"。我认为，可能这才是基于学生终生发展的"跨学科"学习路径。

浅析选修课程开发的"师训"价值

一、选修课程开发夯实教师的学科基础

学科是每一名教师根植的"土壤"，高中的每一门学科都凝集了相关专业的"智慧果实"。尤其是"新课程、新教材"的改革实践，既更新了教学内容、丰富了主题和情境，又基于学科本质凝练了学科的核心素养。值得注意的是，凝练出的核心素养并不是将原有的学科知识进行"减量化""简单化"处理，核心素养是"基础化"的学科"高阶意识"。在有经验的教师眼里，落实核心素养绝没有比原先落实三维目标（知识与技能、过程与方法、情感态度与价值观）来的更为轻松。恰恰相反，"双新"背景下的课程培育目标需要教师具有更强的教学能力、更深层次的思考。

开发选修课程是我校一直坚持的"传统"，无论是职初教师还是有经验的"老法师"，都需要开设选修课程。课程的开发对教师的学科能力发展具有积极作用，主要体现在以下两个方面。

第一，选修课程开发提升了教师的"知识转化能力"。教材上的语言和材料都是编写专家们经过反复论证、仔细推敲和打磨过的"成品"。教师学习并使用教材内容自然就跳过了这些"推敲""修改""论证"的过程。但是，当教师凭个人兴趣开设一门选修课程时，使用的资料往往并不是教材，其中的表述或者逻辑并不一定适合直接拿来教学。这时，开课教师就不得不将材料进行"咀嚼""消化"，用合适的逻辑、适切的语言、合理的铺垫进行课堂教学。比如，耿芳老师开设的"哈利·波特的遗传学世界"不可能在课上带着

学生直接阅读原著。她借用小说建构的情景，在小说人物身上寻找遗传性状，将遗传学的经典分析手段运用在小说人物的家系分析中，这些都是耿老师本人"吃透"了遗传学内容后的"能力迁移"。

第二，选修课程开发提高了教师学科能力的"上限"。必修课程和选择性必修课程的开发毕竟是指向"中学生"的能力培育。换言之，满足于必修课程和选择性必修课程的知识体系，就相当于压缩了教师本人的学科能力（目前大部分学科教师均具有硕士研究生及以上学历）。随着时间的推移，部分学科教师本身具有的学科高阶能力（研究能力）甚至会发生"退化"。选修课程的开发提供了一个学术平台，学校鼓励具有研究背景的教师将自己拿手的科研项目开设为选修课程，既能够让学生领略到更为高阶的学科内容，也能够保留甚至进一步突破教师自己的学术上限。例如肖书生老师坚持开设解剖课程，个人的解剖技术比在高校学习期间有了更大进步；朱婷婷和张智顺老师在分子生物学类的选修课上引导学生亲自完成基因的提取、分离、鉴定，将高校生物系的前沿实验技术"下放"给中学生，甚至还在实验室中产出了几篇像模像样的研究论文，曾今的"学生"也变成了如今的"导师"。

二、选修课程开发提高教师的学科站位

"生物学是自然科学中的一门基础学科，是研究生命现象和生命活动规律的科学。它是农业科学、医药科学、环境科学及其他有关科学和技术的基础。"以上两句话摘录自新课标中关于生物学的课程性质的表述。遗憾的是，随着生物学教师在日常教学中面临的各种任务和考核，教师们很少再去关心"生物学如今在宏观和微观两个方向发展如何？""生物学如何与当下的信息技术、工程技术结合？""生物学对社会、经济和人类生活正在产生着哪些影响？"生物学教师从关心"生物学"，到关心"生物课"，再到关心"生物题"，从一定程度上是视角的逐渐"狭隘化"。

为了避免这种情况愈演愈烈，尤其是在打造"实验性示范性高中"的过程中，如果一线教师丢了视野、失了格局，整天只关心一两个考点、一两分成绩，那么"新课程、新教材"的改革将沦为一纸空谈。一个学科能力很强的教师也可能并不关心这个学校中本学科教研组的长期发展，但如此下去对教研组的"长期发展"有害无益。因此，除了教师的本体知识水平对教育教学工作有较大影响，教师的"学科站位"更是学校学科发展的重要"引擎"。

"生物学在教什么?""生物学为什么而教?""生物学与其他学科之间的关系如何?""未来的生物学会有何不同?"这些问题,我都经常会问自己,也是教研组开发选修课程时候需要回答的问题。换句话说,一门选修课程教了哪些知识概念并不重要,重要的是,这门选修课程能为学生、为生物学科带来什么。陈思老师的"脑科学探秘"能让学生重新思考:是否"眼见"都"为实",看到与听到的是否都是"真相";朱婷婷老师的"人类基因组 DNA 提取及 ACE 基因多态性检测"让学生重新思考:人与人之间的差异与基因序列之间的差异是怎么样的关系;张智顺老师的"免疫学应用"让学生思考:如何应用免疫学原理制造出更方便、更灵敏的检测工具。可见,教研组内的教师们在设计选修课程时候都致力于"引发思考",只有真正的思考才能启发智慧。这些课程也是教师们以"教育者"的站位进行思考后的产物。

三、选修课程开发实现教师的教育理想

每个教师都有自己的教育理想,或者说在每个教师心中都存在"理想的教育"。就教育的目标而言,引导学生形成正确的世界观、人生观、价值观,应当属于"共识"。因此,理想的教育并不是指"理想的目标",而是"理想的路径",即用什么样的方式和方法既遵循学生的身心发展规律,又可以促进他们主动地、生动活泼地发展。

> "我毕业后来了上海中学,成为一名生物老师,开启了属于我的真正的教师生涯。短短的半年里体会颇深。遇见了可爱的学生们,融洽的师生关系是良好课堂氛围的基石,也挺感谢学生们不'嫌弃'我,包容我工作上的很多小失误;还会在教师演唱会上为我呐喊,在候场时给予我鼓励;也遇见了可靠的老师们,非常喜欢教研组里的氛围。每当我有问题的时候,总是能够得到张老师或者郑老师的帮助,也可以与耿老师或者陈老师分享即时的小想法。最难忘的大概是上学期开过关课,郑老师听了我的五次练习课,每次课后都给出了关键的小建议,总结出了我上课开口的统一模板,让我多加注意;张老师则是提出了大方向上的建议,鼓励我'要有折磨自己的勇气和毅力';耿老师作为'战友'全程带着我做好各种课前准备并帮助我完成各项材料。"(徐子蓝)

　　这是我的一个带教徒弟在实习期（工作第一年）写下的一段体会。让我对教育的理想路径产生了思考：或许课程最重要的意义就是"营造氛围"，让师生共同成长。在课程之下，教师和学生是相互"包容"，互相"喜爱"的。在课程之下，教师不会是一个人在战斗，他是有帮手、有团队的。在课程之下，教师的成长与学生的成长是一起发生的，甚至教师成长的速度会更快。也许长久以来，我们都认为"理想的教育"仅仅是教育学生，以至于学生成为了唯一的目标。现在想来，所有课程中的要素，教师、学生、学校等，其实都是课程服务和教育的对象，谁都可以在课程的实施进程中获得提升。

　　"工作后，当我真正参与日常教学时，发现除了理论之外，还需要学习很多东西。如何创建恰当的情境，如何与学生进行有效的互动，如何让课堂更加吸引人，这些都是我要不断学习和探究的。现在只是一个开端，希望在一次又一次的循环中，能够让自己的课堂越来越生动，能够让更多的同学感受到生物之美，愿意为推动生物学发展而奋斗。希望每位学习生物的同学都能够像孩子一样，保持对世界的好奇心，在科学的田野上尽情奔跑。"（肖书生）

　　每一个教师的教育理想基本等同于职业理想或人生理想。肖老师写下的"希望自己的课堂越来越生动"，是对探索教育路径的朴素回应。希望学生像孩子，希望学生对世界充满好奇，这可能是生物学、物理、化学等学科教师们的共同期待。有些遗憾，本书并未就教育理想对教师们进行访谈，只能在校内课程开发的进程中在某些教师的个人感悟中窥见一二。但相信，只有让教师们自己开发课程，"全链条、全流程"地思考课程对学生、对教师自己的意义，才有可能一步步接近"理想的教育"。

参考
文献

［1］　中华人民共和国教育部. 普通高中课程方案（2017 年版 2020 年修订）. 北京：人民教育出版社，2020.

［2］　中华人民共和国教育部. 普通高中生物学课程标准（2017 年版 2020 年修订）. 北京：人民教育出版社，2020.

［3］　刘晟.《普通高中生物学课程标准》（2017 版）正式颁布［J］. 生物学通报，2018，53（02）：5.

［4］　刘恩山，刘晟. 核心素养作引领　注重实践少而精：《普通高中生物学课程标准》修订思路与特色［J］. 生物学通报，2017，52（08）：8 - 11.

［5］　顾霁昀. 普通高中特色发展路径研究［D］. 上海：华东师范大学，2022.

［6］　刘月霞. 普通高中课程实施策略研究［D］. 长春：东北师范大学，2015.

［7］　屠莉娅. 课程改革政策过程：概念化、审议、实施与评价：国际经验与本土案例［D］. 上海：华东师范大学，2009.

［8］　史晖. 转型与重构：中国近代课程制度变迁研究［D］. 南京：南京师范大学，2011.

［9］　杨明全. 大学先修课程与我国高中课程改革［J］. 教育学报，2014，10（04）：49 - 55.

［10］　孙文霞，沈光华. 高中生物新课程中的科学方法教育［J］. 生物学杂志，2006（06）：59 - 60.

［11］　王健. 中国与韩国高中生物学课程的比较研究［J］. 外国中小学教育，2014（07）：60 - 65，39.

［12］　李高峰. 美国高中主流《生物》课程与其他学科的综合［J］. 外国中

小学教育，2012（04）：59-64.

［13］ 刘杨，首新，任媛媛，等. 新加坡高中生物学课程标准述评［J］. 生物学教学，2020，45（09）：8-11.

［14］ 张华. 经验课程研究［D］. 上海：华东师范大学，2003.

［15］ Cannon WB. The James-Lange theory of emotions: a critical examination and an alternative theory［J］. By Walter B. Cannon, 1927. Am J Psychol, 1987,100(3-4):567-586.

［16］ Bargmann CI, Hung MC, Weinberg RA. The neu oncogene encodes an epidermal growth factor receptor-related protein［J］. Nature, 1986,319(6050):226-230.

［17］ Lehallier B, Gate D, Schaum N, et al. Undulating changes in human plasma proteome profiles across the lifespan［J］. Nat Med, 2019,25(12):1843-1850.

［18］ Lu DR, Zhou JM, Zheng B, et al. Stage I clinical trial of gene therapy for hemophilia B［J］. Sci China B, 1993,36(11):1342-1351.

［19］ Satzinger H. Theodor and Marcella Boveri: chromosomes and cytoplasm in heredity and development［J］. Nat Rev Genet, 2008,9(3):231-238.

［20］ Huang PW, Chang JW. Immune checkpoint inhibitors win the 2018 Nobel Prize［J］. Biomed J, 2019,42(5):299-306.

后记

2013 年我来到上海中学成为一名生物教师。当时学校使用的教材是上海科技出版社的《生命科学》，也是我高中时期学习使用的"二期课改"配套教材。当时，上海的高考仍旧属于"3＋1"模式，即除了语文、数学、英语外还需要选考一门其他科目，分值均为 150 分。由于各种原因，全校学生基本都选考物理或者化学，没有学生选考生物，生物成了典型的"会考科目"。曾经我的高中老师调侃："什么叫'会考'？就是你会的，它考；你不会的，它不会考。"听起来是个笑话，但不得不承认，学生精力有限，对于不影响高考总分的科目，自然是得过且过。我的性格温和不争，教授一门没有"压力"的科目，对我来说是完全可以接受的。日子就这样平平淡淡地来到了 2017 年……

上海的高考模式发生了改革，"3＋1"变成了"3＋3"。简单理解，就是学生除了传统的语文、数学、英语，还需要从物理、化学、生命科学（后改为生物学）、政治、历史、地理中选取 3 门参加"上海市普通高中学业水平等级性考试"，每科满分 70 分（赋分），高考总分 660 分。这次的变化对学校甚至整个上海的生物学教学产生了巨大影响。如果我没有记错，选考生物学的学生人数很快便超过了物理、化学，成为妥妥的"理科第一"。随之而来的是包括上海中学在内的，以前没有或几乎没有选考生物学的中学纷纷开始调整或扩充生物学学科的教学力量。生物学的学科地位显著提升，而我也投入到了"要分数"的教学中，开始了一年又一年的"新课—复习—冲刺"之路。也是这些年的"备考经历"让我有了底气写出下面这段话：

多年来，有无数文章和评论攻击"应试教育"，在我还没有承担过高考教学任务前，我也常常义愤填膺地"痛骂"其对学生创造力的毒害。但这几年，我才慢慢体会到，教学过程中的"应试"和网络上抨击的

"应试教育"，其实不是一码事。以我的理解，我们抨击的是呆板的、八股式的教学方式。换言之，无论某门学科是不是计入学生的升学成绩，只要教师的教学组织是死板、机械的，都可以被叫作"应试教育"，应该被批判。而一门学科，虽然有所谓的"高考指挥棒"，但如果考试题目是新颖的、有真实情境的，答题需要的核心能力也不是"记忆力"而是理解力、思辨力，那么应对这样考试的"应试"教学，一定也是指向能力培养的，课堂氛围也是活跃的、有思维火花的。这样的课不应该由于"最终要考试"而被贴上"应试教育"的标签。作为一名一线教师，我很负责地说，我们口中的"应试教育"在学校生长的土壤正在消失，老师们一直在努力！

然而，空口无凭。我曾经不止一次地面对家长，甚至面对别的学科的教师解释"如今的生物课"到底是怎样的一种存在。尤其是"新课程、新教材"改革后，我还需要解释"新旧差异"，有时候也确实"说不清、道不明"了。生物学课程究竟是一种怎样的存在？生物学学科的核心素养应该如何理解？什么样的课才能算是体现了核心素养（"双新"改革的精神）？为了回答这些问题，我开始有意识地把自己学习新课标（"双新"改革最主要的材料之一）的心得体会整理下来，记录在了本书的第一部分。必须承认，这些思考是极为浅薄的，仅仅是一个教书近 10 年的"青年教师"的个人体会，纯粹的一家之言。但我仍极力推荐对高中生物学课程感兴趣的朋友翻阅此书，因为我坚信会有人能够从这本书里"汲取灵感"，哪怕是因为不同意我的观点。

元代陶宗仪《南村辍耕录》中提出"作乐府亦有法，曰凤头、猪肚、豹尾六字是也"，后人称为写作的"六字法"。那么，本书的"猪肚"部分是什么？关于这个问题，我在前言部分已经给出了提示，就是我和我的伙伴们共同提供的"真实案例（课例）"。我们将各自的"精品课程"予以详细的介绍，还毫不吝啬地把课程开设的初衷、每一节课组织的教学内容、如何实施课程评价详细作了说明。在此，我真心地感谢上海中学生物教研组的各位同仁：朱婷婷老师、陈思老师、耿芳老师、肖书生老师、王一名老师等。除此之外，为了增加"猪肚"的"鲜味"，我还添加了一味"佐料"，那便是参与这些课程的学生们的"真实反馈"。每次阅读同学们写的文字，我都很感动，感动于他们在选修课程中的"全情投入"、感动于他们能在课内课后"有所思考"、更感动于他们能够把这些与我们老师进行分享。请原谅我不在这里一一写出他们的姓名，因为这也无法表达我对他们的感激。

然后就是本书的"豹尾"，是我在刘茂祥书记的提点之下，执笔回应他提出的终极问题：本书的研究工作是否已经完成了？如果是"未完待续"的状态，下一步该"何去何从"？最终，我梳理出了"三个方向"。它们曾在我的脑海里有过"初步想法"，只是以我目前的能力和水平，还只能停留在"浅析"或"刍议"的阶段。把它们写在展望部分，也是希望本书的读者能够体会我的困惑，有机会的话，与我面对面交流你对"课程体系完善""跨学科学习路径""课程开发与师资培训"的独到见解。

感谢上海市教师教育学院（上海市教育委员会教学研究室）中学生物学教研员周韧刚老师赠序。感谢生物教研组朱婷婷老师、肖书生老师、陈思老师、耿芳老师、王一名老师提供本书第三章的课例素材。感谢 2023 届、2024 届、2025 届部分同学提供的课程反馈。感谢上海市上海中学、上海市徐汇区教育学院对本书相关研究项目的支持。

张智顺

2024 年 6 月